工业互联网导论

任磊 张霖 赖李媛君 编著

清华大学出版社

北京

内 容 简 介

本书是一本系统介绍工业互联网基础理论与关键技术体系的导论性书籍，具有鲜明的学科交叉性、前沿创新性、产教融合性。工业互联网是新一代信息通信技术与工业经济深度融合的新型基础设施、应用模式和工业生态，通过对人、机、物、系统等的全面连接，构建起覆盖全产业链、全价值链的全新制造和服务体系，为工业乃至产业数字化、网络化、智能化发展提供了实现途径，是第四次工业革命的重要基石。本书内容丰富，结构清晰，系统阐述了工业互联网的历史发展背景，面向新工业革命的新一代信息通信技术，工业互联网的概念和体系架构，工业互联网网络、平台、安全相关的三大技术体系，以及工业互联网人机物共融关键技术等知识体系，同时书中通过大量应用案例分析辅助读者学习。

通过阅读本书，读者能够深入地了解工业互联网这一前沿领域全面、完整、逻辑统一的基础理论知识和关键技术体系。本书既适用于高校本科生、研究生、教师、研究者，也适用于工业产业界相关技术从业者。

图书在版编目（CIP）数据

工业互联网导论 / 任磊，张霖，赖李媛君编著．
北京：清华大学出版社，2024.8. -- ISBN 978-7-302
-67016-2
  Ⅰ．F403-39
中国国家版本馆 CIP 数据核字第 2024DD4012 号

责任编辑：白立军　薛　阳
封面设计：刘　键
版式设计：方加青
责任校对：李建庄
责任印制：刘　菲

出版发行：清华大学出版社
　　　　　网　　　址：https://www.tup.com.cn，https://www.wqxuetang.com
　　　　　地　　　址：北京清华大学学研大厦 A 座　　　　　邮　　编：100084
　　　　　社 总 机：010-83470000　　　　　邮　　购：010-62786544
　　　　　投稿与读者服务：010-62776969，c-service@tup.tsinghua.edu.cn
　　　　　质 量 反 馈：010-62772015，zhiliang@tup.tsinghua.edu.cn
　　　　　课 件 下 载：https://www.tup.com.cn，010-83470236
印 装 者：小森印刷（北京）有限公司
经　　销：全国新华书店
开　　本：170mm×240mm　　　印　　张：19　　　字　　数：394 千字
版　　次：2024 年 10 月第 1 版　　　印　　次：2024 年 10 月第 1 次印刷
定　　价：89.00 元

产品编号：106273-01

前言 | PREFACE

人类已经历了三次工业革命，而今天，我们正迎来人类历史上的第四次工业革命，正从信息化时代加速迈向智能化时代。新工业革命时代，创新的主题是"+"，尤其是把新一代信息通信技术（也就是 ICT 技术，例如新一代人工智能、云计算、大数据、5G、区块链、元宇宙）"+"到传统产业上来。工业化和信息化的深度融合，将不断催生未来工业的新模式、新手段和新业态。例如，它催生了"云制造"新型工业模式，它让工业世界的人、机、物彼此连接和对话，它让机器学会思考和学习，并像人一样协作，它将让你置身于虚实共生的工业元宇宙世界。这一切对于未来工业世界的美好愿景，都建立在一个崭新的领域基础上，那就是"工业互联网"。工业互联网是新一代信息通信技术与工业经济深度融合的新型基础设施、应用模式和工业生态，通过对人、机、物、系统等的全面连接，构建起覆盖全产业链、全价值链的全新制造和服务体系，为工业乃至产业数字化、网络化、智能化发展提供了实现途径，是第四次工业革命的重要基石。

现在，互联网的上下半场之说已经成为业界的共识。互联网的上半场是消费互联网，过去二十多年在人们的生活消费领域取得了举世瞩目的成就，然而近年来行业的增量红利已经逐渐消退。未来新的一片蓝海，将是产业互联网，也就是互联网的下半场，将深入结合实体经济的一个个行业，实现虚拟经济和实体经济的深度融合，催生行业巨大边际效应的经济发展新范式。其中，工业互联网将持续赋能我国制造业的数字化、网络化、智能化的转型升级，打造全新的产业生态。

2017 年年底，国务院印发了《关于深化"互联网＋先进制造业"发展工业互联网的指导意见》，工业互联网自此成了我国的国家级创新战略。近年来，一系列国家战略规划和行动计划，都在大力推进工业互联网的建设。《中华人民共和国国民经济和社会发展第十四个五年规划和 2035 年远景目标纲要》指出，需要系统布局工业互联网建设。党的二十大报告指出：坚持把发展经济的着力点放在实体经济上，推进新型工业化。在前三次工业革命浪潮中，英国、德国、美国占得了先机，也发展为全球工业、制造业最具竞争力的国家。如今，我们正面临新工业革命，在迈向个性化、智能化制造的新历史时期，中国有望实现弯道超车，与欧美发达国家一争高下，这是当前中国面临的难得的历史机遇。

然而，由于工业互联网属于前沿创新领域，学科高度交叉，产教深度融合，目前无论是产业界还是学术界，相关人才都极其匮乏，亟须培养工业互联网新型复合型人才，为我们国家建设制造强国而奋斗。本书立足北京航空航天大学在全国高校中率先开设的"工业互联网"线下研究生课程、"工业互联网技术基础"线下本科生课程、工业互联网产教融合实践大讲堂，以及"工业互联网"线上数字课程（已在国家高等教育智慧教育平台、清华大学学堂在线平台分别上线）近5年来的高校人才培养实践经验积累，以及中国工业互联网产业联盟人才组近5年来面向全国开展产业界人才培养的经验积累，将工业互联网基础理论知识和关键技术体系梳理凝聚成一本既适合高校本科生、研究生、教师、研究者，也适用于产业界相关技术从业者的导论性教材。本书共分7章，第1章讲述工业互联网的发展背景，涵盖了从工业1.0到工业4.0的演进。第2~4章深入讲解了面向新工业革命的关键ICT技术、工业互联网的概念与体系架构、网络关键技术。第5章和第6章分别详细介绍了工业互联网平台的关键技术和安全技术。第7章聚焦于人、机、物共融的关键技术，如工业元宇宙和智能工业机器人。每章均以实际案例和前沿技术研究为支撑，旨在为读者提供一个系统的工业互联网知识框架，助力读者深入理解并应用工业互联网技术。

本书的出版得到了国家自然科学基金（编号：62225302、92167108）的支持。在此还要感谢张一凡、王昆玉、贾子翟、董家宝、王海腾、李世祥、王斐、孔宇升、张晶、蔡尽云、胡珂、赵拓、刘帅、王浩天等在本书规划、撰写、校核等各个环节做出的贡献。由于工业互联网理论技术体系仍在发展过程中，加之撰写时间和水平有限，书中难免存在不足指出，望读者给予批评指正。

编　者

2024 年 8 月

目录 | CONTENTS

第 5 章
工业互联网平台的关键技术　/　113

第 6 章
工业互联网安全　/　251

第 7 章

工业互联网人机物共融关键技术 / 276

第 1 章
工业互联网的发展背景

▶ 1.1　工业 1.0~ 工业 3.0 发展历程

对于人类工业化阶段的划分有着不同的提法，目前接受度最高的是工业 1.0、工业 2.0、工业 3.0 再到工业 4.0，是随着德国的工业 4.0 发展规划的提出而广为流传的。

工业 1.0，也称为第一次工业革命。其标志是瓦特改良的蒸汽机，瓦特对蒸汽机进行了一系列改良，大大提高了蒸汽机的效率和实用性，其中有一个重要的改良是使用了离心调速器，实现了蒸汽机转速的自动控制，也由此开启了自动控制学科。改良后的蒸汽机在工业生产中得到了广泛应用，开创了以机器占主导地位的制造业，生产制造从此逐渐摆脱手工方式而转向机械化生产。

随着蒸汽机的推广应用，出现了各种蒸汽驱动的机器或装备，比如轮船、火车等。因此，这一阶段也被称为蒸汽时代。

工业 2.0 是电气化时代，1821 年法拉第发明了第一台电动机的雏形，从此开启了一个新的时代。

1834 年，德国人莫里茨·雅可比造出了世界上第一台实用的直流电动机。

1855 年，西门子公司开始生产交流电动机。

德国在电气领域做出了一系列杰出的贡献，将第二次工业革命推向了一个新的高潮。

电气时代另一个重大的发明是福特公司开发的世界上第一条工业流水线，使汽车制造的效率极大地提高。在使用流水线之前，福特汽车的年产量只有 1 万辆，而流水线出现后的 1913—1914 年，福特公司就生产了 25 万辆汽车，每天生产近 800 辆。到了 1927 年，每 24 秒就能组装一部汽车。用这条流水线生产出的 T 型车成本极大地降低，从而让汽车这种曾经只有少数富人才能拥有的高消费产品成为大众消费品。因此，T 型车被称为第一款国民车。

流水线的发明颠覆了传统的手工作坊的生产方式，使人类实现了真正意义上的工业化大规模生产。

第二次工业革命的产品和生产方式到现在还一直影响着我们社会生活的方方面面，我们使用的大部分产品都还是以电力为动力的。

工业 3.0 时代是以计算机为代表的信息化时代。第一台通用计算机出现于 20 世纪 40 年代，当时是一个由 18 000 多个电子管组成的庞然大物，而运算速度以现在的标准看则小得可怜。随着集成电路的出现，计算机体积迅速缩小，而性能快速提升，应用也随之越来越广泛。

信息时代还有一个影响深远的发明，那就是互联网。研发互联网最初的动机来自美苏的冷战。20 世纪 60 年代初，美国国防部高级研究计划局（Defense Advanced Research Projects Agency，DARPA），研究在受到核打击后仍能有效地实施和指挥的网络构型，此研究项目被命名为 The Interneting Project。

1968 年，DARPA 采用以上思想建立了第一个真正意义的计算机网络 ARPAnet，第一个节点位于加州大学洛杉矶分校。

1983 年 1 月 1 日，美国国防部通信局正式将 TCP/IP 作为 ARPAnet 的网络协议。

随着冷战的结束以及计算机的普及，互联网进而转为民用。1986 年，在美国国家自然科学基金会的资助下，建立了 NSFnet，将全美五大超级计算中心连接起来，并与 ARPAnet 实现互连。

1989 年，在 ARPAnet 和 NSFnet 上的节点数目超过 10 万个，其中大多是大学、科研机构和政府机关。

此后，将由 The Interneting Project 发展而来的，运行 TCP/IP 的计算机网络称为 Internet；NSFnet 取代 ARPAnet 成为 Internet 的骨干网。而后互联网给人类社会所带来的变化都是有目共睹的了。

在工业领域，随着以计算机和互联网为核心的信息技术的深入应用，无论是产品的制造过程还是产品本身，都发生了翻天覆地的变化。通过在设计制造过程中引入信息技术，工业的创新能力得到迅速提升，生产制造的效率进一步大幅提高，而产品本身的功能、形态和使用方式也发生了前所未有的变化。

需要指出的是，工业 1.0~ 工业 3.0，它们虽然有着标志性的开始，却没有一个标志性的结束。一个新的时代开始了，旧的技术并不会马上消失，它们会持续很长时间，然后或被慢慢淘汰，或被融入下一代技术当中。我们现在所处的时代，打一个比方，是披着工业 1.0 的余晖，骑着工业 2.0 的战马，提着工业 3.0 的武器，奔向工业 4.0。

▶ 1.2　制造业信息化

在深入介绍工业互联网之前，先简要介绍一下我国工业信息化的发展历程。工业信息化的主要内容是制造业信息化。众所周知，制造业占工业的比重超过八成，工业互联网的应用对象绝大部分也是在制造业。因此，本书主要以制造业为背景介绍相关的概念和技术。

"信息化"这个术语最早于 20 世纪 60 年代出现在日本，20 世纪 90 年代，在我国开始被广泛使用。顺便说一下，现在业界更愿意叫数字化，认为信息化是信息技术在企业最基础和初级的应用，数字化才代表了当前的先进技术。出现这种认知的原因可能是，信息化这个概念出现得比较早，很多人一提起信息化便自然和早期的信息技术应用关联起来。而数字化在最近 10 年左右提得比较多，很多近年来出现的一些新的信息技术被冠以数字化技术。而事实上，从概念上讲，信息化包含所有信息技术以及通信技术（也就是 ICT 技术），而数字化只是其中的一部分，还有网络化、智能化，都可看作信息化的内容。

1. 制造业信息化的概念

关于制造业信息化到目前还没有统一的定义，不同行业、不同组织都从自身的角度对这一概念进行过描述。

关于制造业信息化的定义有数十种，比如：

"制造业信息化是制造企业应用现代信息技术、开发应用信息资源、实现制造业现代化的过程。"

"制造业信息化是指利用信息技术获取、处理、传输、应用知识和信息资源，使企业的竞争力更强和收益更多的一个动态过程。"

"制造业信息化是制造企业利用现代信息技术，通过对信息资源的深化开发和广泛利用，不断提高生产、经营、管理、决策的效率和水平，进而提高企业经济效益和企业竞争力的过程。"

类似的定义还有很多，都是从不同角度来阐述信息化在制造业中的应用方式和过程[2,4]。随着信息技术的不断发展，也常用一些最新的术语或概念来表示制造业信息化，如互联网＋制造、智能＋制造等。

尽管定义和描述各不相同，但基本理念是相同的，所以，用现在的话概括起来，制造业信息化可以理解为产品全生命周期的数字化、网络化和智能化。

具体的内容包括以下几方面。

（1）企业内部信息化：设计、加工、组装、测试、仓储、物流、人员等。

（2）企业与供应商关系的信息化：采购、物流等。

（3）企业与客户关系的信息化：营销、服务等。

（4）企业与金融机构关系的信息化：财务、金融等。

（5）企业管理信息化：与各部分均有关。

2. 制造业的分类

按照国民经济行业分类，制造业可分为几十个大类，六百多个小类。但从制造技术研究的角度，往往从另外的维度进行分类，即按照产品特征和制造方式一般分成两大类，即离散型制造和连续型（或流程型）制造。

离散型制造，是通过对原材料的物理形状进行改变、组装，使其成为产品并增值。产品往往由多个零件经过一系列并不连续的工序的加工最终装配而成。

这类产品的组成部分通常是独立的、可分离的，例如火箭、飞机、武器装备、船舶、电子设备、机床、汽车等制造业，都属于离散型制造企业。

1）按业务种类分类

（1）偏重于零部件制造的企业，称为加工型企业。

（2）偏重于装配的企业，称为装配型企业。

（3）加工和装配都主要由自身完成的企业，称为综合型企业。

2）按产品结构分类

（1）多品种、大批量。

（2）少品种、大批量。

（3）多品种、小批量。

（4）少品种、小批量。

离散型制造业的特点如下。

1）产品结构

离散型制造企业的产品结构可以用树的概念进行描述，最终产品一定是由固定个数的零件或部件组成，这些关系非常明确且固定。

2）工艺流程

不连续，变化多。以单件、小批量生产为例，生产设备不是按产品而是按工艺进行布置的，例如，按车、磨、刨、铣来安排机床的位置。每个产品的工艺过程都可能不一样，而且，可以进行同一种加工工艺的机床有多台。因此，需要对所加工的物料进行调度，并且中间品需要进行存储和搬运。

3）物料存储

离散型工业企业的原材料主要是固体，产品也为固体形状。因此，存储多为室内仓库或室外露天仓库。

离散型制造业的自动化水平和流程行业比，总体上相对较低，很多环节仍然需要大量人员参与。目前多数离散型制造企业的自动化主要集中在单元级，如数控机床、柔性加工单元、自动小车。提高制造过程的自动化和智能化水平，也是工业互联网的重要使命之一。

在生产计划管理方面，典型的离散型制造业企业很多是按订单生产，订单往往不好预测，而且产品的工艺过程也时常变更。因此，对原材料、零部件的采购以及生产计划的要求很高，需要有预测性并能动态调整，生产加工过程也需要灵活高效地调度。计划与调度所带来的效益在离散型制造业中相当显著。

连续型制造，主要通过对原材料进行混合、分离、粉碎、加热等物理或化学方法，使原材料增值。

最终产品形态有固体、液体、能量和气体，通常以批量或连续的方式进行生产。流程行业的产品大多是关系国计民生的日用消费品，如石油、化工、电力、纺织、食品、制药、冶金等。

流程行业的特点如下。

1）产品结构

流程企业的产品结构与离散行业有较大的不同。上级物料和下级物料之间的数量关系可能随温度、压力、湿度、季节、人员技术水平、工艺条件不同而不同。产品一旦形成，很难从产品中反向分析出原材料的组成。这和离散型行业的产品是非常不同的。

2）工艺流程

流程工业企业的特点是品种固定，批量大，生产设备投资高，而且按照产品进行布置，通常设备是专用的，很难改做其他用途。

3）物料存储

流程工业企业的原材料和产品通常是液体、气体、粉状等。因此，存储通常采用罐、箱、柜、桶等形式进行存储。并且多数存储的数量可以用能转变为电信号的传感器进行计量。

4）自动化水平

流程工业企业采用大规模生产方式，生产工艺技术成熟，控制生产的工艺条件的自动化设备比较成熟，例如，DCS、PLC。因此，生产过程多数是自动化，生产车间的人员主要负责管理、监视和设备检修。流程行业总体上的自动化水平高于离散行业。

5）生产计划管理

流程企业由于主要是大批量生产，或者说是按库存生产。企业只有满负荷生产，才能将成本降下来，在市场上具有竞争力。

因此，在流程工业企业的生产计划中，年度计划更具有重要性。年度生产计划和销售计划，决定了企业的物料平衡，即物料采购计划。一般情况下，企业按月份签订供货合同以及结算货款。每日、每周生产计划的物料平衡依靠原材料库存来保证和调节。

3. 大制造

大制造是和传统意义上的制造相对应的。传统意义上的制造主要是指，将原材料通过一系列的流程，制作成产品的过程。

大制造无论是在时间尺度还是空间尺度，都比传统意义上的制造更大，包含的内容更多。

在时间尺度上，大制造涉及产品全生命周期活动与过程："从产品的论证、设计、加工生产、试验运行、定型、销售、服务到最终的报废处理"活动与过程中的各类信息 / 资源 / 能力的集成与优化活动。

在空间尺度上，大制造不仅包括一个企业内部的各个机构和各项活动，而且包括和企业相关的上下游企业或机构之间的跨企业甚至跨国境的各类活动。

另外，涉及制造企业的范畴，既包括传统的机械、电子类的离散型制造（如飞机、汽车、机床、家电等），也包括石油、化工、食品等连续型或混合型制造，还包括信息、新材料、生物等新型制造业。

大制造概念是在制造业信息化的大背景下提出的，也就意味着，制造业信息化涉及制造业的方方面面。

不过在正式的文献或报告中，我们很少见到"大制造"这个提法，也很少把传统意义上的制造称为"小制造"，一般需要根据上下文的含义去理解和区分。比如我们平时常讲的智能制造、制造信息化、制造大国、制造强国等一定指的是大制造；如果说设计与制造，这里的制造一般是指传统意义上的制造。有时为了区分，把传统意义上的制造称为生产（production）。

▶ 1.3 CIMS

CIMS 是指计算机集成制造系统（Computer Integrated Manufacturing System），是信息技术和制造业相结合的最有代表性的案例，特别是在中国，要讲工业或制造业与信息技术的结合，CIMS 是绕不过去的话题。CIMS 是我国以政府的力量推动制造业信息化的开始。

CIM 是 1973 年由美国的 Joseph Harrington 博士提出的一种理念。主要包含两方面的内容。

（1）系统的观点，即企业的各个生产环节是不可分割的整体，需要统一考虑。

（2）信息的观点，即整个制造过程本质上是信息的采集、传递和加工处理的过程，也就是说制造过程应该以信息技术为核心。

通俗地讲，CIM 就是利用计算机和网络，通过信息集成实现现代化的生产制造，以提高企业的总体效益。而 CIMS 就是基于 CIM 的理念，采用信息技术实现集成制造的具体的系统。CIM 和 CIMS 最初是针对离散型制造业提出的。CIMS 刚被提出来时，并没有引起业界的重视。

自从福特公司的汽车生产流水线出现以来，美国制造业走上高速发展的道路，到20 世纪 70 年代，已经历了半个多世纪的发展，生产模式已相当成熟，以汽车制造为代表的制造业成了传统行业。因此，导致许多人对制造业的认识产生了偏差，认为制造业已经是夕阳产业，是生了锈的皮带，导致制造业的人才和资本大量流失，严重影响了其发展和创新的能力及动力。

但在 20 世纪 70 年代末，一场全球性的石油危机对美国制造业，特别是汽车行业产生了致命的打击。石油危机导致油价暴涨，对于崇尚大排量的美国汽车的消费者而言，高油耗成为他们巨大的负担。由于难以承受高昂的油价，消费者便把目光转向了油耗更低且可靠性更高的日本汽车。这一时期，日本汽车大举进军美国市场，最严重的时候，每十辆汽车就有七辆是日本制造，美国汽车巨头亏损严重、大量裁员，有的甚至濒临倒闭。

这迫使美国从政府到民间开始重新审视传统制造业的价值，重新定位制造业是国家综合国力和国民经济的根本，并重新激发起技术创新的动力，以重新夺回制造业的霸主地位。

到 20 世纪 80 年代初，美国在以计算机为代表的信息技术领域取得许多突破，在全球处于领先地位。

这时，融合信息技术和传统制造的 CIM 理念开始引起制造业的重视。从 1984 年以后许多制造企业开始实施 CIMS。在美国的带动下，欧洲、日本等制造发达国家也纷纷加入研究、开发和实施 CIMS 的行列。

我国的 863 计划于 1986 年将 CIMS 列为 15 个主题之一，从此开启了我国的制造业信息化，也是工业信息化的序幕。

1985 年，美国制造工程师学会（SME）的计算机与自动化系统协会（SME/CASA）发表 CIMS 最早的轮图（即表达 CIMS 内涵的图形）。

如图 1.1 所示，该轮图的含义是，在网络和数据库等计算机技术的支持下，实现企业设计、制造、质量控制及业务管理等全生命周期各个环节的集成。

这是最初的 CIMS 的内涵。

图 1.1　最早的 CIMS 轮图

1985 年，德国经济生产委员会（AWF）提出 CIM 的推荐定义：CIM 是指在所有与生产有关的企业部门中集成地采用电子数据处理。CIM 包括了生产计划与控制（PPC）、计算机辅助设计（CAD）、计算机辅助工艺规划（CAPP）、计算机辅助制造（CAM）、计算机辅助质量管理（CAQ）之间信息技术上的协同工作，其中为生产产品所必需的各种技术功能和管理功能应实现集成。

但到 20 世纪 80 年代末，世界上只有少数几个公司在实施 CIMS 中取得示范性的潜在效益，大多数公司几乎都失败了。

这里所说的失败，并不是信息系统本身的技术不成功，而是实施了 CIMS 之后，并没有取得预期的效益。

通过大量的研究和反思，人们发现，CIMS 的实施并非仅仅是一个技术问题，如果企业的管理和文化不能适应新技术所带来的变化，那么再好的信息系统也无法产生应有的效果。也就是在 CIMS 系统的应用过程中，忽视了人的因素。单纯的技术驱动，应该转向以人为核心。

之后又对 CIM 的内涵进行了改进，突出了人的作用。1992 年国际标准化组织 ISO

TC184/SC5/WG1 对 CIM 进行了如下阐述：CIM 是把人的经营知识及能力与信息技术、制造技术综合应用，以提高制造企业的生产率和灵活性，由此将所有的人员、功能、信息和组织等方面集成为一个整体。

1993 年，SME 给出了 CIMS 的第三版轮图，该图将顾客作为制造业一切活动的核心，强调了人、组织和协同工作的重要性。

如图 1.2 所示，该图共分五层，中心第一层为顾客；第二层为人员、小组和组织，这表明企业全部活动围绕顾客的需要来进行，而完成这一目标的关键要素是人，这体现了技术与现代企业管理思想的深度结合，是 CIM 理念的重大变化。

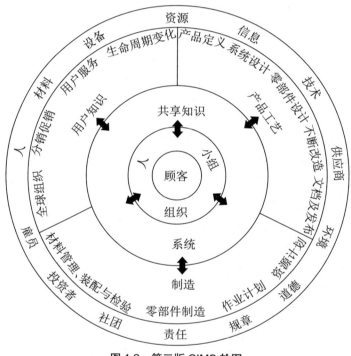

图 1.2　第三版 CIMS 轮图

1998 年，我国的 863/CIMS 专家组结合国内外对 CIMS 的研究，以及我国 10 多年的实践经验和教训，给出 CIMS 的一个比较系统和全面的定义 [5,6]：将信息技术、现代管理技术和制造技术相结合，并应用于企业产品全生命周期（从市场需求分析到最终报废处理）的各个阶段。通过信息集成、过程优化及资源优化，实现物流、信息流、价值流（三流）的集成和优化运行，达到人（组织）、经营管理和技术（三要素）的集成，以加强企业新产品开发的 T（Time to Market，上市时间）、Q（Quality，质量）、C（Cost，成本）、S（Service，服务）、E（Environment，环境），从而提高企业的市场应变能力和竞争能力。

1999 年 CIMS 专家组给出了 CIMS 技术体系，包括总体技术、设计自动化技术、加工生产自动化技术、经营管理与决策系统技术，流程制造 CIMS 中生产过程控制技术，以及支撑平台技术。涵盖了信息技术在制造业中应用的几乎所有内容。

因此，中国的 CIMS 概念已经大大超出 CIMS 最开始的内涵和内容，成了制造业信息化的代名词。

从 20 世纪 90 年代中后期，制造信息化领域逐渐出现并兴起了一批新概念和新技术，比如敏捷制造、网络化制造、协同产品商务、供应链管理等，而 CIMS 这一概念在欧美国家逐渐淡出。

为适应这种变化，CIMS 几度改名，先是把计算机（Computer）改成现代（Contemporary），缩写还是 CIMS，后来又改成现代制造集成系统（CMIS），后来又改成网络化协同制造。

但不管名字怎么改，我国制造业信息化或工业信息化的发展是一脉相承的。CIMS的研究和实践对我国制造业信息化的发展起到了巨大的推动作用，并直接或间接地影响了后续国家层面有关制造业转型升级的一系列重大决策。例如：

《中国制造 2025》；

《国务院关于积极推进"互联网 +"行动的指导意见》；

《发展服务型制造专项行动指南》；

《智能制造发展规划（2016—2020 年）》；

《"十三五"先进制造技术领域科技创新专项规划》；

《新一代人工智能发展规划》；

《国务院关于深化"互联网 + 先进制造业"发展工业互联网的指导意见》。

进入 21 世纪以来，世界各国纷纷针对各自制造业的发展，制定了一系列战略规划，比如：美国的"先进制造伙伴计划"，欧盟的"智能制造系统 2020 计划"，英国的"《未来的制造》报告"，法国的"未来智能工厂计划"，日本的"未来新工业和新市场的研究计划"，其中最著名的是德国的"工业 4.0 计划"。

这预示着，新一代信息技术与制造业的融合正在推动一场新的工业革命。

▶ 1.4 迈向工业 4.0

经历了机械化、电气化和信息化三次工业革命，人类迎来了第四次工业革命，迈向工业 4.0 时代。在德国工程院、弗劳恩霍夫协会、西门子公司等德国学术界和产业界的共同推动下，工业 4.0 的概念最初在 2013 年的德国汉诺威工业博览会上首次正式亮相，同年德国联邦教育研究部工业 4.0 工作组正式发布了《把握德国制造业的未来：实施工业 4.0 战略的建议》。工业 4.0 旨在推动制造业的数字化、自动化和智能化转型，以提高生产效率、灵活性和创新能力[7]。

工业 4.0 战略体系可以用一个核心、两大主题、三维集成、八项计划来概括[43]。其中，一个核心是指 CPS（Cyber-Physical System），也就是信息物理融合系统。两大主题是智能工厂和智能生产。三维集成是指价值网络中的企业之间的横向集成，贯穿价值链的端到端集成，企业内部灵活组合的智能化制造系统的纵向集成。八项计划指的是标准化和参考架构、工业宽带基础设施、安全和保障、工作的组织和设计、培训和持续的职业发展、监管框架、资源利用效率。

如图 1.3 所示，以典型的工业 4.0 未来工厂西门子安贝格智能工厂为例，安贝格智能工厂坐落于德国巴伐利亚东部小城纽伦堡，始建于 1989 年，主要生产具有世界领先水平的西门子（SIEMENS）可编程逻辑控制器 PLC。PLC 是实现机器设备自动化控制的核心器件，类似 CPU 对于计算机的作用。通常汽车制造需要 50~100 套 SIEMENS 控制系统，而安贝格智能工厂的产品种类将近 1000 种。安贝格智能工厂建成以来，在工厂场地和人员都没有增加的前提下，产能提升了 8 倍，产品质量提升了 40 倍。安贝格智能工厂作为西门子的示范工厂，具有一组让人惊叹的数据。安贝格智能工厂年产超过 1200 万件产品，每 1 秒就能产出 1 个产品，而且合格率达到了惊人的 99.9985%。安贝格智能工厂管理着 30 亿个元器件，拥有 5 千米的地下元器件运输带。75% 的工序由生产设备和计算机自主完成，只有四分之一的工作需要人工完成 [44]。

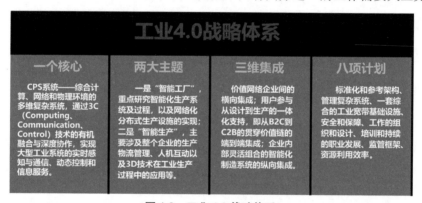

图 1.3　工业 4.0 战略体系

在西门子公司的安贝格智能工厂中，核心技术之一是 CPS。CPS 也就是信息物理融合系统，是实现工业 4.0 的基础，主要技术可以通过 3 个 C 来概括，也就是 Computing（计算）、Communication（通信）、Control（控制技术），通过 3C 技术的有机融合和深度协作，实现大型工业系统的实时感知与通信、动态控制和信息服务。CPS 使得各类工业物理设备能够连接到互联网上，并且使得工业物理设备具备了网络化感知、通信、计算、控制与协同的智能化功能，为工业物理世界和数字虚拟世界的有机融合提供核心技术的支撑。

德国工业 4.0 的落脚点就是智能工厂，首先关注的是如何实现智能生产。工厂里的"智能"体现在以下多个方面。工厂的各种机器设备以及加工件、物料，都能够接入有线或无线网络，从而能够实时地感知它们的状态。并且，机器设备经过智能化改造，将具有计算能力，例如当设备存在故障隐患时，能够智能化地预知并发出提醒和警报。再如，视觉监测设备可以通过人工智能算法的图像分析，智能化地判断产品的表面加工质量是否有瑕疵。每个加工件都有自己的 ID，里面记录了自己的身份信息，可以与生产设备进行通信和交流，告诉生产设备自己应该在什么时间、在哪条产线、哪个工序、被如何操作和加工。在虚拟环境中，生产流程可以被灵活地规划和调整。因此，同一条产线可以柔性地适应多个品种的产品生产流程，通过虚拟环境和物理环境的互相协作，构建具有柔性可重构能力的智能化产线，实现产品的个性化定制 [3]。同时，整个制造过程的数据都会被记录下来，形成制造大数据，使得所有的生产过程都可以追溯，并且从大数据中可以挖掘出潜在的模式和规律，例如，对于类似的定制化产品，在历史生产数据中学习并发现更为优化的工艺方案、更为高效的排产方案等。智能工厂的未来，将实现工况自感知、工艺自学习、设备自执行、系统自组织的美好愿景和目标。

工业 4.0 追求三个维度的集成。

第一类是价值网络的横向集成。横向集成指的是处于价值链上的合作企业之间，通过信息网络来实现资源的优化整合。当前，制造业企业的各项业务，例如研发设计、生产制造、经营管理、运维服务等，都离不开上下游合作企业的协作，需要将以往局限于企业内部的业务范畴，扩展至与上下游供应链、产业链的价值链企业进行协作。因此，需要在物流、信息流、资金流等各方面与供应商、经销商、客户等进行集成，以提供更为及时的产品与服务。例如，产品的创新设计过程需要及时与供应商进行协同，以确定是否存在供应链断供的风险。再如，售出的产品如现在的新能源汽车，企业需要实时地与客户进行互动，以获取客户的改进反馈。通过横向集成，可以构建企业间的价值网络，实现资源的优化整合与价值增值。

第二类是企业内部的纵向集成和网络化制造系统。主要目标是将企业内部不同层面、不同业务阶段的各类 IT 系统集成在一起。从不同层面的系统视角出发，需要将工业现场设备控制相关的 PLC、SCADA 系统，与上层的制造执行系统 MES，与更上层的企业资源计划系统 ERP 等，从下而上实现系统集成。从产品全生命周期不同业务阶段来说，需要将产品研发设计类系统 CAD、工艺规划类系统 CAPP、产品周期数据管理系统 PDM、经营管理类系统 ERP、生产制造类系统 MES、运维服务类系统 PHM 等各类业务系统，进行深度集成，以实现企业内部各类信息孤岛的整合，实现企业内部所有业务环节信息的无缝集成。

第三类集成是全价值链的端到端集成。工业 4.0 体系下，通过 CPS 等新技术，将价值链中的企业协作流程，以及各类终端都连接了起来。围绕产品的全生命周期活动，任何跨域工厂车间、企业组织的协作流程节点都可以直接集成互联，而不会再像以往那样存在中间的流程断点。例如用户的改进需求，与设计企业的创新设计部门，以及生产制造企业的工艺规划部门，还有第三方物流企业等，可以围绕需求的变动敏捷地进行流程集成。同时，处于价值链中的各类终端设备和终端系统，如协作生产的分散企业产线中的机器人、数控机床，以及不同企业的制造执行系统之间，也可以围绕协同生产的任务要求，进行端到端的集成。从而，整个价值链将不再有断点，实现从 B2C 到 C2B 的贯穿全价值链的端到端的全连接。

德国工业 4.0 战略规划设计好后，又从战术层面，制订了八项优先行动计划。分别是：标准化和参考架构模型，管理复杂系统，一套综合的工业宽带基础设施，安全和保障，工作的组织和设计，培训和持续的职业发展，监管框架，资源利用效率。

在八项优先行动计划中，标准化和参考架构模型处于首位。要实现工业 4.0 所期待的全面互联与集成，标准规范的制定是基础。从制造系统中网络化互联的多种多样的终端设备的角度来看，例如各类工业自动化设备、老旧生产设备、现场总线、可编程逻辑控制器、移动设备、服务器、工作站、网络接入设备等，异构网络协议七国八制，均需要标准化的网络接入。从制造环境中种类繁多的软件应用的角度看，如产线数据采集、生产计划排产、生产调度、质量检测、工艺优化、设备维护等功能接口，均缺乏标准化的互操作接口；各类企业 IT 系统如 ERP、MES、PLM、PHM、SCM、CRM 等，也缺乏统一的标准。上述问题标准化是实现工业 4.0 的前提和基础。

如图 1.4 所示，在工业 4.0 战略的愿景目标下，德国发布了工业 4.0 参考架构模型 RAMI 4.0。通过三个维度，构建了一个三维的立体空间的模型。第一个维度，在纵轴也就是 Layers 层级维度上，主要体现的 CPS 的各项核心功能，自底而上从物理层到信息物理层再到信息层以及管理层，包括工业资产、集成、通信、信息、功能、业务流程等。第二个维度，在产品全生命周期以及业务价值链也就是 Stream 维度上，建立了产品从需求、研发、生产、交付、运维服务等全生命周期价值流，描述了工业要素从虚拟原型到产品实物的全过程，基于 IEC 62890 标准将其分为虚拟原型和实物制造两个阶段。第三个维度，遵循 IEC 62264 和 IEC 61512 标准，建立了工业互联世界的层级模型，包括从产品和设备的互联，到产线工作单元的互联，再到企业的互联，旨在分层描绘工业 4.0 的全互联世界。

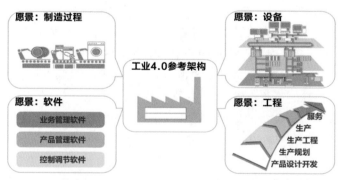

图 1.4　德国工业 4.0 战略愿景目标（来源：西门子 2013）[①]

---

① 　图 1.4 引用网址为 https://www.acatech.de/wp-content/uploads/2018/03/Final_report__Industrie_4.0_accessible.pdf。

如图 1.5 所示，这个参考架构模型，代表了德国对工业 4.0 战略的全局视角。基于这个模型，各个企业都可以在整个三维体系中寻找自己的位置。

图 1.5　德国工业 4.0 参考架构模型 RAMI 4.0（来源：Platform Industrie 4.0）[①]

▶ 1.5　新一代智能制造

当前社会正处于大制造时代。从时间尺度上讲，大制造过程包括从产品有市场需求，到研发设计、生产制造、试验测试、交付客户、运维服务，再到最终报废处理的全生命周期。从空间尺度来讲，大制造过程涉及从企业内到企业间再到全球化的协作。制造企业的范畴也由传统离散型制造和流程制造发展到了信息制造业、生物产品制造业等新兴制造业。

制造业是国民经济、国计民生和国家安全的重要基石，在第四次工业革命的冲击下，全球制造业都面临着新技术革命和产业变革带来的挑战，特别是新一代信息通信技术与制造业的深度融合，正在引发制造模式、制造手段和整个生态系统的重大变革。近十几年来，全球各国都纷纷制定了国家制造业战略规划[45]。例如，美国在2012 年制订了国家制造业创新网络计划，时任美国总统宣布投资至少 10 亿美元建立全美制造业创新网络，将高端制造业牢牢攥在美国本土手中。在 2013 年德国工业 4.0战略规划提出之后，2021 年欧盟又提出了工业 5.0。英国曾经提出高价值制造计划。法国也提出了未来智能工厂计划。我国也相继提出了"互联网＋"行动计划，国务院关于深化制造业与互联网融合发展的指导意见，国务院关于深化"互联网＋先进制造业"发展工业互联网的指导意见等。以上国家战略规划的核心内容是积极发展智能制

---

① 图 1.5 引用网址为 https://baike.baidu.com/item/%E5%B7%A5%E4%B8%9A4.0%E5%8F%82%E8%80%0%83%E4%BD%93%E7%B3%BB/22197548?fr=ge_ala。

造的技术、产业和应用，实现面向智能制造的新模式、新手段和新业态。

近年来，工业 5.0 的提出并未取得像当年工业 4.0 带来的冲击效应。工业 5.0 强调以人为中心构建人—信息—物理三元融合系统 [8, 9]，期望在复杂工业网络和数字孪生的基础上，建立知识互联的智慧工业世界，并且更加关注绿色环保的可持续性制造，例如对于双碳目标的重视。同时，工业 5.0 强调建立更为健壮的工业体系。

回顾工业革命的历程，人类的生产制造模式的变革一直伴随着工业革命，蒸汽机革命使得传统的手工作坊走向了机械化生产，电气化革命又催生了大规模生产线，信息化革命造就了计算机集成制造系统。在前三次工业革命浪潮中，英国、德国、美国占得了先机，也发展为全球工业制造业最具竞争力的国家。如今我们正面临新工业革命，在迈向个性化、智能化制造的新历史时期，中国有望实现弯道超车，与欧美发达国家一争高下，这是当前中国面临的难得的历史机遇。

当前，中国制造业正面临从价值链的低端向中高端，从制造大国向制造强国、从中国制造向中国创造转变的关键历史时期。我国许多制造企业处在"微笑曲线"下端，附加价值低。国际高端制造业巨头企业，例如苹果和特斯拉，其核心竞争力都分布在微笑曲线的两个嘴角，也就是高附加价值的区域。中国制造业的主要问题包括：

（1）产品创新开发和产品质量，以及产品服务方面的竞争能力低；

（2）产品制造能耗高，并对环境污染严重；

（3）工业基础薄弱，关键基础材料，核心基础零部件 / 器件，先进基础工艺，质量技术基础，都比较薄弱；

（4）产品产业链的集成和优化能力低；

（5）制造业信息化水平低。

中国制造业要应对挑战，抓住机遇，必须加快推进"五个转型升级"：第一，由技术跟随战略向自主开发战略转型再向技术超越战略转型升级；第二，由传统制造向数字化、网络化、智能化制造转型升级；第三，由粗放型制造向质量效益型制造转型升级；第四，由资源消耗型、环境污染型制造向绿色制造转型升级；第五，由生产型制造向"生产 + 服务型"制造转型升级 [46]。

在这样的时代背景下，为了应对国际新工业革命的竞争，我国于 2018 年提出了新一代智能制造的概念，也就是数字化网络化智能化制造范式 [10]。

如图 1.6 所示，第一种基本范式是数字化制造。数字化制造创新主要聚焦于企业资深竞争力的提高，包括产品的数字化，制造活动例如论证、设计、生产、仿真、实验、管理、销售、运营、维修等活动的数字化，制造资源和设备的数字化，以及人和组织的数字化。其目标是提高产品创新水平，提高质量，提高生产效率，提高经济效益。

图 1.6　数字化制造

如图 1.7 所示，第二种基本范式是数字化网络化制造，推动企业融入产业链生态网络体系。典型模式包括以用户为中心的个性化定制，例如海尔、小米等产品设计和生产，能够通过与用户交互的平台，与用户实现双向沟通，满足用户个性化需求，使得企业从以产品为中心向用户为中心转变。再如网络化协同制造模式，能通过资源共享和协同平台，实现制造资源的全社会优化配置，基于互联网和云平台开展制造业全生命周期的业务协同、数据协同、模型协同，实现协同设计和协同制造研发、协同制造。并且，能够推动制造业服务化转型，通过远程运维平台，延伸企业的产业链，使企业能够为用户提供远程运维、故障检测等服务，使企业从生产型企业向生产服务型企业转型，提高企业服务能力和高附加值竞争力。

图 1.7　数字化网络化制造

第三种范式，也就是数字化网络化智能化制造，是未来新一代智能制造的基本范式。我们从人类的生产活动改造物理世界说起，最初在工业 1.0 和工业 2.0 时代，人通过机械工具的发明代替了部分体力劳动，直接作用于物理系统。到了工业 3.0 信息化时代，我们将规律性重复性的脑力工作变成了可自动执行的程序代码，交给了信息系统来执行，于是形成了人—信息—物理系统。这时，在大部分体力劳动被代替的同时，部分脑力劳动可以被信息系统来代替，这是所谓授之以鱼，我们注意，这个

"鱼"只是按程序代码一五一十地执行，它并不具有创造性，在制造业的创新性研发设计、工艺优化、异常工况决策等活动中往往无能为力。未来的新一代人—信息—物理系统中，将深度地融入新一代人工智能技术，信息系统将具有学习和创造能力，在代替大量脑力劳动时能够代替部分的创造性活动，这是所谓的授之以渔，它可以从千千万万个历史的产品设计案例中学习知识，自我设计创造出人类难以完成的全新产品方案。它也可以从海量的工艺数据中自己发掘并构建工艺优化方案。未来工业互联的世界将不再是目前设备和业务流程的连接，将是智慧互联的大集成网络，在此基础上构建智能制造的云平台，提供智能产品、智能生产和智能服务。未来的新一代智能制造系统，将显著提高产品创新水平、质量、效率、服务能力。

如图 1.8 所示，数字化网络化智能化制造让工业世界里的人、机、物彼此连接和对话，机器设备甚至可以和被加工的工件直接交流，自主决定后续的加工工作。此外，它让机器能够学习人的技能，学会思考与应变，能够像人一样协作完成任务。更加超出想象的是，它将让你置身于虚实共生的工业元宇宙世界。曾经出现在科幻大片《变形金刚 4》中外形酷炫的越野车，从流线型的车身外观设计、到发动机、轮胎、内饰，全都通过个性化定制进行了独一无二的创新设计。它们来自一家只有 10 名正式员工的汽车公司 Local Motors。尽管没有庞大的研发中心、生产工厂和销售团队，但是公司的愿望是引领下一代汽车的创新设计与制造，颠覆整个汽车行业。Local Motors 公司建立了全球互联网的"开源汽车"社区，汇集了全球 121 个国家至少 8000 余名汽车爱好者、设计师、工程师、制造商的群体智慧，众包完成极具个性化的汽车的私人定制。从设计到制造，这家汽车公司都展示了十足的未来感，这就是新一代智能制造将带给每个人的改变。

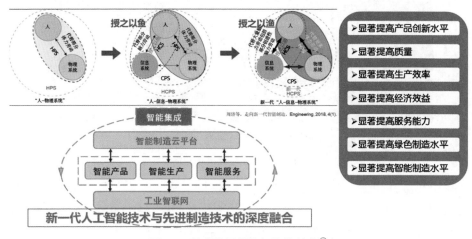

图 1.8　数字化网络化智能化制造[①]

---

① 图 1.8 引用文献为：周济，李培根，周艳红，等. 走向新一代智能制造 [J]. Engineering，2018，4(1).

为了实现新工业革命和未来新一代智能制造的美好愿景，工业互联网为所有这一切提供了新型基础设施的核心支撑。工业互联网是新一代信息通信技术与工业经济深度融合的新型基础设施、应用模式和工业生态，通过对人、机、物、系统等的全面连接，构建起覆盖全产业链、全价值链的全新制造和服务体系，为工业乃至产业数字化、网络化、智能化发展提供了实现途径。工业互联网是第四次工业革命的重要基石。工业互联网将支撑工业世界从目前的数字化单点优化，走向网络化全面互联网，进一步实现智能化的全局智能[47]。

第 2 章
面向新工业革命的新一代 ICT 技术

▶ 2.1 云计算

2.1.1 云计算简介

1. 定义

云计算是一种基于互联网的计算方式，它允许用户和企业通过互联网访问和使用远程服务器、存储和应用程序。这种模式允许快速部署资源，具有较高的弹性和可扩展性。

2. 起源

云计算的概念最早由 Google 公司在 2006 年提出。最初设计为提高网页搜索的效率，如今云计算已扩展到许多其他服务，比如 Gmail 和 Google Apps。这个概念的发展不仅标志着技术的进步，还体现了对信息处理方式的全新理解。

3. 基本特性

1）弹性和可扩展性

根据需求快速增加或减少资源。

2）按需服务

用户根据实际使用情况支付费用，避免资源浪费。

3）资源池化

服务提供商利用大规模的资源池来服务多个客户，实现成本效率。

4）随时随地访问

通过互联网连接，用户可以在任何时间、任何地点访问服务。

5）自动化管理

资源的分配和管理可以自动化，减少人工干预需求。

2.1.2 云计算核心理念

用户可以根据需求，从一个庞大的资源库中获取所需的计算资源。无论是扩展还是缩小规模，云计算都能提供相应的灵活性，极大地简化了 IT 资源的管理。

图 2.1 展示了一个云计算存储资源池的布局。在云计算中，不同层次的存储设备被组织起来，提供各种数据服务。可以看到顶部有快速存取数据的高速缓存层；中部是处理数据请求的服务层，提供各类接口如 API 和 NFS；而底部是实际存储数据的硬件层，包括多种类型的硬盘和磁带。这样的设计使得数据存储更高效，便于管理，同时根据需求动态分配资源，体现了云存储的灵活性和扩展性。

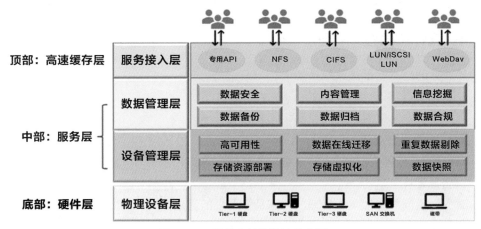

图 2.1　云计算存储资源池的布局

2.1.3　云计算模型

1. 公有云、私有云和混合云

1）公有云

公有云由第三方服务提供商管理和维护，向多个客户提供服务。客户通过网络访问这些服务，并按使用量付费。公有云的优势在于其可扩展性、成本效率和简易的维护。

2）私有云

私有云是为单个组织或企业专门建立的云计算资源。这些资源可以位于组织的内部网络内，也可以由第三方托管。私有云的主要优点是其提供了更高的安全性和控制能力。

3）混合云

混合云结合了公有云和私有云的特点，允许数据和应用程序在两种环境之间移动。混合云提供了灵活性和数据部署选项，同时优化了现有基础设施的安全性和合规性。

2. 云计算应用模式

云计算的商业模式就像是提供电力的现代发电厂，按需支付所使用的服务。在这个模式下，云计算提供了以下三种主要的服务。

1）软件即服务（Software as a Service，SaaS）

它就像是租用工具，无须购买就能使用。比如，通过互联网使用 Office 365 来处理文档，而不需要在自己的计算机上安装 Office 软件。

2）平台即服务（Platform as a Service，PaaS）

这相当于租用了整个工作台，不仅有工具还能在上面创建东西。开发者可以在平台上开发应用，例如，使用 Heroku 来构建和运行自己的网络应用程序。

3）基础设施即服务（Infrastructure as a Service，IaaS）

提供的就像是土地和原材料，你可以在上面搭建任何想要的东西。企业可以通过 AWS 获取虚拟服务器来运行自己的应用，而不需要自己维护物理服务器。

2.1.4　云计算的技术特征

云计算的技术特征主要包括如下。

1. 自助式服务

用户可以自主配置和管理资源，无须人工干预。

2. 广泛的网络访问

服务通过互联网提供，支持多种设备（如计算机、手机等）访问。

3. 资源池化

服务提供商的资源集中管理，以满足多用户的需求。

4. 快速弹性

资源可以迅速扩展和缩减，以适应需求变化。

5. 按需计量

资源使用根据实际消耗计费，增强成本效率。

▶ 2.2　大数据

2.2.1　大数据的起源

大数据的起源如图 2.2 所示。

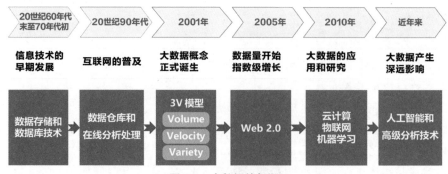

图 2.2　大数据的起源

20 世纪 60 年代末至 70 年代初，数据存储和数据库技术的出现标志着信息技术的早期发展。IBM 和其他公司开始使用数据库管理系统（DataBase Management System，DBMS）。

20 世纪 90 年代，互联网的普及带来了数据量的显著增长。这一时期，数据仓库和联机分析处理（Online Analytical Processing，OLAP）技术开始用于商业智能。

2001 年，兰尼·道格兰提出了 3V 模型来描述大数据：Volume（体量）、Velocity（速度）和 Variety（多样性），这被视为大数据概念的正式诞生。

2005 年，随着 Web 2.0 的兴起，产生了更多的用户生成内容，数据量开始呈现指数级增长。

2010 年，大数据成为热门话题，云计算、物联网（Internet of Things，IoT）和机器学习等技术的发展进一步推动了大数据的应用和研究。

近年来，随着人工智能和高级分析技术的进步，大数据开始在多个领域（如工业、金融、医疗等）产生深远影响。

2.2.2　大数据的研究意义

在医疗领域，通过分析患者的历史记录和实时数据，医生可以更准确地诊断疾病并制定治疗方案。在商业领域，大数据帮助企业理解市场趋势，优化运营和提高客户满意度。

技术的进步使得大数据应用的层次不断加深。我们不仅是在收集和存储数据，更是在分析和利用数据来预测未来趋势，如通过分析社交媒体趋势预测市场变化。

2.2.3　大数据的核心特征

5V 模型如图 2.3 所示。

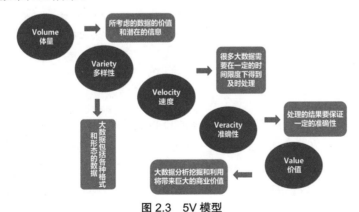

图 2.3　5V 模型

1. Volume（体量）

从社交媒体到商业交易，数据正在以前所未有的规模被创建。例如，Facebook 网站上每分钟上传的照片数量就足以填满数个数据中心。

2. Variety（多样性）

今天的数据来自各种形式和来源。无论是结构化的数据库内的交易记录，还是非结构化的社交媒体帖子，数据的多样性都为分析师提供了丰富的洞察来源。

3. Velocity（速度）

信息的传递速度比以往任何时候都快。考虑到 Twitter 上每秒成千上万条新推文的产生，这种速度的影响是显而易见的。

4. Veracity（准确性）

关乎数据的质量和可信度。不准确的数据可能导致错误的决策，因此，了解数据的真实性对于确保分析结果的准确性至关重要。

5. Value（价值）

在海量的数据中找到有价值的信息是大数据研究的终极目标。通过数据分析，公司可以识别出消费者的购买模式，从而更精准地进行市场定位。

通过对这些关键特征的研究，大数据不仅是量的集合，还是深度洞察和智能决策的基石。

2.2.4　大数据的应用手段

要充分利用大数据的潜力，我们必须借助一系列先进的技术。正是这些技术使我们能够有效地管理和分析庞大的数据集，从而提取出有意义的信息。其中的应用手段，如数据挖掘、云计算、机器学习和人工智能，不但支持了数据的快速处理，而且提高了我们从大量不同类型的数据中提取准确信息的能力。例如，数据挖掘技术能够在海量数据中发现隐藏的模式，而云计算提供了必要的计算资源，以存储和分析这些数据。

此外，机器学习和人工智能技术在分析大数据时发挥着至关重要的作用。它们能够学习数据中的趋势和规律，预测未来事件，并提供深入的洞察，帮助决策者做出更明智的选择。而且，随着技术的不断进步，我们现在可以处理的数据速度和多样性是过去无法想象的。

2.2.5　工业大数据

随着我们深入探索了支持大数据处理的核心技术，我们现在转向一个更具体的应用领域——工业大数据。在工业环境中，这些技术不仅支持数据的基本处理和分析，而且还推动了整个制造业的数字化转型。

在工业领域，大数据的应用变得更加具体、更有目标导向。这里的数据不仅是来自网络的交互或交易记录，而是来自传感器、机器日志、生产线监控系统等。工业大数据利用机器学习和人工智能，不仅可以提高生产效率，还可以实现预测性维护，降低故障率，优化资源分配。

例如，通过实时分析从传感器收集到的数据，工业大数据可以帮助监测设备性能，预测潜在的故障，并在问题发生之前进行干预。这种预见性维护可以显著降低停机时间，节省大量成本。

因此，当我们谈论工业大数据时，我们不仅是在讨论数据量的规模和处理速度，还是在讨论如何将这些数据转换为真正的行业洞察和行动指南。这标志着大数据不但是技术上的进步，而且是一种可以极大地改善工业生产和管理的实用工具。

20世纪60年代，我们看到了企业信息化初步的建设，引入了企业资源计划（Enterprise Resource Planning，ERP）、客户关系管理（Customer Relationship Management，CRM）和供应链管理（Supply Chain Management，SCM）这些系统，这标志着生产自动化和管理信息化的开始。

1995年，随着卫星、电视、地图和互联网技术的融合，人们迈入了商务智能化时代，这是外部信息资源整合与商业智能的开始。

到了2005年，工业物联网的概念开始兴起，车辆、挖掘机等物联网设备的集成，使得数据采集和实时监控成为可能。

而贯穿这一切的核心，就是"数据"二字。从最初的数据采集，到如今的智能决策，工业大数据已经成为现代工业不可或缺的一部分。

这一历程不仅让我们看到了技术的进步，也让我们认识到，未来的工业将更加数据驱动化，智能化水平将持续提升。

▶ 2.3　智能物联网

当前，物联网已经融入了人们生活的方方面面，例如，现在随处可见的通过手机远程控制的空调、热水器、智能门锁等，都属于物联网的连接范畴，如图2.4所示。

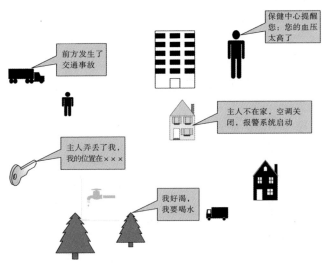

图2.4　生活中的物联网例子

最广为人知的物联网起源，要追溯到 1991 年的剑桥大学的一个"特洛伊咖啡壶事件"。剑桥大学特洛伊计算机实验室的科学家们，常常要下楼去看咖啡煮好了没有，但又怕会影响工作，为了解决麻烦，他们便编写了一套程序，在咖啡壶旁边安装了一个便捷式计算机，利用终端计算机的图像捕捉技术，以 3 帧每秒的速率传递到实验室的计算机上，以方便工作人员随时查看咖啡是否煮好，这就是物联网最早的雏形。

2.3.1 物联网的定义

1994 年麻省理工学院的 Auto-ID 中心创始人之一凯文·阿什顿首次使用了 Internet of Things 这个词，提出了物联网是指依托射频识别技术（Radio Frequency Identification Devices，RFID）和设备，按约定的通信协议与互联网相结合，使物品信息实现智能化识别和管理，实现物品信息互联而形成的网络。

1995 年，比尔·盖茨在他的《未来之路》一书中提到了"物联网"的构想，意即互联网仅仅实现了计算机的联网而没有实现万事万物的互联。

2005 年，国际电信联盟（International Telecommunication Union，ITU）互联网报告（Internet Reports）扩充了物联网的概念，将其定义为通过二维码识读设备、RFID 装置、红外感应器、全球定位系统和激光扫描器等信息传感设备，按约定协议，把任何物品与互联网相连接，进行信息交换和通信，以实现智能化识别、定位、跟踪、监控和管理的一种网络。

在此基础上，2009 年欧洲物联网战略研究报告补充了物联网的定义，指出物联网是未来网络的整合部分，是以标准、互通的通信协议为基础，具有自我配置能力的全球性动态网络设施，所有实质和虚拟的物品都有特定的编码和物理特性，通过智能接口无缝连接，实现信息共享。

直到 2011 年，物联网白皮书中对其概念进行了进一步的扩充。在白皮书中定义了物联网是通信网络、互联网的拓展应用和网络延伸，利用感知技术和智能装置对物理世界进行感知识别、智能监控，通过网络传输互联，进行数据计算、处理、知识挖掘和分析决策，实现物与物、人与物、人与人信息交互和无缝链接，达到对物理世界实时控制、精确管理和科学决策的目的。

物联网的兴起遵循了"十五年周期定律"，即计算模式每隔 15 年发生一次变革，这一判断像摩尔定律一样准确。

1965 年，大型机兴起。

1980 年，个人计算机迅速推广开来。

1995 年，互联网的兴起大大改变了人们的沟通方式。

2010 年前后，物联网的兴起则进一步改变了人们的生活方式。

因此，有人将 2010 年称为物联网元年。

2.3.2　物联网下的制造——全互联制造

在物联网的推动下，工业制造领域也出现了全互联制造网络这一概念。

全互联制造网络是指基于互联网的 TCP/IP 等架构，实现对工业终端异构设备、工厂管理网络、控制网络、传感网络进行全面互联，并与互联网集成，实现信息无缝传输，如图 2.5 所示。

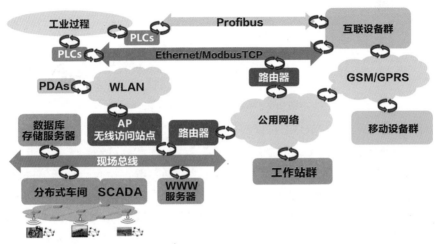

图 2.5　全互联制造网络

其目的是实现工厂全覆盖，管理和控制业务混流传输，异构网络动态互联，并提供安全可靠的组网与传输技术，即工业过程的万物互联。

2.3.3　物联网的关键支撑协议

万物互联是靠各种各样的物联网协议支撑起来的。物联网的支撑协议按照功能一般分为两大类：一类是传输协议，另一类是通信协议。

传输协议一般负责子网内设备间的组网及通信；而通信协议则主要是运行在传统互联网 TCP/IP 之上的设备通信协议，负责设备通过互联网进行数据交换及通信。

由于物联网场景复杂多样，设备端硬件条件、网络稳定性、流量限制、设备功耗以及设备连接数量等多方面因素造成物联网设备的消息传递与传统互联网场景有着很大不同。因此，物联网所使用的通信协议比较多。

这些通信协议根据不同的应用场景可以分为有线通信协议和无线通信协议，如图 2.6 所示。按照网络层次来分，又可以分为物理层协议和应用层协议。常见的物联网协议包含 NB-IOT（Narrow Band Internet of Things，NB-IoT）、WiFi（Wireless Fidelity）、ZigBee、TCP（Transmission Control Protocol）、LoRa（Low-Rank Adaptation of Large Language Models）、MQTT（Message Queuing Telemetry Transport）、HTTP（HyperText Transfer Protocol）等。

有线通信协议：

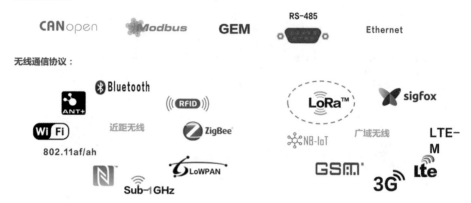

无线通信协议：

图 2.6　物联网的关键支撑协议

它们各有特点，例如 MQTT 可以在低带宽、不可靠的网络下提供基于云平台的远程设备的数据传输和监控；LoRa 能够为 M2M 应用程序和物联网部署提供低功耗的数据传输；ZigBee 适用于短距离大规模设备的低功耗通信等。没有一种通信协议是最好的，也没有一种协议适合每一种部署。工程人员必须根据物联网的应用计划和场景需求来确定哪种协议最适合当前的组织，并权衡一系列因素，如图 2.7 所示，连接设备的电源需求如何、这些设备的位置分布如何、网络部署的安全要求如何等。

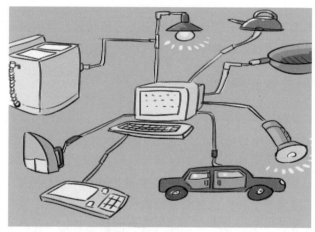

图 2.7　物的新含义（图 2.7 来自网络）

有了各种协议的支撑，物联网中的物就有了新的含义。物不仅有在世界网络中可被识别的唯一编号，它还有了它应遵循的通信协议；有了数据传输的通路；物连接计算资源，就有了计算能力和存储能力；物连接网络，就延伸出了物的管控程序。

2.3.4　物联网的网络参考架构

一般来说，物联网的构建和部署遵循着一个比较统一的网络参考架构。这个架构分为三个层次，即应用层、网络层和感知层，如图2.8所示。

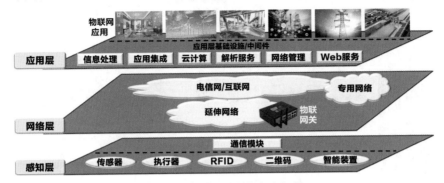

图 2.8 物联网的网络参考架构

1. 感知层

感知层是实现物联网全面感知的基础，主要作用是标识物体、采集和捕获信息，如图2.9所示。

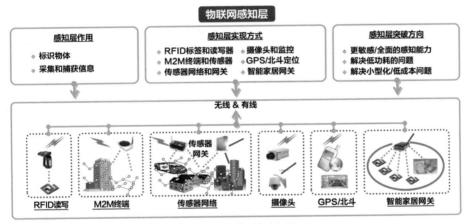

图 2.9 物联网的感知层

感知层的实现方式包含RFID标签和读写器识别设备身份，通过M2M（Machine to Machine）终端和传感器收集设备信息，通过传感器网络和网关传输信息，利用摄像头和监控获取更丰富的设备场景信息，通过GPS（Global Positioning System）/北斗获取设备定位信息，通过智能家居网关检测和控制环境参数等。

目前，感知层需要突破的方向有三个。第一，如何实现更敏感、更全面的异构设备与物的感知能力；第二，如何解决大规模设备物联的低功耗问题；第三，如何解决物联网基础设施，如传感器、网关等微型化、低成本问题。

2. 网络层

网络层主要负责对传感器采集的信息进行安全无误的传输，并对收集到的信息传输给应用层，也即是实现物联网感知层和应用层连接的媒介，如图2.10所示。

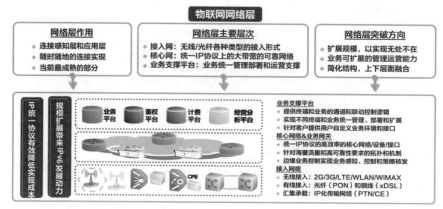

图 2.10　物联网的网络层

网络层也是当前物联网发展最成熟的部分，又可以细化为接入网、核心网、业务支撑平台三个层次。三个层次联合，主要实现物联网数据信息和控制信息的双向传递、路由和控制，重点包括低速近距离无线通信技术、低功耗路由、自组织通信、无线接入 M2M 通信增强、IP 承载技术、网络传送技术、异构网络融合接入技术以及认知无线电技术等。

网络层是实现物联网必不可少的基础设施，只有实现各种传感网络的互联、广域的数据交互和多方共享，以及规模性的应用，才能真正建立一个有效的物联网。

因此，网络层的突破方向包含：如何扩展网络规模，以实现网络的无处不在；如何实现业务可扩展的管理运营能力，处理多终端和多业务的统一管理；如何简化网络结构，实现感知层和应用层的无缝结合。

3. 应用层

物联网的应用层主要解决信息处理和人机界面的问题，也即输入输出的控制终端，是将信息技术与行业专业技术融合，实现广泛智能化应用的解决方案集合，如图 2.11 所示。

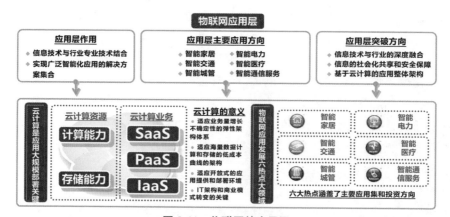

图 2.11　物联网的应用层

例如，手机、工业智能机器人的控制器等，主要通过数据处理及应用解决方案来提供特定场景的信息服务。应用层面向具体行业需求，在感知层和网络层的基础上进一步对物实现物尽其用，丰富物的查询、监视、控制、协作等功能。

如图 2.12 所示，应用层的突破方向包含，物联网中诸如云计算等信息技术与行业的深度融合，物联信息的社会化共享和安全保障，以及基于物联网与云计算等技术的应用整体架构。

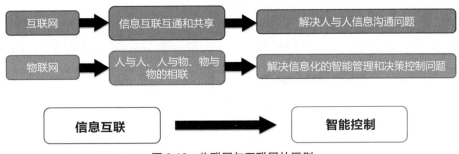

图 2.12 物联网与互联网的区别

2.3.5 物联网与互联网的区别

总的来说，物联网是在互联网的基础上，将用户端延伸和扩展到任何物品与物品之间，进行信息交换和通信的一种概念。

互联网侧重于信息的互联互通和共享，解决的是人与人之间的信息沟通问题。

物联网则是通过人与人、人与物、物与物的相互连接，解决信息化的智能管理和决策控制问题。实现信息互联的全面覆盖到智能控制的全面扩展。

▶ 2.4 智能传感器

智能传感器对于工业互联网来说至关重要，是工业现场连接至工业互联网的关键，也是工业互联网伸入工业现场的眼耳鼻。在工业互联网的边缘层，工业现场的数据接入、工业终端的智能分析及工业边缘端应用部署统统离不开智能传感器，如图 2.13 所示。

图 2.13 工业互联网中的智能传感器

2.4.1　智能传感器的定义

　　智能传感器通常被定义为具有信息处理功能的传感器，能够实现数据的采集、处理和信息交换，如图 2.14 所示。智能传感器除了相应的传感元件外，通常还包含用于信息处理的处理器，有些甚至会包含显示屏以提供人机交互的接口。

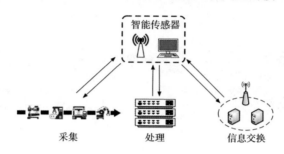

图 2.14　智能传感器的组成

　　智能传感器的发展与广泛使用是自动化领域所取得的一项重大进展，相较于传统的传感器而言，智能传感器能够实现高精度的信息采集，它具有很高的集成度，同时包含了传感器、处理器等各种不同功能的零部件。除此之外，智能传感器还具有线性度高、温度漂移低、系统复杂性低和成本低廉的特点。除了传统的数据测量功能之外，智能传感器还具有可编程特性，能够实现一定程度的自动化，能够定制多样化的功能，能够和其他计算设备进行通信，且具有板载诊断的功能。

2.4.2　智能传感器的分类

　　智能传感器的分类多种多样。按照其工作原理，智能传感器可以分为电阻式传感器、电容式传感器、光栅式传感器、超声波式传感器、激光式传感器和压电式传感器。
　　以超声波传感器和压电式传感器为例，超声波传感器首先发射一段短而且高频的声波，这些波在空气中以声速传播，在遇到物体时会以回声信号返回到传感器，超声波传感器可以通过计算发出信号到接收回声之间的时间间隔来计算传感器和目标物之间的距离。压电式传感器的原理是压电效应，它通过测量压电材料在受到压力后的电荷变化实现对加速度、压力和温度等数据的测量。
　　按照被测量的方式，智能传感器可以分为温度传感器、湿度传感器、速度传感器、位移传感器、振动传感器、压力传感器、力矩传感器等。
　　按照输出信号的形式，智能传感器又可以分为数字传感器和模拟传感器。

2.4.3　工业互联网环境下的典型智能传感器

　　在工业互联网环境下，目前应用较多的包含视觉传感器、力矩传感器、粉尘传感器和红外传感器这四类，如图 2.15 所示。

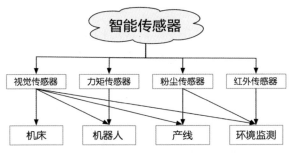

图 2.15　工业互联网环境下的典型智能传感器

1. 视觉传感器的应用

视觉传感器包含早期常用的 CMOS 图像传感器、CCD 摄像器件和新型三维视觉传感器件等，其原理如图 2.16 所示，能够实现工业车间设备工作状态监控、人机协作状态检测、产品缺陷检测、工业机床操作对象识别等。

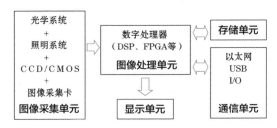

图 2.16　视觉传感器的原理

例如，图 2.17 所示视觉传感器在车身检测上的应用。视觉传感器一般由图像采集单元、图像处理单元、信息存储单元、信息通信单元和显示单元五部分组成。其中，图像采集单元通常分为光学系统、照明系统、光学敏感元件（如 CCD 或 CMOS）以及图像采集卡。图像处理单元则使用专门的图像

图 2.17　视觉传感器在车身检测上的应用

处理芯片（如 ASIC、DSP 和 FPGA 等）完成对图像采集单元传输过来的数据的处理。信息存储单元主要负责存储收集到的图像，显示单元则负责将这些图像显示出来。信息通信单元通过以太网、USB 和 I/O 等实现和其他计算设备的通信。

在汽车车身视觉检测系统中，汽车通过传送机构和定位机构移动到视觉传感器前，视觉传感器中的图像采集单元首先对车身进行拍照以获取图像，然后经过图像处理单元进行初步处理后，由信息通信单元将图像发送给上位机进行分析，得到当前车身的状况，实现对车身的检测。

2. 力和力矩传感器的应用

力和力矩传感器主要用于机器人关节的力和力矩的检测与控制，一方面实现精细

控制，另一方面则防止工业机器人受力过大而损坏。

如图 2.18 所示的力矩传感器，在工业机器人上的应用十分广泛。力矩传感器通常安装在机器人的末端及关节部位，用于对各种旋转或非旋转的机械部件上的扭转力进行感知和测量，如图 2.18（a）所示。加入力矩传感器后可以实现对机器人的高精度力控，使它能够执行更为精细和复杂的任务。

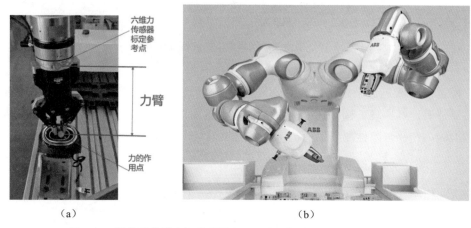

（a）　　　　　　　　　　　（b）

图 2.18　坤维科技的力矩传感器和 ABB 双臂机器人上的力矩传感器

3. 粉尘传感器的应用

粉尘传感器主要用于车间产线环境检测中，用于检测周围空气中的粉尘浓度，确保生产环境的安全和员工健康。

如图 2.19 所示的典型粉尘传感器，风扇驱动电路会驱动风扇将颗粒物吹到光敏管附近，光敏管产生的信号经由激光管驱动电路和放大器电路输入微控制器 MCU 进行处理和计算，得到当前环境的粉尘数据。与其他的智能传感器一样，粉尘传感器也具有数据处理和信息通信等功能。

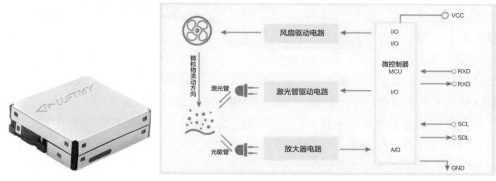

图 2.19　勒夫迈和炜盛科技的粉尘传感器

4. 红外传感器的应用

红外传感器可用于车间移动设备距离监测、异构设备温度监测、产线货物自动计数，作为工业场景物美价廉的多功能智能提示器。

如图 2.20 和图 2.21 所示的典型测温仪，可在各种条件下进行温度检测，红外传感器首先将被检测目标的温度转换为电信号，然后经过 A/D 转换器输入单片机。温度传感器则将环境温度转换成电信号，同样经过 A/D 转换器输入单片机。单片机中存放有红外传感器的非线性校正数据，可以对红外传感器的输入实现非线性校正。红外传感器监测的数据经单片机计算处理，消除非线性误差后，可获得目标的特定温度和环境温度的关系，供记录、显示和存储备用。

图 2.20　福禄克典型测温仪

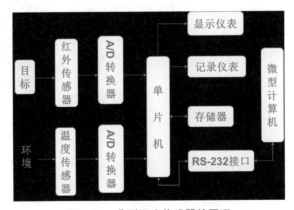

图 2.21　典型温度传感器的原理

5. 小结

总的来说，智能传感器是工业互联网的基础和核心，是自动化智能设备的关键部件，工业互联网的蓬勃发展，一方面给传感器企业带来了巨大的机会，另一方面也对智能传感器提出了新的要求，主要体现在智能传感器的微型化、集成化、低功耗、高灵敏、高稳定和高安全性。

反过来看，智能传感器的发展，一方面提高工业互联网底层设备的感知能力，另一方面实现了感知技术的大规模部署，促进智能传感器制造、设计开发、优化迭代产业链的深度整合，促进智能传感器产业生态的快速增长，更好地促进工业互联网产业的高质量发展。

▶ 2.5 5G 通信技术

回顾无线通信的发展，经历了令人怀念的 1G 时代，那时人们拿着大哥大只能用于打电话，不能上网；再到 2G 时代，短信功能解锁，大哥大变成小灵通，但是网速还是很慢；再到了 3G 时代，人们可以上网下载手机铃声，玩一些简单的游戏，手机逐渐有了"高级感"；再到了 4G 时代，是手机智能化的时代，人们可以视频通话、下载高清电影等；再到如今无线通信正式步入了 5G 时代。本节将深入探讨 5G 通信技术。

2.5.1 5G 技术的概念

无线通信技术的发展离不开信息论的创始人克劳德·艾尔伍德·香农，如图 2.22 所示。他在信息论中提出了著名的香农极限公式，指的是在信道上进行无差错传输的理论最大传输速率，是香农定理在有限带宽频道上的理论。如图 2.23 展示的香农极限公式可知，要想提高信道传输的最大速率，可以增加覆盖强度、增加信道、增加带宽、增加信噪比，因此衍生出了超密集组网、大规模天线、毫米波等技术。正是由于这些技术的发展让 5G 成为现实。

图 2.22 信息论的创始人——克劳德·艾尔伍德·香农

5G 技术指的是第五代移动通信技术，简单来说，就是一种更加高速、更加稳定的移动通信技术。相比于目前常见的 4G 技术，5G 技术拥有更高的频段、更高的带宽、更低的延迟、更多的连接数等特点。通过使用 5G 技术，用户可以更加轻松地享受到高速的下载、流媒体等服务，更多的智能设备也能够实现更快的连接、更高效的数据传输。

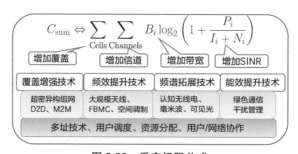

$$C_{\text{sum}} \Leftrightarrow \sum_{\text{Cells}} \sum_{\text{Channels}} B_i \log_2 \left(1 + \frac{P_i}{I_i + N_i}\right)$$

增加覆盖	增加信道	增加带宽	增加SINR
覆盖增强技术	频效提升技术	频谱拓展技术	能效提升技术
超密异构组网 D2D、M2M	大规模天线、FBMC、空间调制	认知无线电、毫米波、可见光	绿色通信 干扰管理

多址技术、用户调度、资源分配、用户/网络协作

图 2.23 香农极限公式

2019 年，5G 技术正式商用，中国成为全球第一个实现 5G 商用的国家。此后，全球范围内的各大国家和企业也纷纷开始投入 5G 技术的建设和应用。

2.5.2　5G 的关键技术

相比于 4G 技术，5G 技术拥有更高的网速、更低的延迟、更多的连接数、更加安全的网络。5G 之所以能做到"超高速，低延迟"，主要靠 5 项核心技术实现，它们包含：非正交多址接入技术（Non-Orthogonal Multiple Access，NOMA）、高频段传输技术、D2D（Device to Device）通信技术、超密集组网技术、大规模 MIMO（Massive Multiple Input Multiple Output）技术。

1. 非正交多址接入技术

在过去的 20 年中，移动通信技术不断发展，4G 技术正是以正交频分多址接入技术为基础，取得了显著的技术突破。但是随着智能终端普及应用及移动新业务需求持续增长，人们对移动通信速率的要求大大提高。相比于 4G 采用的正交频分多址接入技术，5G 则采用了新型多址接入复用方式，即非正交多址接入技术。

如图 2.24 和图 2.25 所示，NOMA 不同于传统的正交传输，在发送端采用非正交发送，主动引入干扰信息，在接收端通过串行干扰删除技术实现正确解调。与正交传输相比，接收机复杂度有所提升，但可以获得更高的频谱效率。同时在 NOMA 中使用多用户波束赋形技术来实现容量增强。这里所说的波束赋形，就是把信号聚焦为几个波束，专门指向各个手机发射，承载信号的电磁能量就能传播得更远，手机收到的信号也就会更强。

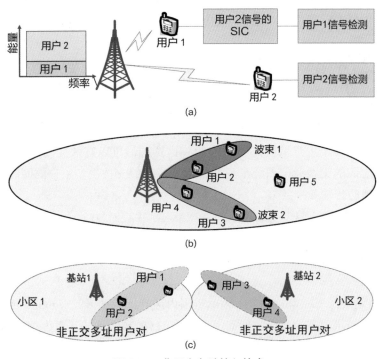

图 2.24　非正交多址接入技术

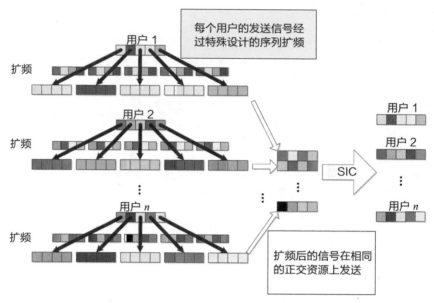

图 2.25　NOMA 的序列扩频与 SIC 解调

从原理上说，波束赋形是一种使用传感器阵列定向发送和接收信号的信号处理技术，它通过调整相位阵列的基本单元参数，使得某些角度信号获得相长干涉，而另一些角度的信号获得相消干涉，从而实现信号的定向聚焦。NOMA 融合多用户波束赋形技术，能够在获得更高频谱效率的同时，提高系统容量，并确保多用户传输的公平性。

总的来说，NOMA 具有以下优点。

（1）对于干扰的敏感度比较低，在高干扰环境中能够有效地维持通信性能。

（2）能够在高速运动的情况下保持良好的传输效率。

（3）它允许多个用户同时共享相同的频谱资源，可以有效提高频谱的利用效率，这对于频谱有限的无线通信系统来说非常重要，能够支持更多用户的同时通信，同时还能保证高速的传输效率。

它的主要缺点在于，NOMA 需要在接收端通过串行干扰删除（Successive Interference Cancellation，SIC）实现正确解调，这就使得接收器变得复杂，进一步增加了系统设计和部署的难度。

2. 毫米波

5G 设施通常部署在 sub-6 GHz 频率范围内运行，即频率低于 6GHz 的电磁波，并通过载波聚合提供更高的容量。然而，sub-6 GHz 的频谱稀缺，更为拥挤且成本昂贵。为便于在此拥堵的频谱中减轻负荷，人们正在寻求将毫米波频率作为现有 5G 网络的补充解决方案，并作为多层 5G 部署方法的一部分。顾名思义，毫米波是波长为毫米级的电磁波，通常所指频段为 30G~300GHz，往往也包含 24GHz 以上频段。毫米波是一种典型的视距传输方式，具有"大气窗口"和"衰减峰"，如图 2.26 所示。5G 毫米波具有丰富的频率资源，是移动通信技术演进的必然方向。实际测试已表明，如图 2.27 所示，在 5G 毫米波频段下，现有网络的平均下载速率是 sub-6 GHz 频段的 4 倍，约是 3GPP 长期演进通信（Long Term Evolution，LTE）的 20 倍。5G 毫米波由于高带宽、低延迟这些突出优势，能够充分释放 5G 潜能，从而真正实现"4G 改变生活，5G 改变社会"。

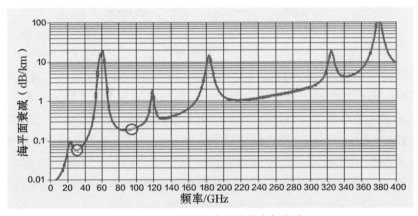

图 2.26　不同频段电磁波的大气衰减

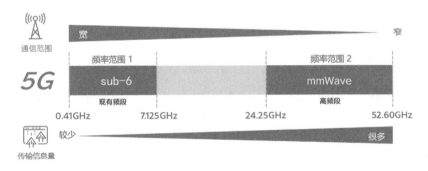

图 2.27　5G 所采用的频段

毫米波的优点包含带宽大，速率高，方向性好，波长极短，所需的天线尺寸很小，易于在小空间内集成大规模天线阵。它的缺点主要在于传播损耗大，覆盖距离小，信号穿墙能力弱，容易受到无线环境影响。

3. D2D

为了解决前面所说的这些缺点，5G 通信的第三大核心技术——D2D 通信被引入。由前述介绍可知毫米波是短距离通信，D2D 技术可以在基站的控制下，实现设备彼此间的直接通信，并且无须通过基站来转发，如图 2.28 所示。也就是说，D2D 是基于邻近通信，这就使得两种技术在 5G 通信中可以发挥协同优势。

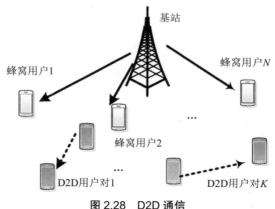

图 2.28　D2D 通信

　　传统的蜂窝通信系统的组网方式是以基站为中心实现小区覆盖，而基站及中继站无法移动，其网络结构在灵活度上有一定的限制。随着无线多媒体业务不断增多，传统的以基站为中心的业务提供方式已无法满足海量用户在不同环境下的业务需求。在 D2D 通信网络中，用户节点同时扮演服务器和客户端的角色，用户能够意识到彼此的存在，自组织地构成一个虚拟或者实际的群体，如图 2.29 所示。利用 D2D 直接通信可以大幅降低通信时延，并且具有提高网络频谱效率，减少系统开销，增强通信的可靠性等优点。

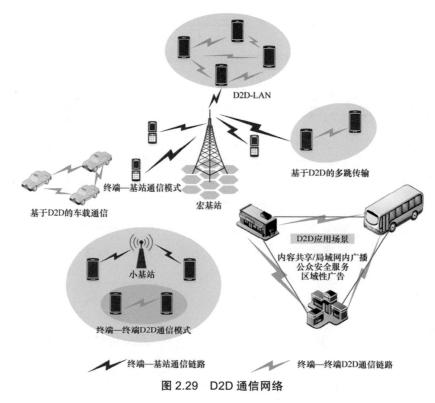

图 2.29　D2D 通信网络

4. 超密集组网

5G 由于毫米波的频段高于 4G，无线覆盖能力将显著减弱，同时局部热点区域若要达到百倍级别的系统容量提升，就需要使用超密集组网技术。

面向高频段大带宽，为了实现大规模小区覆盖的密集组网，5G 网络架构采用更加密集的网络方案，部署小区 / 扇区将高达 100 个以上；从传统的移动蜂窝方式转向分布式、异构通信方式，其网络种类繁多，同时，小区覆盖的部署更加密集，单个小区覆盖范围大大缩小。

超密集使用低功率节点实现热点覆盖，并与广域覆盖的宏小区一起组成新型网络架构。它包含两种组网设计。

1）"以基站为中心"的定型化设计

如图 2.30 所示，这是一种静态规划网络。但其基带处理、移动性管理、资源调配等功能缺乏有效协同，难以应对复杂的干扰环境，更难以满足总体业务模式和网络特性多元化需求。

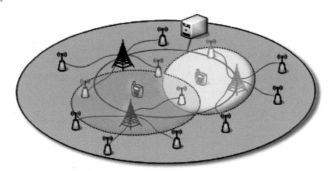

图 2.30　"以基站为中心"的定型化设计

2）"以用户为中心"的无定型设计

如图 2.31 所示，设置有多个宏小区，宏小区采用大规模的天线阵列，实现系统同步、控制信息传输和用户业务服务，并通过高速回程链路连接。宏小区内超密集部署低功率节点，实现多层小区重叠覆盖，可通过高速无线回程链路连入宏小区。整体来看，以用户为中心的设计，通过控制面和用户面分离、用户上下行接入模式解耦等柔性组网方式，实现无定型无线覆盖。

图 2.31　"以用户为中心"的无定型设计

5. 大规模 MIMO 技术

5G 通信的第五大核心技术是大规模 MIMO（Multiple-Input Multiple-Output）技术。大规模 MIMO 技术在基站收发信机上使用大规模的天线阵列实现了更大的无线数据流量和连接可靠性。如图 2.32 所示，相比于以前的 4 或 8 通道天线，大规模天线技术能够通过不同的维度（空域、时域、频域、极化域等）提升频谱和能量的利用效率，将通道数增加到 64/128/256 个。同时，大规模 MIMO 技术在水平维度基础上引入垂直维度空域进行使用，信号的辐射状为电磁波束，信号覆盖维度更广。

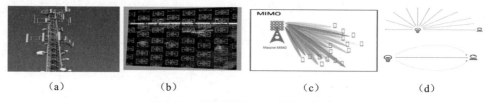

（a）　　　　　　　（b）　　　　　　　（c）　　　　　　　（d）

图 2.32　传统基站与 5G 基站天线阵列

此外，如图 2.33 所示，大规模 MIMO 技术和波束赋形相辅相成。大规模 MIMO 技术通过集成更多射频通道和天线，实现三维精准波束赋形。大规模 MIMO 技术负责在发送端和接收端将多天线聚合，波束赋形则负责将每个信号引导到接收端的最佳路径上，从而提高了信号强度，避免了信号干扰，提升了覆盖范围和容量。

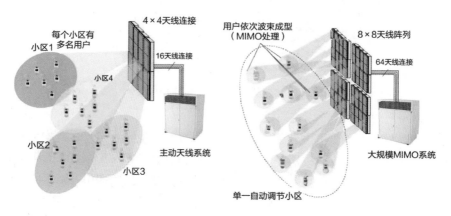

图 2.33　大规模 MIMO 技术

使用大规模 MIMO 技术可以大幅度提高网络容量，硬件成本减少，时延大幅度降低，同时，大规模天线的波束成形正好可以弥补毫米波穿透力差的劣势。

6. 小结

回顾 5G 技术，可以看到新一代移动通信技术在多个方面都取得了显著的进展。5G 技术是工业互联网平台的建设基础，可以为智能制造领域带来更多的优势和机遇。就在 2023 年 11 月，工业和信息化部印发了《"5G+工业互联网"融合应用先导区试点指南和工作规则》，充分肯定了 5G 为工业产业带来的引领作用。释放"5G+工业互联网"的叠加倍增效应,加快数字经济与实体经济深度融合,助力新型工业化,将是5G发展和落地的下一目标。

▶ 2.6　信息物理系统

信息物理系统(Cyber-Physical System,CPS)是一个综合计算、网络和物理环境的多维复杂系统,它的核心在于3C(Computation、Communication、Control)技术的有机融合与深度协作,主要目的是实现大型工程系统的实时感知、动态控制和信息服务。

信息物理系统"Cyber-Physical System"这个术语的起源可以追溯到更早的时期。如图2.34所示,在1948年,诺伯特·维纳创造了Cybernetics(控制论)这个词。随后,1954年,钱学森在他的英文版《工程控制论》(*Engineering Cybernetics*)这本书中首次使用了Cybernetics这个术语。1958年,这本书的中文版《工程控制论》问世,书中将Cybernetics翻译为"控制论"。此后,Cyber经常作为前缀,被应用于与自动控制、计算机、信息技术和互联网等相关的领域。1992年信息物理系统的概念由美国国家航空航天局正式提出;2006年美国科学家海伦·吉尔则在国际上第一个信息物理系统研讨会上将这一概念进行了详细阐述。

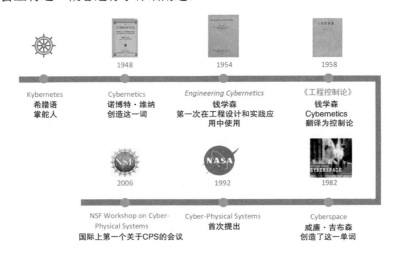

图 2.34　信息物理系统的起源

2.6.1　信息物理系统的本质

信息物理系统的本质就是构建一套信息空间与物理空间之间基于数据自动流动的状态感知、实时分析、科学决策、精准执行的闭环赋能体系,用于解决生产制造、应用服务过程中的复杂性和不确定性问题,提高资源配置效率,实现资源优化。

如图 2.35 所示，CPS 实现数据的自动流动需要四个环节，分别是状态感知、实时分析、科学决策、精准执行。大量蕴含在物理空间中的隐性数据经过状态感知被转换为显性数据；这些显性数据在信息空间通过计算分析，又转换为有价值的信息。不同系统的这些有价值的信息经过集中处理，就可以形成应对外部变化的科学决策；而有效的决策最终和工程经验一起，更进一步提炼转换形成知识。最后以知识的形式作用到物理空间，构成一次数据的闭环流动。数据在自动流动的过程中逐步由隐性数据转换为显性数据，线性数据转换为科学决策，科学决策转换为有效的知识固化在 CPS中；与此同时，数据闭环流动中所产生的科学决策和有效知识作用到物理空间，推动物理空间实体朝着特定目标演进和优化。从这一层面上看，CPS 中的数据流动是以信息和资源协同优化为目标的"螺旋式"上升过程。

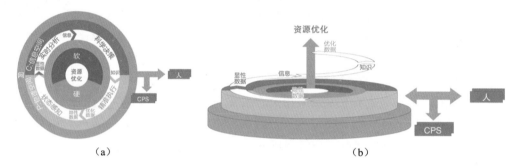

（a）　　　　　　　　　　　（b）

图 2.35　信息物理系统的本质

2.6.2　信息物理系统的层次

CPS 根据其作用的物理对象可以分为单元级、系统级、体系系统级（System of Systems，SoS）三个层次。单元级 CPS 可以通过组合与集成（如 CPS 总线）构成更高层次的 CPS，即系统级 CPS；系级级 CPS 又可以通过工业云、工业大数据等平台构成体系系统级的 CPS，实现企业级层面的数字化运营。

具体地说，一个部件如智能轴承，一台设备如关节机器人等都可以构成一个单元级 CPS。

单元级 CPS 具有不可分割性，其内部不能分割出更小的 CPS 单元。单元级 CPS能够通过物理硬件（如传动轴承、机械臂、电动机等）、自身嵌入式软件系统及通信模块，构成含有"感知—分析—决策—执行"数据自动流动基本的闭环，实现在设备工作能力范围内的资源优化配置。

在单元级 CPS 的基础上，通过网络的引入，可以实现系统级 CPS 的协同调配。在这一层级上，多个单元级 CPS 及非 CPS 单元设备的集成构成系统级 CPS，如一条含机械臂和 AGV 小车的智能装配线。多个单元级 CPS 汇聚到统一的网络（如 CPS 总线），对系统内部的多个单元级 CPS 进行统一指挥、实体管理（如根据机械臂运行效率，优化调度多个 AGV 的运行轨迹），进而提高各设备间协作的效率，实现产线范围内的资源优化配置。

在系统级 CPS 的基础上，可以通过构建 CPS 智能服务平台，实现系统级 CPS 之间的协同优化。在这一层级上，多个系统级 CPS 构成了体系系统级 CPS，如多条产线或多个工厂之间的协作，以实现产品生命周期全流程及企业全系统的整合。

2.6.3 信息物理系统的特征

CPS 构建了一个能够联通物理空间与信息空间，驱动数据在其中自动流动，实现对资源优化配置的智能系统。这套系统的灵魂是数据，在系统的有机运行过程中，通过数据自动流动对物理空间中的物理实体逐渐"赋能"，在实现对特定目标资源优化的同时，表现出六大典型特征，即数据驱动、软件定义、泛在连接、虚实映射、异构集成、系统自治。

2.6.4 信息物理系统的四种模式

CPS 建设按照其核心"认知决策"能力从低到高分别为人智、辅智、混智和机智4 种模式，循序渐进、层层递进，感知、分析、决策、执行是建设的方法论，其中分析和决策是建设的核心。从图 2.36 中可见，人、机器、数字孪生体是 CPS 建设的三要素，4 种模式从低到高，代表机器和数字孪生体在整个 CPS 体系中占比越来越高，人的占比越来越小，也就是人在 CPS 中慢慢由操作者向高级决策者转变，机器和数字孪生体代替人处理重复性、复杂性的问题，最终实现人机协同。

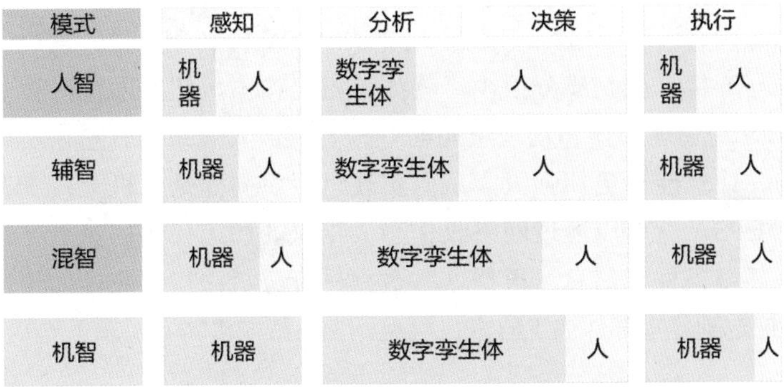

模式	感知		分析		决策	执行	
人智	机器	人	数字孪生体		人	机器	人
辅智	机器	人	数字孪生体		人	机器	人
混智	机器	人	数字孪生体		人	机器	人
机智	机器		数字孪生体		人	机器	人

图 2.36 信息物理系统建设的四种模式

2.6.5 信息物理系统的典型应用场景

目前，CPS 已经在工业和学术领域受到了广泛关注，并以不同形式应用于多种制造场景和阶段应用。

如图 2.37 所示，CPS 通过在生产设备和系统中嵌入传感器、控制器和通信设备，实现了智能制造和工厂自动化。这使得制造过程更加灵活、高效，可以根据需求进行自适应性调整，提高生产效率。

图 2.37　信息物理系统在制造场景的应用

CPS 通过物联网技术实现了生产设备的连接，使得设备能够实时地收集、共享数据。这为制造企业提供了更好的可见性和数据驱动的决策能力。

CPS 引入了虚拟仿真和数字孪生技术，允许制造企业在数字环境中模拟和测试产品以及生产流程。这有助于优化设计、提前发现问题，并提高产品的可靠性。总体来说，可以实现智能设计、智能生产、智能服务、智能应用。

2.6.6　CPS 与物联网的区别

CPS 与物联网有着明显区别。如图 2.38 所示，从机制上来说，物联网注重异构设备、物的感知与连接，控制成分很少，就如手机上按下按钮，固化流程的工业机床就开工了。而 CPS 是物理实体和物理空间的一种智能嵌入式系统。它在实现信息传递之外，协调能力、计算能力更加强大，从而实现自治。同样是手机上按下按钮，工业智能机器人基于 CPS，就可以通过网络收集当天指派的加工任务信息、工艺要求、上下游任务信息和环境条件等信息，根据这些数据进行分析，得出应该如何操作、进刀路径等，最后再把定制化零部件加工出来。可见，工业智能机器人也属于 CPS 的应用范围。

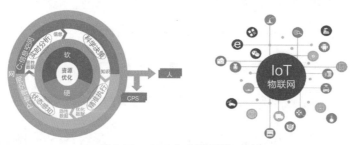

图 2.38　CPS 与物联网的区别

从两种情况的对比，可以很清楚地看到物联网和信息物理系统之间的差距。物联网就像现在的瘦客户端，而 CPS 就是胖客户端，基于 CPS 的硬件可以通过收集信息，将信息的处理分析过程在本地进行，这就需要物理硬件有很强大的计算能力，能够适应海量运算。

无论是德国工业 4.0、工业互联网，还是中国制造 2025 的两化深度融合战略，它们注重的一个共同点、一个核心就是单元级、系统级和体系系统级的信息物理系统。可以说，CPS 是工业互联网连接和控制异构设备，乃至支撑分布式生产设备协同的关键。

2.6.7 CPS 的应用价值图谱

总的来说，CPS 可以进一步深入应用到制造业的资产维度、业务维度和服务维度，在资产维度通过虚实融合信息对设备故障进行快速诊断和运维；在业务维度通过产品的设计、制造、采购、运维等多个层面信息和实体信息来优化业务流程、提升生产要素配置效率并提升产品更新换代能力；在服务维度主要通过供应链信息、企业能力信息、产品服务信息等与人、机、物实体进行紧密连接，实现服务化延伸，最终构造出信息物理融合的价值图谱，如图 2.39 所示。

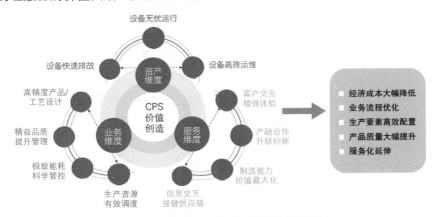

图 2.39 信息物理系统在制造业的价值图谱

▶ 2.7 新一代人工智能

"人工智能"这一术语是 1956 年在达特茅斯会议上被提出的，随后历经了 60 多年的起起落落。随着 AlphaGo 的横空出世，人工智能成为国际竞争的新焦点和经济发展的新引擎。2017 年 7 月国务院印发的《新一代人工智能发展规划》中，明确了我国新一代人工智能发展的战略目标 [48]。

第一步，到 2020 年人工智能总体技术和应用与世界先进水平同步，人工智能产业成为新的重要经济增长点，人工智能技术应用成为改善民生的新途径，有力支撑进入创新型国家行列和实现全面建成小康社会的奋斗目标。新一代人工智能理论和技术取得重要进展，人工智能产业竞争力进入国际第一方阵，人工智能发展环境进一步优化。

第二步，到2025年人工智能基础理论实现重大突破，部分技术与应用达到世界领先水平，人工智能成为带动我国产业升级和经济转型的主要动力，智能社会建设取得积极进展。新一代人工智能理论与技术体系初步建立，人工智能产业进入全球价值链高端，人工智能法律法规、伦理规范和政策体系初步建立，形成人工智能安全评估和管控能力。

第三步，到2030年人工智能理论、技术与应用总体达到世界领先水平，成为世界主要的人工智能创新中心，智能经济、智能社会取得明显成效，为跻身创新型国家前列和经济强国奠定重要基础。形成较为成熟的新一代人工智能理论与技术体系，人工智能产业竞争力达到国际领先水平，形成一批全球领先的人工智能科技创新和人才培养基地，建成更加完善的人工智能法律法规、伦理规范和政策体系。

人工智能之所以进入新的进化阶段，是源于"两新"。一个是正在发生重大变革的信息新环境，另一个是人类社会发展的新目标。当前，移动终端、互联网、传感网络、车联网、可穿戴设备、感知设备，已经遍布世界无处不在。网络已经史无前例地连接着世界上的个体和群体，快速反映其需求、知识和能力，网上社区兴起。大数据涌现，成为人类社会不可忽视的战略资源，基于大数据的人工智能算法迅速发展。高性能计算能力大幅提升，提供了人工智能实施的算力保障。以深度学习为代表的人工智能模型与算法的突破及数据和知识在社会、物理空间和信息空间之间的交叉融合与相互作用，形成新的计算范式，包括感知融合、"人在回路"、增强现实和跨媒体计算等[49]。

同时，人类社会面向创新、绿色、开放、共享、个性的新时代需求，正在追求新的发展目标。智能城市、智能制造、智能医疗、智能交通、智能物流、智能机器人、无人驾驶、智能手机、智能玩具、智能社会、智能经济等领域正在迅速发展，它们的模式、手段与业态的变革都迫切需要新一代人工智能技术与应用的新发展[50]。

人工智能发展中一个标志性事件是2016年AlphaGo以4∶1战胜了人类世界围棋冠军李世石。AlphaGo基于深度学习算法学习了16万盘棋、3000万个局面，后来在2017年又以3∶0战胜了当时的世界第一——中国棋手柯洁（九段）。之后发布的AlphaZero能够轻松地战胜AlphaGo，掀起了全社会关于人工智能的大讨论。

人工智能发展中另一个颠覆性事件是2022年年底OpenAI研发的ChatGPT，如图2.40所示，它基于大规模预训练模型，能够像人类一样聊天交流，甚至能写论文、写代码、画图、创作文案。ChatGPT展示的惊人能力，使得人们相信人工智能开始迈向了未来的通用人工智能时代。

图 2.40　ChatGPT 主要技术 [①]

　　2017 年我国多位院士发文，提出了人工智能 2.0 的初步定义：基于重大变化的信息新环境和发展新目标的新一代人工智能。其中，信息新环境是指互联网与移动终端的普及、传感网的渗透、大数据的涌现和网上社区的兴起等。新目标是指智能城市、智能经济、智能制造、智能医疗、智能家居、智能驾驶等从宏观到微观的智能化新需求。新技术主要有大数据智能、跨媒体智能人机混合增强智能、群体智能、自主智能等 [51]。

　　人工智能 2.0 具有 5 个新的核心技术特征，即大数据智能、跨媒体智能、混合增强智能、群体智能、自主智能，具体如图 2.41 所示。

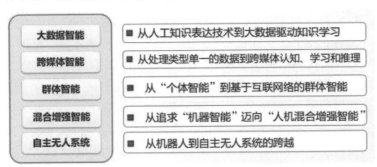

图 2.41　人工智能 2.0 核心技术特征

1. 大数据智能

　　从传统知识表达技术到大数据驱动知识学习。以大数据驱动和知识指导相结合的方式，从浅层计算到深度神经推理，从领域任务驱动智能到更为通用条件下的强人工智能。其中机器学习不但可自动，还可解释。

2. 跨媒体智能

　　从分类型处理多媒体数据到跨媒体分析推理。例如传统人工智能分别专门处

───────────

① 图 2.40 引用网址为 https://blog.csdn.net/m0_57081622/article/details/139222185。

理做视觉数据、听觉数据和自然语言文字，但是人的认知是五感同时发挥作用的。而且现在信息的传播从文字、图像、音频、视频等单一媒体形态逐步过渡到相互融合的多种媒体形态，越来越显现出跨媒体特性。因此，未来将迈向跨媒体认知、学习和推理的新水平，而如何实现跨媒体分析与推理就成了研究和应用的关键。

3. 混合增强智能

从追求"智能机器"到高水平的人机协同。如果一台智能机器通过了图灵测试，就说明它是一个可以自主思维、自主学习、自我进化的人工智能。但是人脑的复杂程度几十年内都难以破解，许多问题具有不确定性、脆弱性和开放性，是深度学习无法解决的，而这正是人类的强项。这就需要将人的作用或人的认知模型引入人工智能系统中，形成混合 - 增强智能的形态，这种形态是人工智能或机器智能可行的、重要的成长模式。

4. 群体智能

从聚焦研究"个体智能"到基于互联网络的群体智能，形成在网上激发组织群体智能的技术与平台。群体智能提供了一种通过聚集群体的智慧解决问题的新模式。特别是由于共享经济的快速发展，群体智能不仅成为解决科学难题的新途径，而且也已融入日常生活的各方面，如线上到线下 O2O 应用、实时交通监控、物流管理、协同设计制造等。

5. 自主智能

原来我们以机器人为主要载体，现在则转向更加广阔的智能自主系统，研制无人车、无人机、服务机器人、空间机器人、海洋机器人和无人车间 / 智能工厂，从而促进改造各种机械、装备和产品，走上智能化之路。

在国务院的《新一代人工智能发展规划》中，人工智能 2.0 的应用将首先在制造业落地，探索智能制造的新模式、新手段、新业态。规划中提到，围绕制造强国重大需求，推进智能制造关键技术装备、核心支撑软件、工业互联网等系统集成应用，研发智能产品以及智能互联产品、智能制造赋能工具与系统、智能制造云服务平台，推广网络化协同制造、远程诊断与运维服务等新型制造模式，推进制造全生命周期活动智能化[48]。

同时，《新一代人工智能发展规划》在支持和引导制造业企业在设计、生产、管理、物流和营销等核心业务环节应用人工智能新技术的同时，还鼓励大型互联网企业建设云制造平台和服务平台，面向制造企业在线提供关键工业软件和模型库，开展制造能力外包服务，推动中小企业智能化发展。并且，加强智能工厂关键技术和体系方法的应用示范，重点推广生产线重构与动态智能调度、生产装备智能物联与云化数据采集、多维人机物协同与互操作等技术，鼓励和引导企业建设工厂大数据系统、网络化分布式生产设施等，实现生产设备网络化、生产数据可视化、生产过程透明化、生产现场无人化，提升工厂运营管理智能化水平[48]。

人工智能主要包括几大主流研究分支，如机器学习、自然语言处理、专家系统、语音、视觉、规划、机器人等。在新一代人工智能的发展浪潮中，机器学习异军突起，成为主要的推动力量。机器学习的基本理念最初是学习婴儿的认知过程。小孩在认识世界时一开始并不认识小猫，但是每次看见不同样子不同风格的小猫时，大人都介绍这是小猫，小孩的大脑神经网络经过训练会逐步具备识别小猫的能力。机器学习的基本模型就是小孩学习认识小猫的过程。

如图 2.42 所示，机器学习通常可以分为监督学习、非监督学习和半监督学习。监督学习是指，利用一组已知类别的样本调整分类器的参数，使其达到所要求性能的过程，也称为监督训练或有教师学习。非监督学习是指在没有类别信息的情况下，通过对所研究对象的大量样本的数据分析实现对样本分类的一种数据处理方法。半监督学习是监督学习与无监督学习相结合的一种学习方法。机器学习通常分为训练和测试两个阶段。训练过程就是小孩不断看到新的小猫进行学习的过程，最终训练出一个分类器。测试过程就是小孩再看到一只没见过的小猫时，能够通过分类器做出判断。

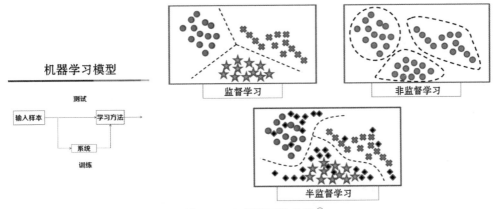

图 2.42　机器学习的分类[①]

新一代人工智能的核心驱动力是深度学习。深度学习的概念源于人工神经网络，含多个隐藏层的多层感知器就是一种深度学习结构。深度学习通过组合低层特征，形成更加抽象的高层表示属性类别或特征，以发现数据的分布式特征表示。通过逐层特

---

① 图 2.42 引用网址为 https://graph.baidu.com/pcpage/similar?carousel=503&entrance=GENERAL&extUiData%5BisLogoShow%5D=1&image=http%3A%2F%2Fmms2.baidu.com%2Fit%2Fu%3D1341559080,2581228470%26fm%3D253%26app%3D138%26f%3DJPEG%3Fw%3D741%26h%3D462&index=5&inspire=general_pc&next=2&originSign=121465a50a8da3d8c2e5901722827682&page=1&render_type=carousel&session_id=13148378691406814204&shituToken=4f0bee&sign=121465a50a8da3d8c2e5901722827682&srcp=crs_pc_similar&tn=pc&tpl_from=pc.

征变换，将样本在原空间的特征表示变换到一个新特征空间，从而使分类或预测更容易。与人工规则构造特征的方法相比，利用大数据来学习特征，更能够刻画数据丰富的内在信息。通过设计建立适量的神经元计算节点和多层运算层次结构，选择合适的输入层和输出层，通过网络的学习和调优，建立起从输入到输出的函数关系，虽然不能 100% 找到输入与输出的函数关系，但是可以尽可能地逼近现实的关联关系。无论是 AlphaGo 还是 ChatGPT，其核心技术都根植在深度学习的基础上。现在广泛使用的深度神经网络包括卷积神经网络、循环神经网络，以及大名鼎鼎的 Transformer 家族。在工业领域，深度学习已经在设备故障诊断、剩余寿命预测、产品质量检测、机器人感知等多个领域获得了成功应用，尤其针对工业互联网中增长最快的一类工业大数据，也就是工业时序数据，如何建立深度神经网络模型实现精准、高效的分析与决策，深度学习将大展拳脚[48]。

▶ 2.8　大模型

2.8.1　大模型的含义

大模型是基于深度学习构建的，拥有数十亿甚至数千亿的参数。这些参数使得模型像 GPT-4 这样能够理解和生成接近人类水平的文本。

2.8.2　大模型的背景与历史

如图 2.43 所示，早在 20 世纪 50 年代，人们就开始尝试让机器模拟人类的智能行为。从最初的规则基础算法，到后来的机器学习，再到今天的深度学习，每一步都标志着我们对智能本质理解的深化。与早期模型相比，大模型如 GPT-4 使用了更加复杂的神经网络结构，能够处理更大量的数据，从而在语言理解和生成方面达到前所未有的水平。

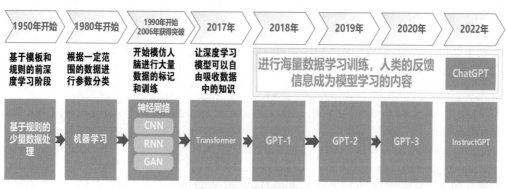

图 2.43　大模型的发展

2.8.3　大模型的工作原理

1. 深度学习和层次结构

这里的"深度"指的是网络中层的数量。在深度网络中，每一层都会从前一层学习到的信息中提取更复杂的特征。比如，在处理语言时，第一层可能只识别单个字母或词汇，随着网络的深入，更高层次可以理解短语、句子甚至整段文本的含义。

2. 训练过程和数据

大模型如 GPT-4 的训练过程是通过"监督学习"实现的。在训练期间，模型会被喂入大量的文本数据，比如书籍、文章、网页内容等。这些数据通常包含了成对的"输入"和"期望输出"，模型通过不断地调整其内部参数来减少预测输出和实际输出之间的差异。这个过程需要巨大的计算能力，因为模型需要调整的参数可能高达数十亿至数千亿个。

3. 语言理解和生成

最终，当模型被充分训练后，它能够执行各种语言相关的任务。例如，当给定一个问题时，模型能够生成一个合理的回答；或者在写作辅助应用中，它可以根据给定的开头续写一段文字。这是因为模型已经学会了语言的规则、结构，甚至是不同文体和语境下的语言使用方式。

2.8.4　大模型的优势与挑战

1. 优势

（1）高级语言理解和生成能力。

（2）多任务多语言的适应能力。

（3）强大的知识库和学习能力。

2. 挑战

（1）巨大的计算资源需求。

（2）数据来源未知和偏见问题。

（3）大模型的可解释性和伦理问题。

▶ 2.9　区块链

2.9.1　区块链的发展历程

早期，区块链的概念源自对去中心化和安全网络的探索。1991 年，哈伯和斯托内塔提出了早期区块链的概念，用于确保文档的安全和完整性。

在 20 世纪 90 年代，出现了多种数字货币尝试，尽管这些尝试大多未获成功。

2004 年，哈尔芬尼提出了 RPOW 系统，为数字货币的发展铺平道路。

2008 年，中本聪发布了比特币的白皮书，开启了区块链技术的新纪元。

2009 年，比特币网络启动，标志着第一个完全功能性的区块链的诞生。

2013 年，维塔利克·布特林提出了以太坊，引入了智能合约的概念，从此区块链不仅限于处理交易，还能运行复杂的程序。

从 2015 年开始，区块链技术开始越来越多地应用于加密货币以外的领域，比如供应链管理、健康保健和金融服务。

如图 2.44 所示为区块链的工作原理。

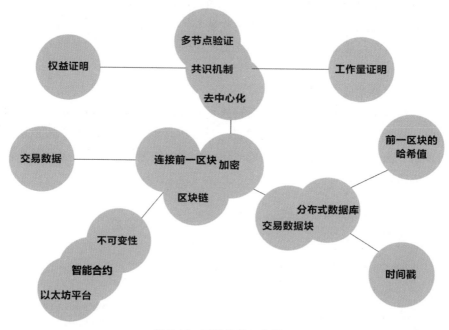

图 2.44　区块链的工作原理

区块链本质上是一个分布式数据库，或者说是一个公共账本，记录着跨越大量计算机的所有交易。这些交易被组织成一系列称为"区块"的数据块，每个区块都被加密并连接到前一个区块，形成了一个连续的链。

关键点之一是每个区块不仅包含了一系列交易的记录，还包括了前一个区块的加密哈希值。哈希函数是一种将输入（在这个情况下是前一个区块的信息）转换为固定长度输出的算法，这个输出是独一无二的，任何对区块数据的微小更改都会导致完全不同的哈希值。

这种设计使得区块链具有"不可篡改性"。如果有人尝试修改链中的一个区块，这个区块的哈希值将会改变，这种改变将会传播到所有后续区块，从而使整个链失效。因此，任何尝试篡改记录的行为都很容易被网络中的其他节点发现。

此外，区块链是去中心化的。这意味着没有单一的控制点或权威机构。相反，交易和区块的验证是由网络中的多个节点（通常是计算机）共同完成的。这些节点使用共识机制（如工作量证明或权益证明）来验证交易，这确保了网络的安全性和一致性。

区块链通过其独特的结构和去中心化的特性，提供了一个透明、安全、不可篡改的数据记录方式。从比特币的简单交易到复杂的智能合约，区块链的潜力是巨大的，它的应用正日益扩展到人们生活的各方面。

2.9.2　区块链的类型

可以将区块链划分为三类：公有链、私有链和联盟链。

1. 公有链

这是最常见的区块链类型，如比特币和以太坊。在公有链中，任何人都可以参与验证过程，交易是完全透明的。

2. 私有链

这类区块链通常在单一组织内部使用。它们的特点是速度快，但不像公有链那样去中心化。

3. 联盟链

这是介于公有链和私有链之间的一种形式，由多个组织共同管理。联盟链在参与者之间提供了更高的信任度，同时仍保持一定程度的去中心化。

2.9.3　加密技术与安全性

加密技术是区块链安全性的关键组成部分。它主要通过两种方式实现：①哈希算法和加密密钥。哈希算法用于生成每个区块的唯一指纹，任何对数据的微小更改都会导致哈希值的巨大变化，从而确保数据的不可篡改性。②公钥和私钥的使用提供了身份验证和交易加密的手段，确保只有授权用户可以访问或修改特定的数据。这些加密措施结合去中心化的特性，共同提高了区块链网络的整体安全性，防止了欺诈和黑客攻击。此外，智能合约的自动化执行也依赖于这些加密技术，进一步增强了交易的安全性和有效性。

2.9.4　区块链的优势与应用

如图 2.45 所示，区块链的优势与应用领域广泛，其核心优势包括：透明性、不可篡改性、去中心化、减少交易成本和时间。

这些优势衍生出区块链在多个领域的应用：金融服务、供应链管理、医疗保健、数字身份认证、投票系统、智能合约。

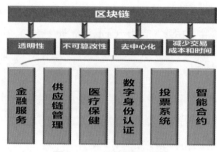

图 2.45　区块链的应用

▶ 2.10　虚拟现实与元宇宙

2.10.1　元宇宙的定义

元宇宙是指虚拟世界，其中化身起作用，化身是用户的另一个自我和成为元宇宙中的活跃主体。可以这样理解，元宇宙称为"超级虚拟世界"，是一个融合了增强现实、虚拟现实、3D 虚拟世界和网络的集合体，它代表着一种新的在线存在方式。在元宇宙中，用户可以通过数字化的身份，在一个沉浸式的虚拟环境中进行互动、游戏、学习甚至商业活动。随着科技的进步，尤其是 VR 和 AR 技术的发展，元宇宙正在逐渐从幻想走向现实，吸引了全球的关注和投资。

2.10.2　元宇宙的起源与发展

元宇宙这个概念最早可以追溯到科幻小说，例如，尼尔·斯蒂芬森的《雪崩》中就描述了一个类似元宇宙的虚拟世界。从早期的网络论坛到如今的复杂 3D 虚拟世界，元宇宙的概念一直在不断进化。比如，早期的《第二人生》就是一个简单形式的元宇宙，提供了虚拟社交、交易和创造的平台。随着技术的进步，我们看到了更多沉浸式体验的出现，例如 VR 游戏和 AR 应用，它们都是元宇宙发展过程中的重要里程碑。

2.10.3　元宇宙的关键技术

1. 虚拟现实技术

虚拟现实（Virtual Reality，VR）技术是一种通过头戴设备或特殊空间实现的全沉浸式体验技术。用户通过这些设备能够进入一个完全由计算机生成的三维环境，这个环境可以模拟现实世界或构建完全虚构的场景。VR 广泛应用于游戏、军事训练、教育等多个领域。

2. 增强现实技术

增强现实（Augmented Reality，AR）技术通过在用户的视野中添加数字图像和信息，来增强对现实世界的感知。与虚拟现实不同，增强现实不是替代真实环境，而是在其上叠加信息，常见于手机应用、工业设计和零售等行业。

3. 区块链技术和数字货币

区块链技术是一种分布式账本技术，通过加密保障数据的安全性和不可篡改性，实现数据的透明共享。数字货币（如比特币）是区块链技术的一个应用，它是一种去中心化的电子货币系统。区块链还被应用于智能合约、供应链管理等多个领域。

4. 人工智能

人工智能是一门致力于创造能够执行需要人类智能的任务的机器或软件的科学。这包括从简单的自动化任务到复杂的决策支持系统，如自动驾驶汽车、智能助手和医疗诊断系统。

2.10.4　元宇宙的实际应用

1. 娱乐和游戏领域

在虚拟世界中创建沉浸式游戏和娱乐体验，用户可以互动和体验虚构或现实基础的环境。

2. 教育领域

通过模拟环境和实时互动提供远程教学和学习体验，使学习更加互动和实用。

3. 商业和营销领域

利用虚拟环境进行产品展示和市场推广，创建全新的消费者购物体验和品牌互动方式。

2.10.5　工业元宇宙

1. 远程操作与维护

在工业元宇宙中，利用 VR 和 AR 技术，技术人员可以远程查看和操作复杂的机械设备，进行故障诊断和维护工作，而不需要亲自到现场。

2. 虚拟培训与模拟

通过创建虚拟的生产线或工作环境，工业元宇宙可以用于员工培训，尤其是在高风险或技术复杂的操作上，让员工在安全的虚拟环境中进行学习。

3. 产品设计与原型测试

设计师和工程师可以在元宇宙中创建和测试产品原型，这样不仅提高了设计效率，还降低了物理原型的制造成本。

4. 供应链优化

元宇宙平台能够模拟整个供应链流程，帮助企业优化库存管理、运输路线规划，以及生产调度。

值得一提的是在整个供应链优化的过程当中，去中心化、时序可追溯化以及不可逆性，这些特性在保证数据安全和提高交易透明度方面发挥着至关重要的作用。

5. 客户互动与展示

企业可以在元宇宙中创建虚拟展厅，展示其产品和服务，甚至允许客户在虚拟环境中体验产品，提供更加互动的客户体验。

工业元宇宙的这些应用不仅增强了生产效率和安全性，还为企业带来了新的商业模式和客户互动方式。

▶ 2.11　产品全生命周期涉及的工业软件

产品的生命周期，指的是就产品从需求、计划、设计、制造、销售、运输、使用、维修保养、直到回收再用处置的过程，涵盖了产品从出现到退出市场的整个流程。在这一产品的不断迭代更新的闭环流程中，涉及了人、机、物、料、法、环的制造全要素，涉及了不同阶段的多学科协同，也涉及了不同层次的企业管理要求。

企业为了有效管理产品的研发、制造、更新换代乃至产品涉及的人、财、物，设计了各种各样的工业软件。而围绕产品全生命周期，最核心的工业软件包含四个，即遍历产品从概念设计到回收处置全生命周期的产品生命周期管理（Product Lifecycle Management，PLM）系统；管理人、财、物的进、销、存的企业资源计划（Enterprise Resource Planning，ERP）系统；管理制造企业车间执行层的制造执行系统（Manufacturing Execution System，MES）；以及管理企业的人员、设备、物料和能源等资源的制造运营管理（Manufacturing Operation Management，MOM）系统。

2.11.1　产品生命周期管理系统

PLM 的前身是产品数据管理（Product Data Management，PDM），是对所有产品相关的数据，在产品整个生命周期内进行管理的技术，其核心是数据。这些数据包含产品数据、过程数据、资源数据等。如图 2.46 所示，PLM 以静态的产品结构和动态的产品生命周期为主线，它的信息组织和资源管理都围绕产品设计展开。

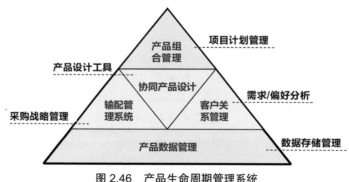

图 2.46　产品生命周期管理系统

PLM 系统包含产品数据管理、输配管理系统（Distribution Management System，DMS）、协同产品设计（Collaborative Product Development，CPD）、客户关系管理（Customer Relationship Management，CRM）、产品组合管理（Product Portfolio Management，PPM）五部分，涵盖了产品的整套生命周期。

PDM 是 PLM 的应用基础，主要涉及数据存储管理，提供了数据存储、查询、控制、管理的功能，存储了产品的技术文档、CAD 模型、工艺数据等，这些数据也是整套 PLM 的支撑。

DMS 涉及采购的战略管理，为系统提供报价请求、投标分析、设计协同等采办过程的支持，系统地评价、选择和购买自定义和标准件，为产品降低成本，提高质量。

CRM 负责采集、分析客户和市场的需求，并对它们进行分析、管理，根据需求评估企业的产品设计和制造能力，为企业提供分析结果。

CPD 涵盖产品设计的主要工具，提供设计过程的交互平台，使得设计人员或企业能够同合作伙伴共享设计信息，浏览设计相关信息，导入设计更改信息。

PPM 主要涉及项目计划管理，监测多个产品或多领域零部件的开发项目，存取项目的财务信息、里程碑状态、市场和价格信息以及项目风险评估等，根据投入 / 产出期望合理分配产品开发项目的资源，为整个项目提供计划管理。

2.11.2　企业资源计划系统

ERP 系统以企业人、财、物的进、销、存的计划为核心，是指企业用于管理日常业务活动的管理系统，是由财务一体化管理、物资资源管理、信息资源管理组成的解决方案，它将企业所有资源进行整合，促进各业务流程之间的数据流动，实现经营效益最大化。

如图 2.47 所示，ERP 系统管理的对象是企业整体的业务，包括销售、采购、加工、财务等业务，还包括这些业务之间的串联。

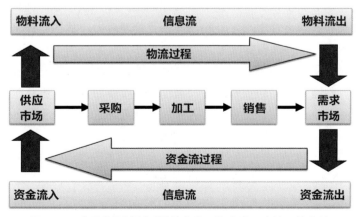

图 2.47　企业资源计划系统的物流、资金流、人流、信息流

这里的 E 代表企业（Enterprise），可从以下几方面来理解。

（1）企业的行业。

ERP 系统既涉及传统的企业和公共服务行业，如流通业、服务业、制造业等，涵盖制造型、贸易型、零售型公司，同时也涉及诸多非传统企业（如政府、事业单位、学校、医院等），它们都在使用 ERP 系统管理业务。

（2）企业级软件。

企业的各业务部门（如销售、采购、生产、计划、财务、人事等）都会用到 ERP 软件，与 ERP 系统进行信息交互。

（3）企业级应用。

ERP 系统所涉及的企业级应用不但包括管理企业内部的业务，而且包括管理公司之间的业务往来，也就是我们通常说的与供应商、客户等合作伙伴之间的往来。

ERP 系统的 R 代表资源（Resource），即人、财、物。

（1）人包含了企业员工等人力资源。

（2）财是指货币资金等财务性资源。

（3）物除了包含生产中需要的原材料、半成品、产成品，还包括厂房、设备等固定资产以及工具等各种易耗品等。

ERP 系统负责管理这些资源，最大限度地发挥它们的作用，并根据客户订单及生产状况做出调整资源的决策。借助 ERP 系统，企业的生产、采购、销售过程能够顺利进行，并可以及时、高质量地完成客户的订单。

ERP 系统的 P 代表计划（Planning），在企业管理过程中，有计划地管理"资源"非常重要，企业需要事前对资源进行规划，事中对资源进行控制、事后对资源进行评估，这分别对应计划的形成、执行和评估三方面。而 ERP 系统中的多项功能，如项目管理、绩效管理，也紧密围绕计划展开。计划管理的具体体现就是企业流程管理，企业通过各种流程执行和数据管控，促使员工按计划执行各项任务，并结合执行结果评估相应订单状况和管理运行水平，不断改进企业管理能力。从这一点来看，ERP 和以记账为目的的普通财务软件有着巨大的区别。

ERP 系统融合了企业内部人、财、物、进、销、存的各种数据，并将其对应到从产品设计需求、制造到产品销售和服务，从综合生产计划到车间细化生产计划自顶向下多个层级，是对企业物流、资金流、人流、信息流等进行统一管理的软件，旨在以最大的限度利用企业内外资源，实现经济效益最大化。

为实现对企业资源的全方位计划，ERP 系统通常分为财务管理、采购、风险管理、供应链管理、企业绩效管理、制造流程、客户关系管理、人力资源、项目管理、ERP 分析十大模块，如图 2.48 所示，帮助参与企业对产品的全生命周期的管理。

图 2.48 企业资源计划系统包含的模块

但是，与 PLM 系统不同，ERP 系统以生产经营、计划管理为主线，主要针对企业级资源管理设计，而 PLM 重点则放在产品知识的管理上。

ERP 系统与 PLM 系统存在互补关系。ERP 系统着重于企业内部的资源管理，没有考虑数据源的问题；PLM 系统则恰好可以为 ERP 系统解决数据源的问题，它可以提供包括市场数据、设计数据、工艺数据、维修数据在内的多种数据，尤其提供了产品的 BOM（Bill of Material）信息。

产品结构是 PLM 系统和 ERP 系统之间信息流动的桥梁，可以帮助实现两个系统的集成。尽管 PLM 系统可以存储产品结构的任何数据，但生产、制造、维修产品的 BOM 信息却通常是在 ERP 系统中进行处理的，这些数据可以帮助定义 ERP 与 PLM 系统之间的接口。

2.11.3 制造执行系统

ERP 系统为企业提供了上层生产计划，告诉企业需要生产什么，生产多少，但它无法将计划实时、准确下达到车间，也无法获得车间生产的即时反馈，缺失了对生产的监控，这也就意味着企业上游管理与车间生产之间缺少有效的数据传递机制。过去，多数企业车间执行过程是依靠纸质的报表、手工操作实现上下游的沟通，这种方式非常低效，并且产生的数据不准确、不完整，使企业在生产方面无法准确进行各项分析，更无法做到精细化管理，导致效益大打折扣。

为了将 ERP 的计划与生产实时关联起来，需要一个执行系统的存在，这也就是所谓的制造执行系统，即 MES。如图 2.49 所示，它是一种位于上层计划管理系统与底层工业控制之间的信息系统，包含资源管理、工序管理、单元管理、生产跟踪、性能分析、文档管理、人力资源管理、设备维护管理、过程管理、质量管理和数据采集在内的 11 个模块，为操作人员、管理人员提供计划的实时执行状况，以及包括人、设备、物料、客户需求等在内的所有资源的状态信息。

如图 2.50 所示，MES 是面向制造企业车间执行层的生产信息化管理系统，侧重于车间作业计划的执行，它充实了软件在车间控制和车间调度方面的功能，帮助适应车间现场环境多变条件下的各项需求，可以对 ERP 系统制订的计划进行监控和反馈，是 ERP 系统的现场层补充。PLM 系统也同样可以从 MES 中获取制造和维修过程中的经验、知识来支持产品的创新，并通过将制造过程所发生的故障、例外事件分析、处理的数据等信息向工程领域反馈，形成一个闭环的产品生命周期过程。

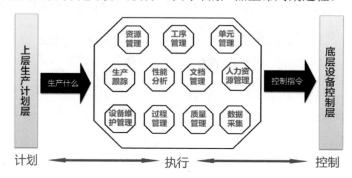

图 2.49　制造执行系统

图 2.50　ERP 系统、MES 和现场控制层的时间因子

总的来说，在产品从工单发出到成品完工的过程中，MES 起到传递信息的作用，从而优化企业生产活动。在生产过程中，借助实时精确的信息，MES 引导、发起、响应并报告对应的生产活动，以应对生产变化，减少无附加价值的生产活动，提高操作及流程的效率。因此，MES 是工厂车间必不可少的工业软件，它能够提升企业投资回报和净利润水平，改善现金流和库存周转速度，保证车间按时出货，确保了整个企业内部及供应商间生产活动关键任务信息的双向流动。

2.11.4　制造运营管理系统

最后，我们再介绍一下制造运营管理系统，如图 2.51 所示，也就是 MOM 系统，它主要针对了生产、库存、质量和维护这四大对象。从图中可以看到 MOM 系统的组成部分与刚才提到的 MES 相当接近，事实上，当前许多公司推出的 MOM 系统都是在原有 MES 基础上升级得到的，也有人称之为"下一代 MES"。那么 MOM 系统到底和 MES 有什么关系呢？有了 MES 为什么还需要再提出 MOM 系统？

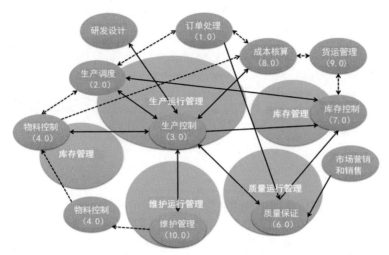

图 2.51　制造运营管理系统

实际上，MES 早在 20 世纪 90 年代就已经提出。早期的 MES 供应商各自为战，它们针对不同行业不同生产企业要实现的不同目的构建特定的 MES，但这些系统配置性差，架构不够灵活。并且由于企业的生产业务会随着产品和时代发展而不断变化，这些 MES 的维护成本相对较高，具有较低的投资回报比。因此，各个自动化公司逐步联合起来制定了一些标准，并渐渐统一了它们的对象模型、业务流程和对外接口，而 MES 这个术语由于之前的乱象不适合再提出新的定义，因此这一全新的系统就被命名为了 MOM 系统。

MOM 系统的出现并不是为了取代 MES。准确地说，两者是兼容与包含的关系，MOM 系统更像是为了解决制造管理问题而定义的功能组合体系，它弥补了 MES 的局限性，是实现制造管理理念升级和落地的关键。比起只强调生产制造执行的 MES 架构，MOM 系统在生产制造、维护保养、质量管理、库存管理四个层面并重，具有更高的集成化、标准化，更好的开放性，并且 MOM 系统也更能覆盖产品生命周期中的各个环节。

目前来看，从 MES 执行走向 MOM 系统运营，将是未来的发展趋势。未来的工业系统更趋于通过灵活的解耦、耦合的方式，以 MOM 系统帮助制造企业快速组合出生产运营所需的方案。MOM 系统作为连通企业运营管理与底层车间生产的桥梁，是智能制造信息集成和运行的"枢纽"，将更加切实地助力企业实现智能制造。

第 3 章
工业互联网的概念与体系架构

▶ 3.1 工业互联网的概念与内涵

工业互联网最初的需求是为大量的工业、航空、医疗装备等提供运维服务。例如，对于高端战斗机，需要周期性地对关键部件的健康状态进行监测分析，尽早发现潜在故障，提高战斗机服役的时长和安全性。传统的运维方式是在飞机维护检查时获取运行日志数据，然后交给专门技术人员进行计算分析，当发现异常时再交由相应专家进行决策。可以看到，传统运维方式中数据获取、计算分析，以及决策优化这三个过程是相互分离的，而且围绕历史数据分析的结果难以实时精准地作用到设备运行过程。传统方式不但在运维服务时间效率上滞后，而且人工成本也很高。

2012 年，美国通用电气公司开展了第一个名为工业互联网的应用。这个应用主要针对航空发动机的远程在线预测性维护，借助实时传感、互联网、大数据、智能分析、先进控制等新手段，对分布在全球的航空发动机进行数据采集、智能分析与预测，实现发动机状态的远程实时监测、故障诊断与预测维护，从而显著提升服务质量、降低成本，实现产业增值。与传统方式相比，工业互联网新模式基于设备、人和数据的互联，能够实时并行地开展数据获取、计算分析以及决策优化这三个过程，通过数据分析同步获取设备状态并实时控制设备动作，进而优化运行效率。

工业互联网一个典型的应用案例就是列车预测性维护。依靠工业互联网的应用程序，在严苛环境中高速运行的列车能够通过传感器实时采集环境数据和自身数据，并不断调整运行参数。例如，可以根据恶劣天气变化实时调整轨道附着力，从而让列车具有了能够自主决策的智慧大脑。同时，使用工业互联网应用程序能够实时采集和分析机车关键部件运行数据，从而预测部件的潜在故障和剩余寿命，提前通知替班火车准备交接，并通知维修人员提前准备替换的备件，以完成预测性维护。可以看到，在列车预测性维护过程中，实时传感、远程互联、数据分析、智能预测、反馈控制等各种技术要素都在发挥重要作用。

在工业互联网的另一典型应用风力发电装备预测性维护案例中，部署在发电机上的应用程序实时采集和分析涡轮发电机运转状态的传感器数据，通过比较这台发电机和其他发电机的历史数据，来推断出是否运转状态不佳。同时，发电场的运行效率也能够被实时分析和评估，管理人员可以在千里之外远程监测，做出关于维修、配件和物流的决策。

2012年，美国通用电气公司给出了工业互联网的第一个定义[24]：基于开放、全球化的网络，将工业互联网三要素设备、人、数据分析相互连接起来，通过对大数据的利用与分析，升级航空、医疗装备等工业领域的智能化，降低能耗，提升效率。这个定义主要是从工业设备的预测性维护引申扩展而来，强调了以下三个关键要素，如图3.1所示。

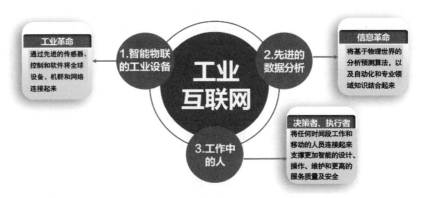

图3.1 美国通用电气公司提出的工业互联网定义

（1）智能物联的工业设备。这也是新工业革命带来的变化，通过先进的传感器、控制和软件将全球的设备、机群和网络连接起来。

（2）先进的数据分析。这是新一代信息技术革命带来的变化，将基于物理世界的分析预测算法，以及自动化和专业领域知识结合起来开展智能分析预测。

（3）工作中的人。人是工业互联网各类应用的主要决策者和执行者，将任何时间段工作和移动的人员都能够连接起来，支撑更加智能的设计、操作、维护和更高的服务质量及安全。

在美国通用电气公司提出工业互联网概念之后，欧洲的工业巨头西门子公司也开始进军这一领域。西门子公司主要关注工业数据，核心是让数据变成知识，强调知识能够让问题在发生之前就得到解决，知识能够加速创新进程、提升灵活性并简化决策流程。将工业数据转化为有价值的知识，能够提升整个价值链的可用性、质量和效率。

关于工业互联网，美国工业巨头PTC公司首先强调了连接的重要性。成千上万的设备互联以及数据的统一获取是基础，企业用户可以定制应用程序，开展数据智能分析与决策。此外，终端用户界面的使用体验也极为重要。尤其是工厂环境中，如何能让操作工人简单、便捷、自然地使用软件系统，对于应用的推广落地十分关键。

可以看到，欧美工业巨头在工业互联网诞生之初，主要关注的是连接、数据、智能、收益。它们期望将工业世界中的机器和设施互相连接，并且在数字世界中形成具有智能数据分析能力的智能设备和智能系统来辅助智能决策、提升效益[25]。

2014 年，美国通用电气公司联合英特尔、IBM、思科、AT&T 五家工业领域和 IT 领域的巨头，成立了工业互联网联盟 IIC。工业互联网联盟对工业互联网给出了新的定义：工业互联网是基于工业数据，运用大数据技术，贯穿于工业生产的设计、工艺、生产、管理、服务等全生命周期，使工业系统具备描述、诊断、预测、决策、控制等智能化功能的模式和结果[24]。

2016 年，中国也成立了工业互联网产业联盟。经过多轮反复的探讨，给出了中国对工业互联网的定义：工业互联网是新一代信息通信技术与工业经济深度融合的新型基础设施、应用模式和工业生态，通过对人、机、物、系统等的全面连接，构建起覆盖全产业链、全价值链的全新制造和服务体系，为工业乃至产业数字化、网络化、智能化发展提供了实现途径[23]。

工业互联网产业联盟在工业互联网定义的基础上，进一步把工业互联网分为网络、平台、安全三大体系[23]。如图 3.2 所示，其中网络体系是基础，平台体系是核心，安全体系是保障。

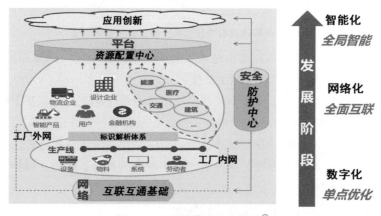

图 3.2　工业互联网三大体系 [①]

2017 年年底，国务院印发了《关于深化"互联网＋先进制造业"发展工业互联网的指导意见》，工业互联网上升为国家级创新战略[52]。党的二十大报告提出，坚持把发展经济的着力点放在实体经济上，推进新型工业化。工业互联网作为新工业革命的重要基石，是数字技术和实体经济深度融合的关键支撑，也是实现新型工业化的战略性基础设施和重要驱动力。工业互联网将深度融合云计算、大数据、5G、新一代人工智能、区块链、元宇宙等一系列新一代信息通信技术，催生一大批新技术、新产品

---

① 图 3.2 引用网址为 https://www.aii-alliance.org。

和新应用，赋能制造业各行业产品全生命周期的创新应用，也将打造工业经济的新业态，推动企业生产模式和手段的颠覆性变革，不断拓展新型工业化的创新空间。

▶ 3.2　工业互联网的体系架构和关键技术

工业互联网从下到上可以分为设备层、工厂层、企业层、产业层 4 个层次[26]。工业互联网产业联盟也将工业互联网划分为网络体系、平台体系、安全体系 3 个体系。本节在四层架构基础上，分别介绍工业互联网的网络体系架构、平台体系架构和安全体系架构。

工业互联网的网络体系架构如图 3.3 所示，工业互联网的设备层、工厂层、企业层、产业层 4 个层次通过网络互相连接。

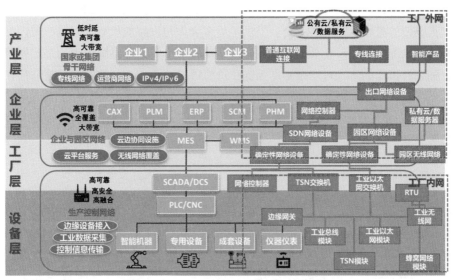

图 3.3　工业互联网的网络体系架构 [①]

设备层是工业互联网网络体系架构的基础。设备层连接着各种产线设备、传感器和控制器，它们是现场操作和数据采集的关键，同时，通过工业以太网交换机和网络控制器将底层设备的数据流传输到更高层级的网络，这种数据流动在生产过程中必不可少。底层设备一般通过各类工业现场通信协议模块进行数据流通，如工业总线模块、工业以太网模块等。之后，再由工业以太网交换机、网络控制器等，将设备采集的传感数据，以及设备自身的状态数据，汇聚转发向工厂外传输。

在工厂层，需要将工厂内各类设备和工厂之间的网络连接起来，通过各类确定性网络设备，如 TSN 交换机、SDN 网络设备和 5G 等技术，以及工业网络交换装置、协议转换模块，实现对工厂内网的汇聚与转发，使得生产数据能够被快速处理和传输，

---

① 图 3.3~ 图 3.5 引用网址为 https://www.aii-alliance.org。

再交由更高层的网络进行处理。工厂层对工厂内设备数据的汇聚部分，与设备层共同构成了工业互联网连接架构中的工厂内网络部分，是整个网络体系架构的基础。

企业层作为更大范围的网络互联和数据管理的中心，利用各类园区网络设备来接收工厂层传输过来的数据流，并转发至企业或工业园区数据中心。同时，企业层也具备一定的云边协同、企业云平台服务能力，使得生产数据能够在企业私有云服务器进行统一管理。企业层网络还可利用 SDN 技术来优化企业内部网络的管理，使得整个系统的管理更加智能化。企业层的建立打通了不同工厂、不同部门之间的连接，促进了资源的共享和整体生产效率的提升，通过数据驱动的决策来优化生产和管理流程。

产业层将不同企业连接在一起，实现了更大范围的协同和合作。通过出口网络设备，适配公网协议，利用如专线网络、运营商网络等接入国家或集团骨干网络。通过互联网和云平台的整合，产业层为企业提供了更多合作与发展的机会。同样，工厂层的工厂间网络传输部分，以及企业层、产业层，共同构成了网络体系架构中的工厂外网络部分。这种联合协作的方式可以推动产业链和价值链的协同创新，共同推动整个行业向前发展。

工业互联网平台体系架构如图 3.4 所示。在四层架构基础上，平台体系主要包括工业边缘系统、企业级和工厂级平台以及产业级平台三类平台和系统。

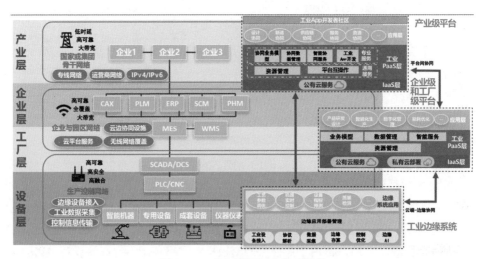

图 3.4　工业互联网平台体系架构

工业边缘系统是面向工业设备层的监控与管理平台，提供工业设备接入、协议解析、数据采集、边缘存储、控制优化、边缘 AI 等基本功能，在边缘应用部署管理环境支撑下，既能够支持设备监控维护、设备关键指标预测、机器实时控制、工艺参数调优等工业互联网边缘应用，也能够为上层工厂级和企业级平台获取各类工业现场数据提供基础支撑。

企业级平台是面向企业产品全生命周期各类业务的工业互联网平台，在对企业制造资源进行全面互联共享和整合管理的基础上，建立企业各项业务模型运转逻辑，对企业数据空间进行统一管理，挖掘数据的价值并提供智能化服务，服务于企业的产品研发设计、智能化生产、数字化管理、能耗优化等各项业务。企业云平台可以采用私有云和混合云多种形式进行部署实施。工厂级平台是现阶段工业互联网支撑实现智能化生产制造的重要载体。

产业级平台是支撑跨企业价值链网络的协同平台。用于聚集行业资源，支持对于海量资源的共享协同和按需优化配置。产业级平台通过建立企业级平台的互操作机制与规范，建立协同业务模型，并通过对协同数据的高安全性的管理，可以提供各类价值链协同服务。例如，企业间研发设计的异地协同、生产制造的网络化协同、供应链协同，以及产业金融协作等新模式。产业级平台还可以通过构建工业互联网应用开发者社区等，开展工业互联网价值链网络的创新生态建设。

工业互联网的安全体系架构如图 3.5 所示。从安全防护的视角来看，工业互联网安全体系可划分为设备安全、控制安全、网络安全、应用安全和数据安全五个维度[28]。

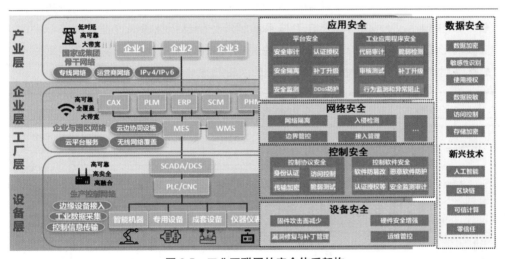

图 3.5 工业互联网的安全体系架构

设备安全对应的是设备层，主要面向的防护对象包括工业机器人、智能仪表、传感器等工业生产管理设备。由于工业互联网的发展使得现场设备由机械化向数字化、智能化发生转变，并催生了"嵌入式操作系统＋微处理器＋应用软件"的新模式，使得越来越多的工业设备具备了联网与 IT 功能，面临复杂的设备安全新风险，需要通过固件攻击面减少、硬件安全增强等技术对其进行安全防护。

控制安全对应的是工厂层和设备层，主要面向的防护对象是工业控制系统中的控制软件和控制协议等。由于工业互联网改变了传统生产控制过程封闭、可信的特点，同时工业控制系统中 OT 层协议、软件安全机制缺失，这些因素导致工业控制系统既面临着传统 IT 的安全威胁，又面临着 OT 的安全威胁。因此，需要通过身份认证、访问控制、传输加密等技术对控制软件和控制协议进行安全防护。

网络安全主要面向工厂内网和工厂外网，网络安全的主要防护对象是工厂内外网和网络边界安全。工业互联网的发展使得工厂内部网络呈现出 IP 化、无线化、组网方式灵活化与全局化的特点，工厂外网呈现出信息网络与控制网络逐渐融合、企业专网与互联网逐渐融合以及产品服务日益互联网化的特点，导致了传统互联网中的安全问题开始向工业网络蔓延。因此，需要通过网络隔离、入侵检测等技术对工业网络安全进行防护。

应用安全主要面向企业层和产业层，分为平台安全和工业应用程序安全两部分，相对应的防护对象是工业互联网平台和工业应用，主要的安全防护方法包括安全审计、安全隔离、安全监测、代码审计等。

数据贯穿在整个工业互联网四层体系架构中，是工业互联网体系的血液，数据安全的防护对象不仅包括工业数据本身，还包括用户信息和工业大数据分析产生的数据价值等，工业数据安全技术除了数据加密、敏感性识别等传统方法外，还有一些新兴技术为工业互联网数据安全提供保障，包括人工智能、区块链、可信计算和零信任等。

为了支持上述三个体系架构中各项功能的实现，需要构建工业互联网的关键技术体系，如图 3.6 所示。在新一代 ICT 技术和制造业信息化技术深度融合的基础上，工业互联网形成了网络、平台、安全相关的关键技术体系，同时，面向工业互联网系统的最终使用者，也构建了人、机、物共融的关键技术体系。

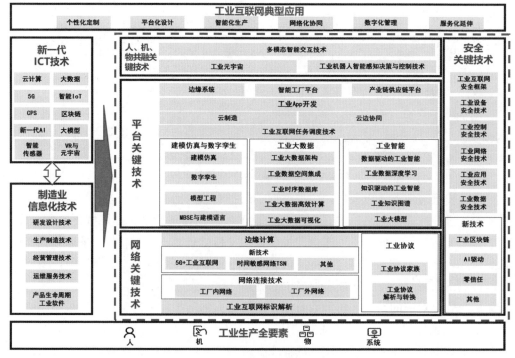

图 3.6　工业互联网的关键技术体系

网络关键技术包括工业互联网标识解析、工厂内网络和外网络的连接、工业协议、5G+工业互联网、时间敏感网络 TSN、边缘计算等。

平台关键技术包括工业大数据、工业智能、建模仿真与数字孪生、工业互联网任务调度技术、云制造、云边协同、工业 App 开发等关键技术，同时包括边缘系统、智能工厂平台、产业链供应链平台这几类主要平台技术。

安全关键技术包括工业互联网安全框架，工业设备安全技术、工业控制安全技术、工业网络安全技术、工业应用安全技术、工业数据安全技术等工业互联网安全防护技术，以及工业区块链等新兴技术。

人、机、物共融的关键技术面向未来，包括多模态智能交互技术，以及工业元宇宙和工业机器人智能感知决策与控制技术等。

从上述工业互联网的体系架构和关键技术组成可以看到，工业互联网涉及的知识体系覆盖面极其广泛，在这一新兴领域的背后，涉及了诸多学科和专业[27]，例如，控制科学与工程、信息与通信工程、计算机科学与技术、机械工程、电气工程、软件工程、电子科学与技术、仪器科学与技术，以及智能制造工程、机器人工程、物联网工程、数据科学与大数据技术、智能科学与技术、网络空间安全等新工科专业，属于典型的交叉学科方向，并且其中大量的关键技术均具有很强的创新性。因此，工业互联网领域培养的人才将是交叉复合型的创新人才，是我国建设制造强国不可或缺的新型人才。

第4章
工业互联网的网络关键技术

▶ 4.1 什么是工业互联网标识

4.1.1 工业物联网标识概述

标识作为区分个体的关键手段，在日常生活中得到广泛运用。在国民层面，身份证号码作为每个人独特的标识，包含个人基本信息，如籍贯和出生日期；而在数字世界，每个网站和计算机都拥有独一无二的 IP 地址，可揭示终端位置和网络段等关键信息，如图 4.1 所示。这些独特标识的存在使管理者、系统以及个体间能够高效交互和精准定位。

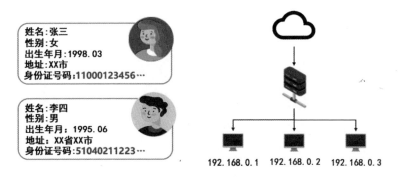

（a）身份证号码唯一对应每个公民　（b）IP 地址唯一对应互联网中每台计算机

图 4.1　标识实例示意

在工业互联网环境下，设备类型繁多、业务场景跨域的特点使得必须建立相应的标识体系，以实现对设备的有效管理与控制。因此，工业互联网标识体系的发展满足了这一需求，成为实现设备管理、系统协同以及精准数据交流的主要原因之一。

在实际的工业互联网应用中，涉及多种客观实体。如在工厂生产线上，这些生产过程中的设备包括机械臂、传送带、冲压机等。将这些设备信息编码成唯一标识，可以使工业现场的控制系统准确定位各设备，并实时监控和维护。对生产出的产品进行唯一标识，记录产地、生产日期、批次等信息，有助于对产品进行追踪。这种追踪对企业售后服务、生产过程追溯和流程优化至关重要。

　　如图 4.2 所示，通过工业互联网标识解析系统，将设备或产品信息转化成唯一标识，基于对应的编码关系，实现数据互通和综合管理。这种系统能够有效实现设备与产品信息的整合，为工业生产提供高效管理的基础。

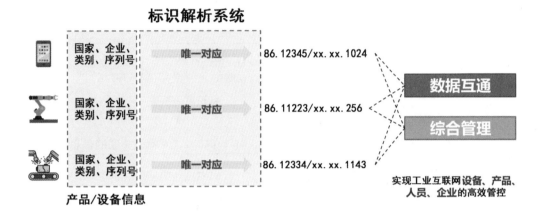

图 4.2　标识解析过程

　　基于以上过程，建立工业互联网标识体系对实际的工业生产具有重要意义。第一，工业互联网标识能够准确定位设备与产品状态，这是其最基本的功能之一。通过解析产品 ID，能够获取详尽的产品信息，从而便于管理。第二，标识体系有效提高了生产效率。为客体对象添加独特数字编码实现了数字化管理，结合先进的数据管理技术，为生产过程提供了高效手段。第三，标识体系提升了设备的互操作性。设备有独特 ID 编码，设备间信息互通变得更为便捷，互操作性显著提高。第四，标识有助于标准化管理。统一的标识解析体系能够将各类设备对应关系进行统一、标准化处理，减少了异构数据间的隔离性。第五，基于上述优势，标识体系将大幅降低企业在生产制造和管理方面的成本。综上所述，工业互联网标识体系通过唯一识别物理实体和数字实体，促进可识别数据对象的管理和交互，为工业互联网的网络互通、数据共享提供了坚实支持。

4.1.2　工业互联网标识的形式和载体

　　图 4.3 是一个工业互联网中具体的标识结构与形式的例子。左侧以百度网站为例，展示了常见的域名解析系统（Domain Name System，DNS）。计算机网络的 DNS，将各个网站对应的具体服务器进行精准映射，通过 DNS 实现域名到 IP 地址的对应，在这里，域名 www.baidu.com 通过 DNS 系统可以追溯对应到处在具体网段的特定服务器，形成特定的 IP 地址，高效安全地实现互联网的管理和导向。

　　右侧以一台实际的空调产品为例，呈现了工业互联网中的一个标识范例。在所给标识信息中，各标识字段，如 86、10000、ac 等分别对应了具体的产品信息，包括国家、品牌、类型和产地等，经过标识解析体系的编码，形成了这一产品独特的标识。因此，这台空调将持续与此唯一 ID 相关联，实现了全过程的可追溯性管理，涵盖了从生产制造到销售维护的整个周期。这个例子清晰地展示了工业互联网标识化系统的特性，利用数字化、编码或其他唯一识别方式，使工业物品、设备和产品等能够在互联网环境中被独特识别、定位和管理。

域名：www.baidu.com	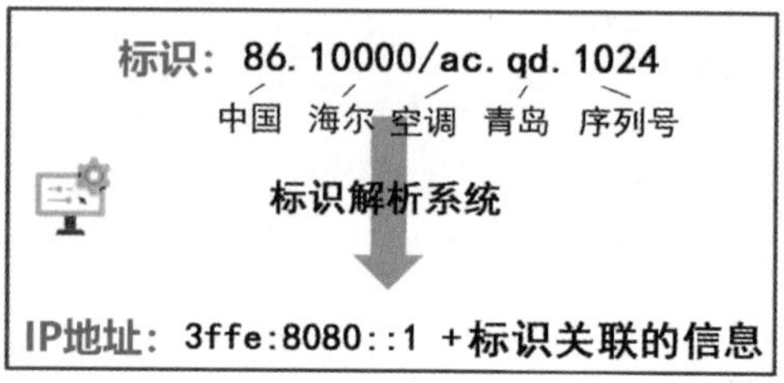 标识：86.10000/ac.qd.1024
域名解析系统（DNS）	中国 海尔 空调 青岛 序列号 标识解析系统
IP地址：123.125.114.114	IP地址：3ffe:8080::1 +标识关联的信息
（a）互联网计算机标识	（b）工业互联网标识

图 4.3　DNS 与工业互联网标识体系

图 4.4 展示了另一个工业互联网实际标识案例，这是一串真实存在的地铁列车的标识码，各个字段的意义解析如图。

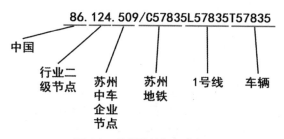

86.124.509/C57835L57835T57835

中国　行业二级节点　苏州中车企业节点　苏州地铁　1号线　车辆

图 4.4　苏州地铁标识案例

在实际生产环境中，标识承载于特定的设备载体。这些载体基本上分为两种形式：被动标识载体和主动标识载体。

1. 被动标识载体

如图 4.5 所示，展示了 4 种常见的被动标识载体。被动标识载体在日常生活中随处可见，例如二维码、条形码、射频识别等，都与人们的日常生活息息相关。这些被动载体通常附在工业设备或耗材表面，其标识信息易于读取、复制。因此，也存在盗用和误用风险。同时，被动标识载体的网络连接能力受到限制，需要借助读写器向标识解析服务器请求解析。由于安全能力相对较弱，缺乏必要的证书、算法和密钥，这些问题是被动载体所面临的主要挑战。然而，由于成本低廉且易于实施，它们在携带低价值和大批量工业单品的标识方面被广泛应用，例如一些零售商品和日常用品。

图 4.5　被动标识载体（此图来源于网络）

2. 主动标识载体

如图 4.6 所示，主动标识载体的结构更为复杂，功能也更为先进。一个常见的例子是通用集成电路卡，比如手机上使用的 SIM 卡就属于这种载体类型。主动标识载体通常嵌入在工业设备内部，这种设计有助于减少被盗或误用的风险。主动标识载体具备网络连接能力，可以主动向标识解析服务器请求解析。此外，主动标识载体还支持远程管理标识及相关信息，包括增、删、改、查等功能。除了携带工业标识符外，主动标识载体还内置了安全区域，用于存储必要的证书、算法和密钥，从而实现工业标识符及相关数据的加密传输，并支持接入认证等可信功能。然而，正因为这些高级功能，主动标识载体的成本和实施难度较高，通常更多地应用于复杂和关键的设备与产品中[53]。

图 4.6　主动标识载体（此图来源于网络）

4.1.3　工业互联网标识的使用流程及注意事项

4.1.2 节介绍了工业互联网标识的基本形式及载体，本节简要介绍工业互联网标识的实际应用流程及注意事项。

首先，针对每个客体，包括生产制造设备和销售产品，在确定相关信息后，选择适合的标识载体，利用标识解析系统进行编码，生成对应客体的唯一标识码。接下来，将这些标识码纳入数据库，进行统一的数字化管理，并由相应团队进行集中管理。随后，在需要定位客体的操作时，再次利用标识解析系统对产品信息进行解析，实现对应到正确设备或产品的追踪，并获取相应的设备信息。最终，将这些设备信息应用于生产管理、状态监控等实际业务中。这一流程能够有效地利用标识系统来管理客体，并在需要时快速定位和获取相关信息，为实际生产运营提供了重要支持[54]。

从以上工业互联网标识应用场景流程可以看出，标识承载了具体客体的关联信息。也就是说，掌握了标识解析规则，就能够获取详细的设备信息并进行操作控制。因此，标识解析的安全性至关重要。

如图 4.7 所示，标识安全体系主要涉及安全性和隐私保护两方面。在标识安全性方面，具体包括如下。

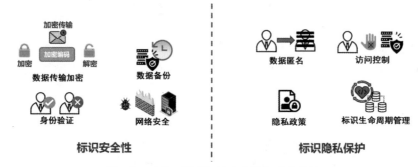

图 4.7　工业互联网标识安全性与隐私保护

（1）数据传输加密。确保标识数据在传输过程中得到加密，避免未经授权的访问或窃取。

（2）身份验证。建立严格的访问控制和身份验证机制，以确保只有授权人员能够访问和修改标识数据。

（3）网络安全。加强网络安全措施，包括使用防火墙、入侵检测系统等，防止网络攻击和恶意入侵。

（4）数据备份。定期更新和维护系统及软件，修补潜在的安全漏洞，并建立有效的数据备份和恢复机制，以防止数据丢失或损坏。

标识隐私保护方面主要包括如下。

（1）数据匿名。对敏感信息进行脱敏或匿名化处理，减少个人身份被识别的风险。

（2）访问控制。限制对标识数据的访问权限，只有授权人员能够访问具体数据。

（3）隐私政策。建立清晰明确的隐私政策，告知用户个人数据的收集、存储和使用方式。

（4）标识生命周期管理。管理标识数据的生命周期，及时删除不再需要的数据，减少潜在的隐私泄露风险。安全性和隐私保护这两方面都是保障标识体系安全稳定运行的关键因素。

工业互联网标识在生产过程中扮演着设备和产品的"身份证"，对于高效、节约、安全的生产制造活动具有至关重要的意义。建立完善的标识解析体系，将实现全流程生产过程的实现。

（1）码上知物。标识唯一对应客观实体，承载多种信息。

（2）码上共享。唯一标识有助信息互联，促进企业数据共享。

（3）码上云端。通过标识对设备产品持续追踪，实现全生命周期管理。

（4）码上分治。一个标识码承载多类型信息，帮助企业不同对象全管控。

（5）码上全览。一个标识码展现产品的所有细节，实现全流程追溯。

（6）码上万能。一个标识码实现多种功能，实现企业数字化推进。

▶ 4.2　工业互联网标识解析

4.1 节对工业互联网标识技术做了初步的介绍，包含标识的形式、含义、载体，以及对于工业生产制造的重要意义。本节对具体的标识解析流程及其体系架构进行相应介绍。

4.2.1　工业互联网标识解析体系概述

工业互联网标识解析是一类能够根据特定标识编码查询目标对象网络位置或相关信息的系统。其作用在于对机器或产品进行独特定位，并实现信息查询。这个系统扮演着实现全球供应链系统和企业生产系统精准对接的关键角色，同时也是产品全生命周期管理和提供智能化服务的基础[55]。

图 4.8 是一个典型的标识解析过程，标识解析发起方向解析节点发起标识解析请求，经过安全校验后返回标识解析地址结果，再由发起方向数据服务器进行查询，数据服务器中存在地址与实体的一一对应关系，最终发起方能够获得所请求的实体信息。

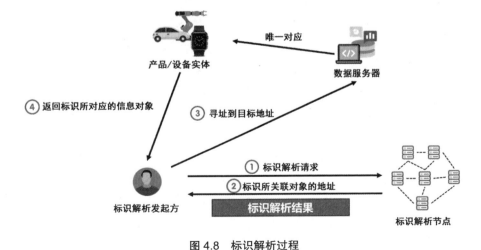

图 4.8　标识解析过程

在实际的工业场景中，涵盖了工厂内各类生产加工制造过程以及企业间和外部网络的整合，这构成了一个高度互联的工业活动体系。在这类情境下，信息交互是必然的。正如4.1节所述，工业互联网标识的目标在于实现工业过程的统一管理。然而，在实际应用中，仍然存在几个关键问题：如图4.9所示，第一，工厂内设备标识复杂，多种多样的生产设备为标识统一解析带来困难；第二，企业内数据交流困难，企业内各部门各业务线存在差异；第三，企业间信息互通困难，不同企业业务、资源、管理存在差异；第四，国内缺乏统一布局，整个国家的标识体系建立需要国家进行统一布局；第五，国际上数据安全受威胁，需要具备我国自主的标识解析体系以保证工业安全性。

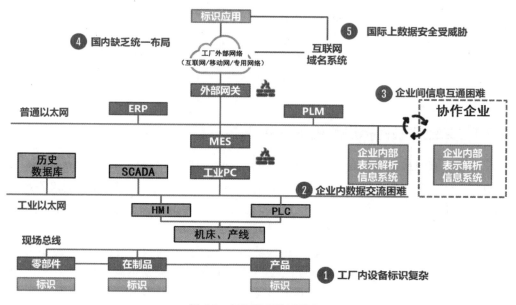

图4.9　标识解析体系意义

因此，建立我国工业互联网标识解析体系具有重大意义，它贯穿了工业生产和销售全流程。如图4.10所示，标识解析体系是一个包含数据标识、解析技术、标准化协议以及相应系统架构的综合性系统。其旨在标准化和管理工业互联网中数据的标识、传输和解析，以促进设备、系统和工业应用之间的互联互通。其重要性体现在以下几方面：第一，标准化数据交换确保了不同设备、系统和平台间数据的统一识别和交换，从而促进了信息流畅性和互操作性。第二，提升生产效率是其中一个关键点。通过减少数据解析和处理的复杂性，加快信息传输速度，有助于实现实时监控和决策，从而提高生产效率和灵活性。第三，标识解析体系有助于促进智能化制造。它为智能设备、自动化系统和机器学习提供可靠的数据基础，推动了制造业的智能化和自动化发展。第四，这个体系有助于建立安全的数据传输通道，提供身份验证和加密机制，保护重要数据的安全性和隐私性。这些方面彰显了工业互联网标识解析体系在工业领域中的重要作用，是促进工业智能化、效率提升和数据安全的关键所在。

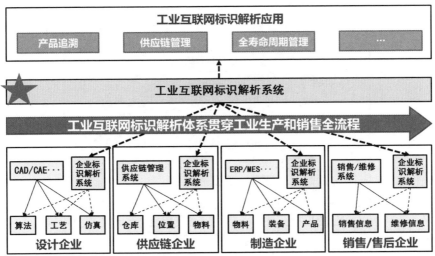

图 4.10 工业互联网标识解析体系定位

4.2.2 工业互联网标识解析体系的结构

工业互联网标识解析体系的组织架构与传统互联网网络域名解析体系有相似的层级划分。在工业互联网标识解析体系中，同样存在应用层、数据层、解析层和编码层这 4 个层级，用于实现对工业客体标识和地址的编码与解析。图 4.11 详细介绍工业互联网标识体系的层级架构。

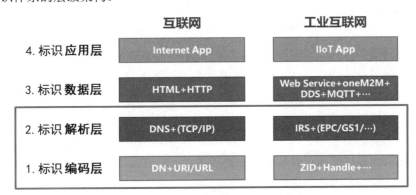

图 4.11 工业互联网解析体系的层级结构

工业互联网标识解析体系的整体架构包括：根节点、国家顶级节点、二级节点、企业节点和公共递归节点这 5 个层级[56]。这些层级共同搭建了工业互联网解析体系的基础，构建了一个网络基础设施，其特点是"统一管理、互联互通、安全可靠"，覆盖范围广泛，并提供稳定的服务。针对节点架构，二级节点的建设被视为主要着力点，旨在推动工业互联网标识解析的集成创新应用，并促进标识解析产业生态的发展。同时，加速核心技术研究和标准制定，在编码储存、数据交互、异构互操作等方面不断发展，以优化全国工业互联网解析体系的架构。工业互联网的整体架构如图 4.12 所示。

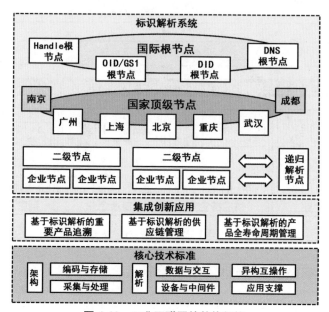

图 4.12　工业互联网的整体架构

1. 全球根节点

全球根节点由 9+1 个 MPA 联合体负责共同管理全球根区。中国 MPA 联合体成立于 2014 年，主要负责管理 86 和 108 开头的前缀，管理中国的全球根节点，包括管理建设、技术研发、运营、二级节点建设和应用推广。

2. 国家顶级节点

国家顶级节点作为我国工业互联网的重要基础服务设施，是标识解析体系的核心枢纽，提供标识注册和解析服务。

3. 二级标识解析节点

二级标识解析节点为各行业提供标识注册和解析服务，是工业互联网标识解析体系的中间环节，直接面向行业和企业提供服务。

4. 企业标识解析节点

企业标识解析节点为特定工业企业提供标识注册和解析服务，并根据企业规模定义工厂内标识解析系统的组网形式及标识数据格式。

5. 公共递归解析节点

公共递归解析节点是关键入口设施，提供公共查询和访问入口，并通过缓存等技术手段提升整体服务性能。如图 4.13 所示，这 5 个层级的节点构成了工业互联网标识解析体系架构，为全球工业企业提供统一的标识解析服务。

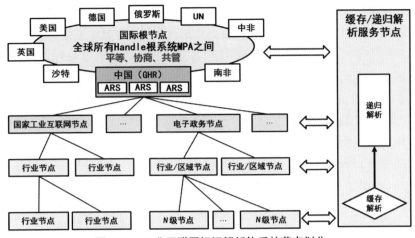

图 4.13 工业互联网标识解析体系的节点划分

具体来说，针对不同层级的节点，设计了相关的具体标识解析体系，来具体实施标识解析过程。主要的标识解析体系有 3 种：Handle 标识解析体系、OID 标识解析体系和 Ecode 标识解析体系。

1. Handle 标识解析体系

如图 4.14 所示，Handle 标识解析体系采用了分级解析机制，包括 Handle 客户端、全球 Handle 注册机构（GHR）和本地 Handle 服务（LHS）。在解析过程中，Handle 客户端通过向 GHR 发送前缀编码来查询所属

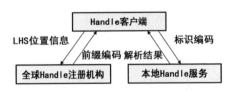

图 4.14 Handle 标识解析体系

LHS 的位置信息，然后向 LHS 发送完整的标识编码以获取解析结果。GHR 接收前缀编码后查询命名机构的注册信息，并解析得到 LHS 位置信息反馈给 Handle 客户端。LHS 接收标识编码后查询本地数据，解析得到详细信息并返回给 Handle 客户端[91]。

2. OID 标识解析体系

如图 4.15 所示，OID 标识解析体系采用分步解析架构，包括 OID 客户端、国家 OID 注册解析系统和底层解析服务器。解析过程中，OID 客户端上传标识编码至国家 OID 注册解析系统，后者根据注册信息找到相应的底层解析服务器，并将编码传递给底层解析服务器。底层解析服务器解析标识编码查询物体对象的详细信息，并通过国家 OID 注册解析系统传回 OID 客户端。OID 体系的分步解析机制利用现有网络基础进行部署，更灵活高效，且节省成本[91]。

图 4.15 OID 标识解析体系

3. Ecode 标识解析体系

如图 4.16 所示，Ecode 标识解析体系采用迭代解析，包括 Ecode 客户端、中间件、编码体系解析服务器、编码数据结构解析服务器和物品码解析服务器。解析过程分为编码体系解析、编码数据结构解析和物品码解析三步。Ecode 客户端通过中间件向编码体系解析服务器发送标识编码，后者解析得到标识识别域名并返回给中间件。随后，中间件将标识识别域名和主码发送至编码数据结构解析服务器，后者解析得到主码域名并传回中间件。最终，中间件将主码域名发送给物品码解析服务器，解析得到物品信息并传回 Ecode 客户端。这种迭代解析方式确保了逐步获取并解析各个标识层级，使得 Ecode 体系能够准确获取物品信息[91]。

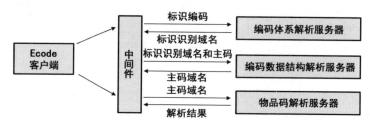

图 4.16　Ecode 标识解析体系

在实际生产过程中，标识解析服务主要由相应级别节点的运营方提供，工业企业一方面向二级节点运营商申请节点解析服务授权，另一方面与电信运营商合作，生产相应的标识载体。如图 4.17 所示，电信运营商同样需要获取节点解析服务，再为通信模组供应商提供标识解析载体的解决方案。最后再由工业企业向用户开放服务端口，提供工业互联网标识解析服务。

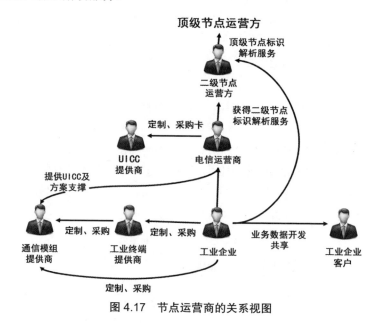

图 4.17　节点运营商的关系视图

4.2.3　工业互联网标识解析体系的视图

4.2.2 节介绍了工业互联网标识解析体系的基本架构的组成，本节从功能实现视角，介绍标识解析体系在实际工业中的应用流程。

如图 4.18 所示，标识体系架构可以从业务视图、功能视图、实施视图，以及安全视图 4 方面进行描述，它们分别体现了解析体系的 4 种不同的架构视角，也是 4

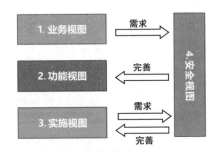

图 4.18　工业互联网标识解析体系的视图关系

个不同体系建立需求。4 个视图通过需求互相完善，最终形成一套完整的解析体系，以"业务—功能—实施"逐步递进为主线，以技术引领，融合工业流程活动、软件分层视图、通信交互关系思想，形成综合性方法论。

1. 业务视图

首先是业务视图，如图 4.19 所示，在业务视图中，要给出主要利益者及其关注点、愿景、主要业务模式。业务视图从实际产业任务出发，以各个涉及的企业为基础，展现实际产线任务对工业标识解析的具体需求。实际产线任务中，涉及的企业包含如图 4.19 所示的几个主要类型，这些企业分别具有对应业务功能的生产或营销设备，各类生产设备互相进行数据互通，就需要对所有联网对象的数字化表述进行唯一的识别、管理、共享。将这三个业务需求细分，就能得到具体的标识解析业务流程，对于识别数据，进行标识赋码、数据读取、数据处理，实现标识的生成；其次，利用标识数据模型，进行数据关联转换，实现标识与客体的一一对应；最后，各企业单位通过标识解析体系实现具体的标识编码与解析任务，以支持实际业务流程。

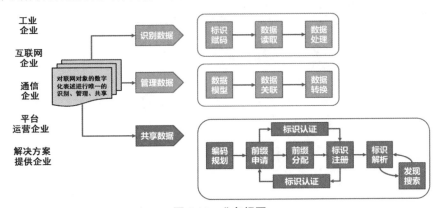

图 4.19　业务视图

2. 功能视图

第二个视图为功能视图，如图 4.20 所示。在功能视图中，要给出功能分层，每层给出具体功能名，并提出其功能点要求。如图 4.20 所示，标识解析体系包含标识应用层、标识数据层、标识解析层和标识编码层。针对每个层级，结合业务视图提出的业务需求，具体给出各层级所需具备的功能模块，举例来说，业务视图中需要对工业实体进行标识编码，那就要求体系具备编码申请、分配，以及后续的载体管理，编码读写，编码回收等功能来支撑业务流程的有效进行。

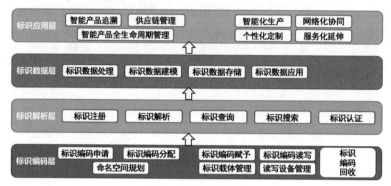

图 4.20 功能视图

3. 实施视图

如图 4.21 所示，在实施视图中，要给出系统组成元素以及各系统组成元素的交互关系。工业互联网标识解析体系并不是一套完全从零开始的体系架构，它是在现有工业互联网架构的基础上，根据具体业务功能需求，开发的一套标识体系。在平台侧，以国家顶级节点为核心建设二级节点和递归节点形成统一管理、互联互通高效可靠的基础设施，在企业侧建设企业级标识解析系统支撑企业级标识应用，在应用侧依托标识解析中间件建设标识资源池，形成可识别数据对象管理和流转，借助标签载体和数采设备来唯一识别对应物理实体和数字实体。

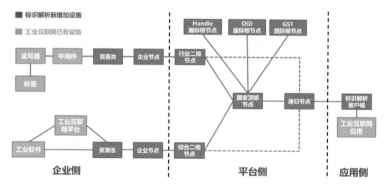

图 4.21 实施视图

4. 安全视图

安全性是工业互联网标识体系的重要一环，如图 4.22 所示，在安全视图中，要给出主要的安全防护对象和安全风险点，以及安全防护能力。在用户侧，需要实现用户身份安全，通过身份校验，标识数据进行访问权限管理，同时保障数据安全。在路径侧，保障数据传输安全、解析服务行为安全，利用数据编解码、数据加密传输等手段保证传输过程中的安全和可靠性；在服务侧，标识解析客户端保证服务用户可信、数据存储安全，以及解析管理行为安全，为企业用户提供安全可靠的标识解析服务。

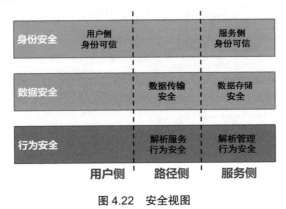

图 4.22 安全视图

基于以上 4 个视图，可以建立全面的标识解析体系以覆盖各类工业互联网的业务需求。

▶ 4.3 工业互联网网络连接框架

4.2 节详细介绍了工业互联网标识解析体系的架构组成和功能实施，是目前工业互联网数字化统一管理的重要基础。本节将从工业互联网网络连接的角度出发，探讨当前工业互联网网络连接的架构和主要功能技术。

4.3.1 工业互联网总体架构概述

在实际工业场景中，涉及的设备和企业繁多，而工业制造任务对安全性和实时性的要求极高。因此，工业互联网需要拥有高可靠性和高性能的网络连接架构。在工业互联网的体系架构中，网络被视为基础设施，为人、机、物的全面互联提供支持，促进各种工业数据的充分流动和无缝集成。同时，工业互联网的网络连接涉及工厂内外的多种要素和多个主体，覆盖了不同技术领域，影响范围广泛。这种连接涉及多个层面，从各种云平台和大型服务器之间的通信互联，到适配各种协议的通信设备之间的数据传输，再到工业现场各类产线设备及其数据流的交互。这些复杂的连接需要相应的网络连接架构来实现。

因此，工业互联网网络连接的综合目标在于促进系统间的互联互通，使得原本孤立的系统或网络中的数据能够被解锁，并为行业内外以及跨行业的应用发挥更大的价值。这种全面连接和数据共享为工业互联网的发展提供了坚实的基础。

具体而言，工业互联网的网络连接架构如图 4.23 所示，可分为两个主要层次：网络互联和数据互通。

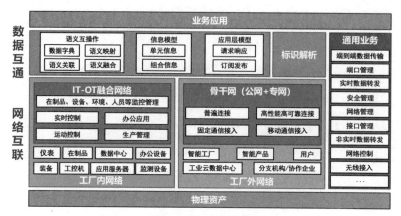

图 4.23　工业互联网的网络连接架构

网络互联涵盖了实体之间通过网络通信传递数据的全过程，包括协议栈中的物理层到网络层。在网络互联架构中，设备接入层提供了不同物理介质工业设备的接入服务，例如现场总线和工业以太网，这一层主要负责设备的接入和通信基础设施的建立。数据转发层则承担了实现工业非实时数据转发、工业实时数据转发、网络控制和管理等功能。这一层的任务是确保数据在网络中的高效传递和处理，包括对实时数据和非实时数据的合理转发。数据传输层包括基于 TCP、UDP 等的端到端数据传输模块、端口管理和安全管理。这一层的关键任务是实现工业系统、产业链和价值链之间的深度互联。构建低延迟、高可靠、广覆盖的网络基础设施，以支持信息数据在生产各个环节和要素间的无缝传递。这样的基础设施为实现实时感知、协同交互和智能反馈的生产模式提供了坚实的支持。

数据互通方面的应用层通信，通过请求响应模式和发布订阅模式来建立、维护和关闭数据信息传输通道。除此之外，数据互通还涉及信息模型的管理，提供了完备且统一的数据对象表达、描述和操作模型。这一模型实现了工业数据信息的查询、交互、关联和融合等功能。通过数据互通，建立了数据的结构和规范，使得传递的数据能够被系统有效地理解和利用。这种数据互通在协议栈的 TCP/UDP 层到应用层之间实现了数据协议和信息模型的交互。这意味着不同系统在数据层面能够相互交流和理解，从而实现了数据互操作与信息集成。

4.3.2　工业互联网网络连接的主要架构

在网络互联方面，主要分成工厂内网络和工厂外网络两大类别[57]。

1. 工厂内网络

工厂内网络是连接各种要素的网络，如图 4.24 所示，包括生产人员、设计人员和外部人员、装备、办公设备、原材料、在制品，以及环境监测设备等。这些连接通过工厂内网络与企业数据中心及应用服务器相连，形成了 IT-OT 融合网络。这种融合网络实现了监控管理、实时控制和生产管理等业务需求。同时，它也促进了工厂内部人员、物品和设备之间的互联，为工厂内部的业务应用提供了必要的支持。

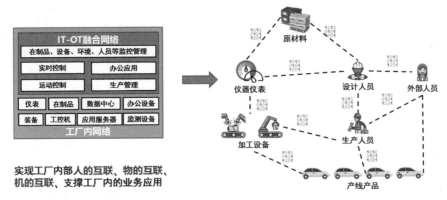

图 4.24　工厂内网络示意图

2. 工厂外网络

工厂外网络作为另一个重要组成部分，如图 4.25 所示，与工厂内网络有所不同，其主要职责在于连接各类实际产线生产设备。这个网络整合了固定或移动通信接入，实现了与互联网的连接，用于连接智能工厂、分支机构 / 协作企业、工业云数据中心、智能产品以及用户等各个主体。工厂内部的智能工厂数据中心和应用服务器通过这个外部网络与工厂外的工业云数据中心进行互联。同时，相关的分支企业、上下游企业、用户以及智能产品，根据其配置，连接到工业云数据中心或企业数据中心。这种结合使得工厂内外各要素之间能够实现有效的信息交流与互联，为生产和业务提供了更广泛的连接和支持。

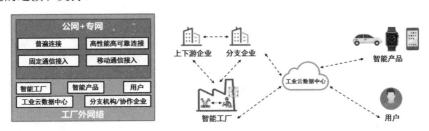

图 4.25　工厂外网络示意图

为实现工业互联网完整的业务连通，实现全流程的工业业务能力，工厂内网与工厂外网之间，需要进行有效的衔接和融合。因此，需要在网络架构、运维管理等方面实现打通。如图 4.26 所示，为工业互联网的网络架构方面的具体部署架构视图，网络连接部署应能保证工厂内网和外网之间的无缝连接。工厂内网应避免采用私有化的网络技术，建议采用标准化、通用的协议汇聚生产网、办公网、传感网络等多个子网，降低数据流动的障碍，提升网络传输效率。同时，在保证数据顺利流通的前提下，需要考虑网络安全性，在内网和外网连接点，布置必要的网络安全设备，实现客户敏感数据不出工厂，同时有效避免公众互联网中各类恶意的网络攻击。运维管理方面，在保持现有生产业务稳定运行的前提下，建议工厂内网引入智能化的运维管理系统，实现对工厂内网多个子网的归一化管理，同时与工厂内网现有生产管理系统实现连通，实现网络与生产联动。对于跨地域的工厂多个异地分支机构之间的互联，需要在整体层面实现对工厂外网专线的统一有效管理。

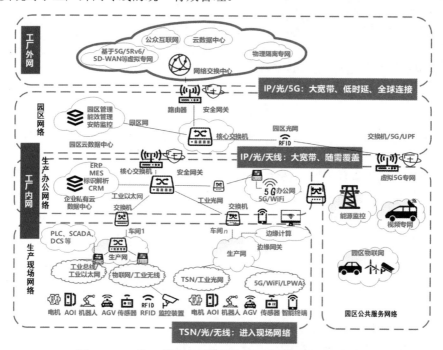

图 4.26　工业互联网的网络架构方面的具体部署架构视图

▶ 4.4　工厂内网

4.3 节整体介绍了工业互联网的网络连接架构，其中网络连接主要包括两个类型的网络连接形式，工厂内网和工厂外网，本节将对工厂内网的组成和技术细节进行介绍。

4.4.1　工厂内网"两层三级"

工厂内网是指在工厂或园区内部，满足工厂内部生产、办公、管理、安防等连接需求，用于生产要素互联以及企业 IT 管理系统之间连接的网络。例如工业现场用于连接仪表、机床等设备的生产控制网络，用于连接企业数据库、ERP、MES 等办公业务系统的企业信息网络，以及用于能源、安防等监控的物联网都属于工厂内网范畴。工厂内网的使用主体是工业企业，存在企业自建、运营商代建、以租代建等多种形式。随着工业互联网业务的不断发展，工厂内网呈现出融合、开放、灵活的发展趋势。图 4.27 是一个简单的工厂内网的整体架构，各类生产设备提供不同的网络形式连接到工厂骨干网，再向外连接到工厂内数据中心以满足其他业务需求。

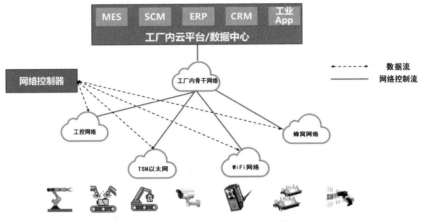

图 4.27　工厂内网的整体结构

当前的工业互联网的网络连接展现出"两层三级"结构，如图 4.28 所示，这里的"两层"指的是"工厂 IT 网络"和"工厂 OT 网络"两种技术异构的网络。而"三级"则根据工厂管理层级的划分，将网络分为"现场级"、"车间级"和"工厂级或企业级"三个层次，每个层次的网络配置和管理策略各自独立。工厂 IT 网络主要由 IP 网络组成，并通过网关设备实现与互联网和工厂 OT 网络的连接与安全隔离。而工厂 OT 网络则主要用于连接生产现场的控制器、传感器、伺服器和监测控制设备等部件。

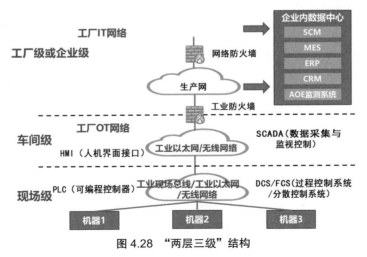

图 4.28　"两层三级"结构

在现场级网络中，工业现场总线被广泛用于连接现场检测传感器、执行器以及工业控制器。通信速率通常在数 kb/s 到数十 kb/s 之间。尽管部分现场设备已经支持工业以太网通信接口，但仍有许多设备采用电气硬连接的方式直接连接控制器，而无线通信只在部分特殊场合下被使用，且使用量较低。这种现状导致工业系统在设计、集成和运维的各个阶段效率受到了极大制约，进而阻碍了精细化控制和高级工艺流程管理的实现。

在车间级网络中，网络通信主要用于实现控制器之间的通信、控制器与本地或远程监控系统之间的连接，以及控制器与运营级系统之间的数据传输。这一层面主要采用工业以太网通信方式。部分厂商也采用自有通信协议实现本厂控制器与系统之间的通信。目前的工业以太网通常是在通用的百兆以太网的基础上进行定制修改和扩展而来，但不同工业以太网协议之间的互联性和兼容性限制了大规模网络的互联。

在企业级网络中，企业 IT 网络通常采用高速以太网及 TCP/IP 进行网络互联。在工业互联网的智能工厂中，企业级 IT 管理运营系统对现场实时工艺过程数据和设备状态数据有着强烈需求。如何高效便捷地部署现场设备的通信互联，以及如何利用先进的网络技术实现现场与管理级系统之间的高实时性和高可靠性的数据通信，是当前工业网络系统技术领域普遍关注的焦点问题[92]。

4.4.2　工厂内网络的网络类型

工厂内网络的细分主要涵盖生产网、办公网、安防网和企业内数据中心。

1. 生产网

生产网聚焦于控制、采集和连接三大业务。控制业务包含远程控制和现场产线控制两方面。远程控制对网络时延和带宽要求较高，例如视频远程控制要求时延通常不超过 20ms，并需要相应的带宽保障以确保视频清晰度。现场产线控制则涵盖对产线 PLC、产线 I/O 和设备运动控制的网络流量管理，由于不同控制对象，网络时延和丢包等关键指标存在差异化需求。采集业务涉及传感器信息采集、视频检测与采集等。连接业务包括设备自动化程序下载、生产加工程序下载，以及基于无线网络的 AGV 导航和远程诊断维修指导。

2. 办公网

办公网主要涉及宽带办公、固话业务、视频 / 语音会议和内网系统互联。宽带办公与上网业务为企业员工提供稳定、低成本的大带宽接入。固话业务包括传统电话交换机和 VoIP、软交换技术承载的固定电话。视频 / 语音会议业务利用宽带网络进行多方远程会议。内网系统互联满足与 MES 系统、安防监控系统等的连接，以实现操作维护人员与生产管理系统和安防监控系统之间的数据处理、生产任务配置与下发，以及紧急事件处理和监控历史记录调用等需求。

3. 安防网

对于安防网，主要包括企业范围内的视频监控、道闸门禁以及其他基于物联网的传感系统。首先，视频监控系统主要实现企业生产车间、办公区域、设备机房、工厂外围等范围的安防监控，其主要业务需求为稳定、低成本的上行大带宽接入。按照接入方式，可以分为基于以太网、PON 等方式的有线接入，以及基于 WiFi、5G 的无线接入两种。对于视频监控摄像头，如果采用以太网方式的有线接入，一般还需要配备以太网供电能力，实现一根铜缆同时承载数据和实现供电的能力。其次，门禁系统，主要包括企业外围大门、内部厂房、办公楼等的门禁，其主要业务需求为稳定的有线连接。一般门禁系统通过以太网等有线方式实现接入。最后，物联网传感系统，主要包括企业周界安防、智能电表等数据定期采集业务，其主要业务流量特征一般为周期性的低带宽业务流，常规连接方式为低功耗的无线 / 有线连接方式，例如基于 NB-IoT、WiFi 等方式的无线接入和基于常规以太网、单对双绞线以太网的有线接入方式。

4. 企业内数据中心

对于企业内数据中心，其主要承载企业生产和日常办公所产生的各类生产相关的数据，以及企业正常运行所必需的各类管理和信息系统，如制造执行系统、供应链管理系统、产品数据管理系统、企业资源计划系统、客户关系管理系统等。同时，企业内数据中心，也可作为企业日常产生的各类其他数据的存储和处理中心，例如企业内部视频监控、人员出入门禁数据等。企业内数据中心的实现形式包括为独立的业务系统配备独立的通用服务器资源；基于虚拟机、容器等方式，提供虚拟化环境承载多个独立业务系统；以及在网络设备侧集成边缘计算资源板卡，用于运行各类独立业务系统。企业内数据中心作为工厂内网各类数据和服务的承载中心，承担了企业内部边缘数据的汇聚、存储、处理的主要工作，是工厂内网信息化、智能化的核心节点，也是上联工厂外网，实现跨域数据互通的关键节点。面向工厂内网，企业内数据中心汇聚了工厂内各类有线及无线网络承载的生产、办公、安防等子网的数据，并进行数据的处理和存储。面向外部连接，企业内数据中心通过各类专线，以及 SD-WAN 等新兴的外网技术，实现与云数据中心的互联互通，进行工业数据的传输和异地备份等业务。

在现今社会，工厂内网正在向着更加融合、开放、灵活的趋势发展。为了满足更多、更复杂的业务需求，网络结构呈现扁平化，网络连接呈现多种形式协同作业，同时通过开放数据和技术促进网络进一步发展，使得工业互联网的网络连接更灵活、更友好。

▶ 4.5 工厂外网

4.4 节介绍了工业互联网的网络连接架构中的工厂内网。与之相对，为了在工厂间、企业间，以及客户间进行网络互联，就需要在工厂外也进行相应的网络连接架构，本节对工厂外网络进行相应的介绍。

工厂外网指以支撑工业全生命周期各项活动为目的，满足工厂数据、工业应用、工厂业务需要、工厂与云平台或者其他网络互联需求，用于连接企业上下游之间、企业多分支机构、企业与云应用 / 云业务、企业与智能产品、企业与用户之间的网络。如图 4.29 所示，企业用于开展电子商务业务的公众互联网，租用基础电信企业线路用于异地园区互联的专线等都属于工厂外网范畴。面向工业互联网高质量的业务需求，构建多种形式的专网及实现网间互联，打造工业互联网高质量的网络平面是工厂外网的重要发展趋势。

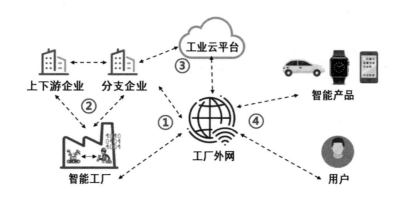

①**上网专线**   ②**互联专线**   ③**上云专线**   ④**上网连接**

图 4.29 工厂外网结构示意图

从工业企业视角来看，工厂外网主要涵盖智能工厂的三种专线以及出厂产品的连接。首先是上网专线，它将智能工厂连接到互联网，同时也允许用户或出厂产品通过互联网访问智能工厂，是工业企业的基础专线需求。其次是互联专线，这类专线确保智能工厂与分支企业或上下游企业之间的安全可靠互联。对于大中型企业而言，这种专线需求十分常见。接着是上云专线，用于实现智能工厂与位于公有云的工业云平台之间的连接。这种专线通常由企业接入公有云服务提供商。近年来，随着国家推进"百万企业上云"工程，工业企业对这类专线的需求不断增长。最后是上网连接，用于将出厂产品与互联网连接，并进一步与智能工厂或工业云平台进行联通，这是工业企业实现制造服务化的基础。下面分别介绍几种连接的形式和实现方式[92]。

1. 上网专线

首先是上网专线，上网专线服务是为满足企业的互联网连接需求而设计的，包括满足工厂内外的上网需求，并促进企业间网络互联。工业实体所需的广域互联网服务涉及多方面：互联网接入、跨区域互联与隔离、工业网络与混合云互联以及对广域承载网络的不同需求，如服务质量、安全性等。上网专线提供直接连接互联网的专用链路，实现便捷、高速的互联网接入服务。相较于一般互联网服务，企业上网专线通过永久通信链路接入互联网，确保连接高速、稳定、安全；提供独享的接入方式和带宽，保障数据传输的低误码率、低时延；同时分配固定真实的 IP 地址，便于为其他客户提供信息服务。典型应用包括工业企业互联网连接、企业内部办公、用户访问智能工厂等。

目前常用的运营商专线业务包括 MPLS VPN 专线（见图 4.30）和基于 OTN 的光网专线（见图 4.31）。MPLS VPN 虚拟专网可在公共 MPLS 网络上建立企业的虚拟专网，满足不同城市包括国际、国内的分支机构间的安全、快速、可靠通信需求，支持高质量的多媒体业务。而基于 OTN 的智能光网络适用于大颗粒宽带业务传送，若企业外部专网需求达到 Gb/s 级别，则考虑采用 OTN 技术进行网络构建是优先选择。

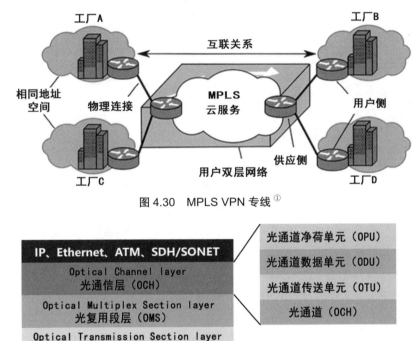

图 4.30　MPLS VPN 专线 [①]

图 4.31　基于 OTN 的光网专线

2. 互联专线

第二是互联专线，互联专线是面向企业网专线业务的，为工业企业用户的各分支企业 / 上下游企业提供基于互联网的虚拟专线服务，如 SD-WAN、IPSec、MPLS-VPN 等，以及物理隔离的专线，如 SDH、OTN 等，还包括网络切片等定制化的专属资源。企业专线具备上网速度快、质量稳定、丢包率低、安全可靠等特性，能为大中型企业不同分支企业 / 上下游企业提供高可靠、高安全、高质量的端到端业务互联和部署服务。典型的企业专线应用场景包括大规模异地协同办公、低延时生产控制、智能安防

---

① 图 4.30 引用网址为 https://www.linkedin.com/pulse/mpls-mohamad-el-masri。

等。随着网络基础设施的持续建设和升级，未来企业专线将覆盖范围更广、网络品质更高，并具备更智能化的随选网络能力。举例来说，如图4.32所示，SD-WAN是将新型SDN技术应用于广域网场景，用于连接企业网络、数据中心、互联网应用及云服务的外网互联服务。SD-WAN通过软件方式实现硬件网络控制能力的云化，支持用户可感知的网络能力开放，减少了用户侧的广域网运营维护的复杂度和技术门槛。其具备高度自助服务能力，用户可自助开通、修改、调整专网互联参数，灵活性强，但由于虚拟专网可能基于互联网接入实现，存在受到网络攻击和数据安全方面隐患，需要通过加密协议实现端到端的加密。

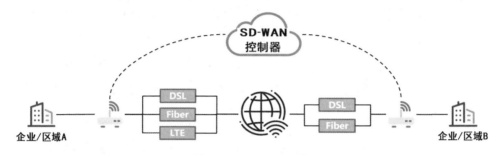

图4.32　SD-WAN网络

3. 上云专线

第三是上云专线，上云专线主要针对企业云网融合业务，随着企业在云端部署信息系统成为一种趋势，传统的工业互联网的架构和能力已经逐渐无法满足企业"多系统，多场景，多业务"的上云要求。在这种场景下，云和网不再各自独立，开始进行深度协同，云网融合的概念应运而生。针对云网融合业务需求，可采取入云专线为工业企业提供云数据中心和企业虚拟私有云之间高速、低时延、安全可靠的专属连接通道，实现工业企业本地的数据中心、办公网络、总部和分支机构和云数据中心相连接。企业入云专线应具有固定路由配置、无缝资源扩展、用户独占、高安全性能等特性，满足工业企业的高等级网络连接需求。工厂外网应支持为企业用户快速提供所需的企业入云专线业务，专线业务类型包括PON专线、MPLS VPN、MSTP、5G入云专线、基于SD-WAN技术的互联网专线等，相应技术应支持灵活的专线接入方式，如在边缘计算、核心网或骨干网处实现专线分流。网络服务提供商，未来将重点研制面向工业场景需求的云网融合技术架构，为行业客户提供整体智能化信息服务，打通云网业务开通流程和业务运维体系，提供高质量的服务和保障能力。如图4.33所示，Cloud VPN是当下新一代的企业专线网络解决方案，以云服务为核心重新定义了企业的互联方式，大幅简化了业务部署流程。它能够将传统上以周或月为单位的VPN开通及调整时间缩短至分钟级，为企业提供了更为便捷、灵活的业务选择，实现了企业互联的即时需求。Cloud VPN云专线解决方案包含基础网络设备层、管理控制层、协同层以及用户界面。运营商把专线接入能力封装成简单易用的OpenAPI接口，允许开发者通过直接调用接口来快速订购、开通和按需调整企业专线服务、互联网接入专线等业务。Cloud VPN 专线网络支持按需实时开通和弹性扩容，能够灵活调整工业环境中远程教育、数据互通、视频会议等专线网络带宽需求。

图 4.33　Cloud VPN 云网融合的网络框架

4. 上网连接

第四是上网连接，上网专线针对企业无线外网业务，基于公共蜂窝网络形式的企业无线外网技术也在逐步延伸到工厂中的各个生产环节，实现机器设备、原材料、控制系统、信息系统、产品以及人之间的网络互联，同时通过对工业数据的全面深度感知、实时传输交换、快速计算处理和高级建模分析，实现智能控制、运营优化和生产组织方式变革。以 LTE、5G、NB-IoT 技术为代表的公共蜂窝网络具有的超大覆盖范围以及提供的高可靠的无线网络连接，可以解决工业场景下布网困难、工厂内网无法全覆盖，以及在具有电磁干扰、辐射、化学腐蚀等复杂生产环境下的数据采集问题。LTE 代表着新一代宽带移动通信技术，是全球主流的 4G 标准，带来了更高的带宽和更快的数据传输速率。这种网络确保了各种业务服务的质量，并提供更安全、可靠的网络环境。其覆盖范围广、单个基站覆盖可达十几千米甚至几十千米。LTE 网络以低延迟和高可靠性为特点，满足了工业领域高速数据传输的要求，支持工厂间视频传输、数据传输等业务。与传统的无线网桥相比，LTE 网络在覆盖范围、传输带宽和移动性方面都具备明显优势，特别是对移动通信网络的代表性，能够满足工业互联网外部网络普遍覆盖和高速传输的需求，实现了 IT 系统与互联网的融合以及企业专网与互联网的融合。5G 网络的切片技术支持独立定义网络结构、功能模块、网络能力和业务类型，降低了工业互联网平台及应用在不同场景下开发、部署、调试的复杂性，有效降低了技术门槛，满足了不同工业场景的连接需求。5G 网络具有低时延、广覆盖、大带宽、网络切片和边缘计算等特点，将进一步推动企业物联网应用场景的成熟发展，为工业数字化、自动化和智能化的生产管理提供支持。而 NB-IoT 网络基于 LTE 核心网络架构，通过对 LTE 网络的优化，满足了物联网应用中大规模连接、小数据、低功耗和低成本等要求。这种技术可以让低功耗设备在广域蜂窝数据网络中进行连接，实现对于待机时间和覆盖要求高设备的高效连接。它具备广泛的覆盖面、大量的连接、低速率、低成本、低功耗和良好的网络架构优势。在工业互联网中，利用 NB-IoT 技术的低功耗和广覆盖特性，可以及时获取工厂外设备或产品的运行情况。通过收集整个生命周期的操作情况、运行状态、环境参数等数据，并进行进一步分析，可以实现对制造设备的实时监控、故障检测、预测性维护、整体设备效率优化、质量检测、能源管理以及人员安全监管等功能。这三种专线和一个连接构成了工厂外网的主要连接框架，实现了工厂间、企业间、客户间和云端的紧密连接，满足了不同场景下的具体业务需求。

▶ 4.6 工业协议家族

工业互联网通信协议作为工业领域的重要组成部分，构建了设备间通信的标准框架和规范，使得不同厂商、不同设备间能够实现信息的共享与交流。在制造和工业自动化领域，工业通信协议扮演着至关重要的角色，广泛应用于工业现场，用于设备、传感器、控制器等之间的数据交换。当前，工业协议主要分为三个主要类别：现场总线协议、工业以太网协议和工业无线网络协议。这些协议在不同场景下提供了有效的数据传输和设备间通信解决方案。

1. 现场总线协议

现场总线是一系列专为实时分布式控制而设计的工业计算机网络协议，其标准由 IEC 61158 制定。这些协议超越了传统串行连接（例如 RS-232 串口协议）只能连接两个设备的限制，通过在控制器级别提供通信节点，使得数百个模拟和数字节点能够同时使用现场总线进行通信。如图 4.34 所示，现场总线支持多种网络拓扑结构，包括菊花链、星状、环状、分支形和树状。其主要优势之一在于能大幅减少工厂所需的供电线路。简洁可靠是现场总线的核心特征，也是其成为工业网络协议首选的原因之一。工业现场总线技术自 20 世纪 80 年代开始发展，经过 30 多年的发展，市场上出现了多达数十种不同的现场总线技术。其中主流包括 PROFIBUS 总线、Modbus 总线、CAN 总线、CC-Link 总线、INTERBUS 总线、DeviceNet 总线等。此外，还有 FF 总线、ControlNet 总线协议等在工业现场也有应用。现场总线技术普遍存在带宽低、传输距离短、抗干扰能力差等问题。与此同时，总线技术的开放性和兼容性不足也逐渐影响了相关设备和系统之间的互联互通。其主要功能是支持现场传感器件与控制器、控制器与执行器，以及各输入输出控制分站之间的数据通信。

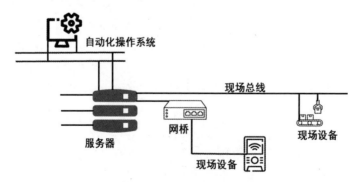

图 4.34　工业总线协议结构

下面以现场总线的典型协议 Modbus 总线为例，介绍工业现场总线协议的特点。

Modbus 总线协议是一项广泛应用于工业现场的经典通信协议，它最初由 Modicon 开发，现已成为施耐德电气的一部分。它于 1979 年问世，旨在连接可编程逻辑控制器，构建了一种简单而可靠的控制器与传感器、执行器等从设备之间进行通信的方式。该协议最初采用串行通信，但后来也衍生出基于以太网的版本。

Modbus 协议采用主从结构，一个主设备（通常是控制器或计算机）发起通信请求，多个从设备响应这些请求。主设备负责向从设备发送读取或写入数据的命令，并接收从设备返回的响应。通信主要通过请求报文和响应报文进行，具有的特定结构用于主从设备之间的交互。请求报文包含功能码、起始地址、数据字段和 CRC 校验，响应报文具有类似结构。功能码指示要执行的操作类型，数据字段根据功能码不同包含不同类型的信息，CRC 校验用于报文完整性验证，如图 4.35 和图 4.36 所示。

功能码	起始地址	寄存器/线圈数量（N）	CRC校验位
0x01	0x0000至0xFFFF	1～125/1～2000	*

图 4.35　Modbus 请求报文格式

功能码	字节数	寄存器值/线圈状态	CRC校验位
0x01	2*N/N	xx/N	*

图 4.36　Modbus 响应报文格式

在工业自动化、建筑自动化、能源管理等领域，Modbus 协议被广泛应用于监测传感器数据、控制执行器、采集环境数据等系统。尤其在老旧设备和系统中，它仍然扮演着重要角色。虽然在面对更高速、更复杂的工业网络和实时性要求时存在局限性，但其简单性、广泛兼容性和低成本使其在许多应用场景中依然占有重要地位。随着工业自动化技术的不断发展，Modbus 协议可能与其他更先进的协议一起应用，以满足不断增长的工业需求。

2. 工业以太网协议

工业以太网协议是专门针对工业控制和自动化领域设计的通信协议，基于以太网技术发展而来。它针对工业环境中对实时性、可靠性和稳定性的高要求进行了优化，以满足工业自动化领域对高速、可靠、安全通信的迫切需求。工业以太网协议的发展根源于工业自动化对高效通信的迫切需求，在众多工业应用中得到广泛应用。

这类协议已广泛运用于各种工业控制系统中，为工业现场自动化控制水平的提升提供了强有力的支持。主流的工业以太网技术包括多种变体，其中包括如下。

1）Modbus TCP/IP

Modbus 协议的以太网变体，使传统的 Modbus 协议适应了现代工业网络的需求，支持更快速的数据传输。

2）Profinet

由德国西门子公司于 2001 年发布，支持高速数据传输和实时通信，广泛应用于工业自动化和控制系统。

3）Ethernet/IP

由 ODVA 和 Control Net International 推动建立，结合了以太网和工业自动化领域的要求，具有实时性、可靠性和灵活性。

4）EtherCAT

由德国 Beckhoff 公司推出，适用于对实时性要求极高的场景，是一种高性能、实时性强的实时以太网协议。

如图 4.37 所示，工业以太网技术的开放性和协议间的兼容性相较于现场总线有所提高。然而，由于采用不同技术的链路层和应用层，其互联互通性尚未完全满足，这在一定程度上影响了工业以太网协议向更广泛领域拓展的进程。

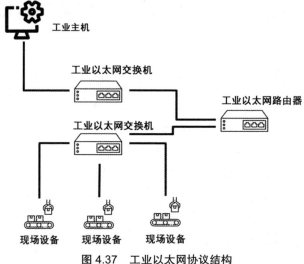

图 4.37　工业以太网协议结构

Ethernet/IP 是建立在工业以太网之上的一种通信协议，融合了通用以太网技术和工业自动化的特定需求。作为一种开放标准的工业通信协议，它为实现工业网络通信的实时性、可靠性和灵活性提供了基础。该协议采用以太网帧结构进行数据传输，支持多种网络拓扑结构，以满足各类工业网络的规模和复杂性需求。

Ethernet/IP 主要包含以下几种网络拓扑结构。首先是星状拓扑，所有设备连接至一个中心集线器或交换机。这种结构简单易管理，且具备较高的数据传输效率。另一种是总线拓扑，所有设备连接到同一根总线上。这种结构减少了布线成本，但对于数据冲突处理和性能影响较大。此外，还有环状拓扑，设备沿环状连接，稳定性较好但故障处理可能较为复杂。混合型拓扑则是根据需求结合多种拓扑结构，满足特定的工业网络需求。

作为工业以太网基础上的协议，Ethernet/IP 既具备以太网协议的通用性与灵活性，又考虑到了工业控制系统对实时性、可靠性和安全性的迫切需求。其帧结构（见

图 4.38）和支持多种网络拓扑的特性，使其在工业自动化领域得到广泛应用，为工业网络通信提供了高效、稳定和可靠的解决方案。

Ethernet Header	IP Header	TCP or UDP Header	Encapsulation Header	Encapsulation Data	Trailer

图 4.38 工业以太帧结构

3. 工业无线网络协议

工业无线网络协议作为最后一类工业通信协议，在工业领域得到了广泛应用。其主要应用于两种场景：一种场景是在工厂内部移动设备的接入，另一种场景是解决线缆连接困难或无法实现的场合，这在工业网络覆盖范围的扩展中起到了关键作用。

目前主要应用的工业无线技术包括如下。

1）WLAN 协议

其中 WiFi 技术作为通用的无线网络技术，在工业场景中得到应用，尤其适用于数据传输量大、实时性要求不高的场景。

2）Wireless HART

Wireless HART 是专为工业自动化领域设计的无线传感器网络协议，具备较高的可靠性和实时性，适用于环境监控和控制。

3）ISA 100.11a

ISA 100.11a 是用于工业自动化和控制领域的无线通信标准，支持大规模设备连接和高可靠性通信。

4）LoRa WAN

LoRa WAN 是一种长距离低功耗无线网络协议，适用于覆盖范围广泛的工业环境，如农业和物流等领域。

工业无线技术主要应用于非关键工业场景，如物料搬运、库存管理、巡检维护等。然而，不同国家和地区对无线通信频段的管制政策的差异，客观上限制了工业无线技术的应用规模。与有线通信技术相比，目前工业无线技术的成熟度和发展速度仍有较大差距。

WLAN（无线局域网络）是工业无线网络协议的一个主要形式，在工业领域扮演着重要的角色，它实现了工厂区域内机器和设备与中心控制系统的无缝连接。其高速数据传输和广泛覆盖的特性，特别适合覆盖广大工业环境，比如仓库和制造车间。这种技术支持实时监控和控制，使得管理者能够快速应对生产线上的变化。同时，WLAN 也有助于自动化数据采集，优化物流跟踪，提升生产效率，并增强信息流的透明度。WLAN 通信协议具备以下特点：分布在广阔工厂区域内的机器和设备，能够无缝连接到中心控制系统，具有较高的数据传输速度，且远距离覆盖能力强，广泛适用于跨越大面积的工业环境，如仓库和制造车间，支持实时监控、控制和响应生产线上的变化。

至此本节介绍了几类常见的工业通信协议，以及它们各自的典型案例，这些工业通信协议及其典型案例展示了未来工业互联网的网络连接领域的发展趋势，势必朝着更高速、更安全的方向发展。对于工业的持续进步，各类先进通信协议的不断发展都具有重要意义。

▶ 4.7 工业协议解析与转换

4.6 节中详细介绍了工业互联网协议的主要分类。工业互联网协议可分为现场总线协议、工业以太网协议和工业无线网络协议这三大家族。每个家族内部涵盖了多种具体的协议类型，并且各大厂商也开发了众多私有协议。这种多样性带来了一个重要问题，即不同设备使用不同协议，它们之间该如何进行通信交互的问题，也就是通信服务间的互操作性问题。为了提升业务的互通性，必须采用相关手段进行协议间的相互转换。因此，如何实现不同通信设备的数据互通、实现异构协议之间的互相理解和转换，并服务于各种需求的工业场景，还有如何实现工业网络与通用互联网的连接，都是工业互联网应用的关键问题之一。

总的来说，在工业融合网络中，协议转换主要涉及两个关键场景。如图 4.39 所示，首先是工业现场内各种协议之间的转换。正如之前所述，工业现场存在多种网络通信协议，例如现场总线协议、工业以太网协议等。如何在确保实时性和可靠性的基础上实现这些协议之间的转换，是一项重要挑战。其次，现场网络与 IPv6 骨干网之间的协议转换也至关重要。此外，为了减少跨网络传输时延，保证协议转换的高效性，同时有效地维持工业数据流的服务质量，也成为异构网络必须面对的关键问题。

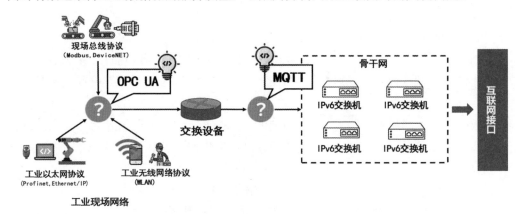

图 4.39 工业协议转换场景

4.7.1 工业互联网通用转换协议

为解决工业协议转换问题，工业界和学术界开展了广泛的研究。其中，基于 OPC

UA 标准的现场网络协议转换以及基于 MQTT 的工业互联网与骨干网络的协议转换，是目前主要的两种协议转换方法。这些方法旨在有效地解决不同协议间的通信难题，并为工业网络提供更高效的数据交换与管理手段。

1. OPC UA

OPC UA（Open Platform Communications Unified Architecture）的全称是开放性生产控制统一架构，是一种用于实现设备间互联和通信的国际标准，作为一种开放的、跨平台的通信规范，旨在实现设备间的互操作性和数据共享，它基于面向服务的架构，支持在不同的工业环境中实现高效、安全的通信。OPC UA 协议涵盖了多个关键概念。如图 4.40 所示，其核心是信息模型，定义了通信中所传输的数据结构和含义。这种模型可以由用户根据具体需求进行扩展和定制，使其适用于各种工业场景。

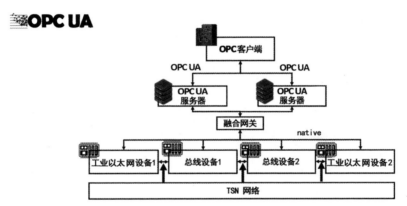

图 4.40　基于 OPC UA 的工厂内协议转换

OPC UA 作为工业协议间的转换桥梁，将不同协议如 Modbus、Profinet 等转换为 OPC UA 协议格式，具体的实现方式可以通过网关设备或协议转换器。首先，创建一个连接到 OPC UA 服务器的网关或者转换器，并配置其与现有的协议进行通信。随后，通过 OPC UA 协议的标准化机制，将不同协议的数据映射到 OPC UA 的信息模型中，这样就能够在 OPC UA 环境中统一管理和传输数据。

以 Modbus 转换为 OPC UA 为例，首先，在网关或者转换器中，设定与 Modbus 设备通信的参数和协议规则。接着，建立连接并读取 Modbus 设备的数据，将其映射到 OPC UA 的信息模型中。最后，在 OPC UA 服务器上创建相应的节点和数据结构，将转换后的数据存储在其中，使得其他设备或系统可以通过 OPC UA 协议访问并使用这些数据。

同时，安全性也是 OPC UA 协议的重要特征，OPC UA 采用了多层级的安全策略，包括身份验证、加密通信和完整性验证，以保障数据的安全性和可靠性。OPC UA 协议还能够与先进的工业互联网的网络同步技术（如 TSN 网络）结合，进一步提高协议数据交互的高效性、可靠性。

总体而言，OPC UA 协议在工业互联网中的应用促进了不同协议间的互操作性和数据共享。通过其标准化的信息模型和安全机制，实现了跨平台、高效、安全的工业通信，为工业领域的智能化和信息化发展提供了重要支持。

2. MQTT

MQTT（Message Queuing Telemetry Transport）的全称为消息队列遥测传输，是一种轻量级、基于发布 - 订阅模式的消息传输协议，适用于资源受限的设备和低带宽、高延迟或不稳定的网络环境，能够实现传感器、执行器和其他设备之间的高效通信。如图 4.41 所示，其核心特性是发布—订阅模式，其中包括三个主要角色：发布者、代理和订阅者。发布者负责发布数据到代理，代理则负责接收、过滤和分发数据给订阅者。此外，MQTT 协议采用了轻量级的消息传输机制，减少了通信的开销，适用于各种网络环境和设备。

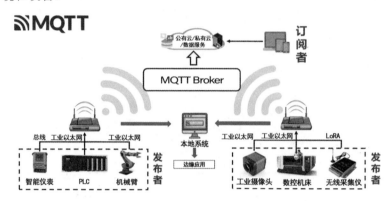

图 4.41　基于 MQTT 的工厂外协议转换

MQTT 协议的工作原理如下：设备作为发布者将数据发布到代理，代理根据订阅者的需求分发数据。发布者和订阅者之间通过 Topic 主题进行关联，发布者发送数据时指定主题，而订阅者通过订阅特定主题来接收数据。这种松耦合的通信模式使得设备间的通信更加灵活和高效。在工业互联网场景中，工厂内网络部分需要与外部网络环境交互，例如传输数据到工业云服务中心，以供工业应用开展各类业务。然而，如前所述，工厂内网络连接所遵循的各类协议与外部网络具有明显差异，基于 MQTT 的协议转换实现了工业协议到互联网的转换。

具体来说，首先，在工业设备端集成 MQTT 客户端库，并配置设备的连接参数，包括代理地址、端口和认证信息。接着，设备作为 MQTT 的发布者，将数据以特定主题的形式发布到 MQTT 代理。代理接收数据后，根据订阅者的需求将数据分发到相应的订阅者端。

在云端，搭建 MQTT 代理或者使用云服务商提供的 MQTT Broker，确保能够接收来自设备的数据。然后，设置订阅者端，订阅特定主题以接收数据。这些订阅者可以是用于数据存储、分析或其他处理的应用程序或服务。例如，将基于 Modbus 的传感器数据通过 MQTT 协议发布到云端。传感器端集成 MQTT 客户端库，配置连接信息，并将数据发布到 MQTT 代理的特定主题。在云端，建立订阅者以接收并处理这些数据，比如存储到数据库或进行实时监控和分析。

MQTT 作为一种轻量级、可靠的通信协议，实现了设备数据的高效传输和云端处理，推动工业领域的智能化和数据驱动的发展。

4.7.2　工业互联网协议转换载体

4.7.1 节介绍了应用于工厂内各设备和工厂外公有云的主要协议转换方法，本节介绍两种具体的协议转换载体：融合网关技术和协议适配器 / 转换器软件技术。

1. 融合网关技术

融合网关技术是一类主要通过设计特殊融合网关硬件设备，来承载具体的转换协议，实现不同协议、不同设备之间的互联互通。它们作为协议翻译、数据处理和数据传输的桥梁，使得来自不同厂家、不同标准的设备能够相互通信、交换数据，实现设备间的集成和协作。融合网关的基本结构包括，基于不同工业互联网和 IP 网络的物理接口，用于维护物理链路、数据链路、网络和传输技术的操作系统、驱动程序、软件等，以及供开发人员扩展融合网关功能的软件接口。

在异构网络之间，各种类型的数据包也需要由融合网关处理和转发，同时，融合网关屏蔽了底层感知，比较彻底地屏蔽了总线差异，并为 WIA-PA 和 LoRA 这类没有 IPv6 地址的节点提供了 IPv6 地址。如图 4.42 所示，是一个融合网关转发数据的示意图，不同网络内部按照自有协议进行基本互联，对于网络间的协议转换，则利用融合网关进行多种协议的转换与转发 [58]。

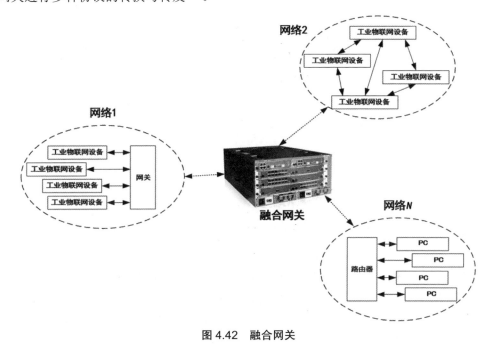

图 4.42　融合网关

2. 协议适配器／转换器软件技术

第二类协议转换技术载体是协议适配器／转换器软件，协议适配器是一种软件或设备，用于在不同的通信协议之间进行数据转换和适配。其主要功能包括协议翻译、数据格式转换、数据解析和封装、数据安全和校验。转换器软件是一种用于数据转换和处理的应用程序，通常运行在计算机或嵌入式系统上，其功能主要包括协议转换、数据处理、接口管理、实时性和性能优化。多协议转换模型可以解析不同数据类型，以及通信标准不统一的工业协议，并可以将解析后的工业数据转换为云端统一的数据格式。同时，通过承载 MQTT 等通用协议，实现不同协议设备之间的数据交换。

具体来说，如图 4.43 所示，多协议转换模型通过数据接口访问不同的工业设备，首先通过协议解析单元，解析读取不同的工业通信协议，实现底层设备数据的访问，并将多协议数据放入异步缓冲区中，等待协议转换的完成；其次，需要将缓冲区中的多协议数据转换为标准协议的数据格式；最终将数据传输到云平台[59]。

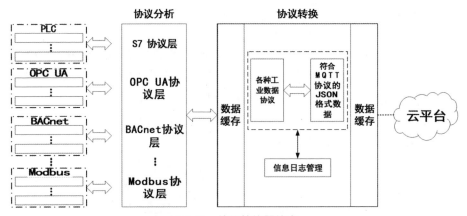

图 4.43　协议转换器技术

▶ 4.8　5G+ 工业互联网

科技的高速发展带来了一系列先进网络技术，为工业互联网的运行和发展带来了前所未有的变革。本节将重点介绍一项典型的工业互联网新技术：5G 通信技术，并探讨其在工业领域的应用。

如图 4.44 所示，5G通信技术代表着信息通信领域的一次革命性进步。其超高速率（大带宽）、低时延、无线化和高并发等特性，为工业互联网带来了显著优势。首先，超高速率意味着数据传输速率更快，使工业设备能够实现更高效的信息交换和实时数据处理。这对于需要高频率数据传输和快速反馈的应用，如自动化生产线或机器人技术，具有重要帮助。同时，低时延提升了数据传输的响应速度，对于远程操作、监控和虚拟现实等实时性要求极高的场景至关重要。

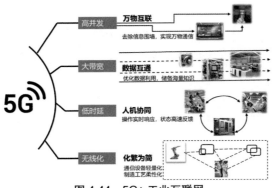

图 4.44　5G+ 工业互联网

5G 的无线化和高并发特性意味着它能够同时连接更多设备，处理更多数据。这为工业互联网中复杂设备和系统提供了更广阔的发展空间，也支持多设备协同工作、大规模数据采集和分析。例如，在工业制造中，多个传感器和设备可以实时交换信息，共同协作完成任务，提高整个生产过程的效率和质量。这种技术进步也为工业互联网的智能化发展提供了强有力的支撑。5G 的应用使工业设备具备更高智能化水平，能够更好地适应复杂多变的生产环境。通过大数据分析和智能算法，工厂可以更准确地预测设备故障、优化生产计划，并实现自主诊断和调整，提高生产效率和降低成本。

总体而言，5G 技术在工业互联网中的融合应用至关重要。它不仅为工业生产带来了新的高效模式，也为工业界开辟了更加智能化、数字化的未来。在工业互联网战略的实施中，5G 的融合将持续推动工业化和信息化的深度融合，进一步促进制造业向更高水平迈进，助力网络强国和制造强国的建设。

2021 年，工业和信息化部先后发布了两批共 20 个"5G+ 互联网"典型的应用场景，涵盖协同研发设计、生产运行、检测监测，仓储物流，运营管理等环节，描绘未来工业信息化技术发展方向[60]。

1. 协同研发设计

主要包括远程研发试验和异地协同设计，利用 5G 网络实时同步设计研发数据给不同地域的设计人员，实现设计协同完善，提高设计效率。

2. 远程设备操控

综合利用 5G 高速率、低延迟的特点，完成自动控制、边缘计算等功能，同时通过产线数据高速回传，实时进行精准操控。

3. 设备协同作业

综合利用 5G 通信，建设设备协同作业系统，实现产线设备实时互联，优化设备间工作方式，形成设备合作新模式。

4. 柔性生产制造

通过 5G 网络与多接入边缘计算系统相结合，部署柔性产线应用，满足工厂柔性制造需求，实现产线的快速配置优化。

5. 现场辅助装配

通过内置 5G 模组实现 AR/VR 等设备的 5G 网络接入，采集现场图像、视频、声音等数据下发至智能终端，帮助产线装配人员进行复杂的精细化装配过程。

6. 机器视觉质检

在工业现场部署内嵌 5G 模块的工业相机或激光扫描仪等设备，通过 5G 网络将检测数据传输到专家系统进行预测分析，提高质检效率。

7. 设备故障诊断

为现场设备加装传感器并内嵌 5G 模块，实时采集设备数据，传输到故障诊断系统，实现实时故障监测。

8. 厂区智能物流

厂区智能物流主要包括线边物流和智能仓储，通过内置 5G 模块或部署 5G 网关等设备实现厂区内自动导航 AGV 小车、自动移动机器人，自动控制机械臂等。

9. 无人智能巡检

通过内置 5G 模块或部署 5G 网关等设备，实现巡检机器人或无人机等移动化、智能化，替代传统巡检人员进行巡逻值守或人工图像采集等过程。

10. 生产现场监测

通过在园区各类摄像头的传感器中内置 5G 模块，实时回传生产现场监测数据，实现生产现场全方位智能化管理。

11. 企业协同合作

利用 5G+ 数据采集技术 + 边缘计算，纵向实现上下游企业大规模关键设备联网和数据实时采集，横向实现制造执行系统、供应商关系管理系统等互联互通，并统一集成至云平台实现数据共享。

12. 虚拟现场服务

主要包括产品展示体验、辅助技能学习、远程运维指导三类服务，通过对工业产品的外形数据及内部结构进行立体化建模，构建虚拟数字展厅，通过 5G 网络传输至智能终端，与数字模型实时互动。

13. 工艺合规校验

综合利用工业设备采集工艺流程数据，通过 5G 网络将采集的指标、操作信息等同步传送至边缘云平台，利用人工智能等技术进行流程分析。

14. 精准动态作业

利用 5G 传输和定位的技术能力，在室外场景下配合北斗定位，在室内场景下配合工业相机等设备，精确测量姿态数据，实时传输，精准调整。

15. 生产能效管控

通过内置 5G 模块的仪器仪表，实时采集企业各类能源消耗数据和污染物排放数据，进行实时监控告警、远程调度等操作。

16. 生产过程溯源

将企业生产现场的扫码枪、工业相机、摄像头、刷卡机等设备接入 5G 网络，将生产过程每个工序的物料编码、作业人员、生产设备状态等信息实时传输到云平台，实现产品关键要素和生产过程的追溯。

17. 全域物流监测

综合利用 5G 技术，实时采集传输全域运输途中的运输装备、货物、人员等的图像和视频数据，对货物、人员进行实时监测，实现工业运输的全过程监控。

18. 设备预测维护

将企业生产现场的工业设备、摄像头、传感器等接入 5G 网络，构建设备历史监测数据库，基于故障预测机理建模等人工智能技术对监测数据进行实时分析，评估设备健康状态。

19. 厂区智能理货

厂区扫码、相机等设备内嵌 5G 网络模块，实现云平台与厂区业务系统实时交互，实现按需码放货物、品质定级、实时分拣等功能的自动化和智能化。

20. 生产单元模拟

在生产单元各类设备上设置 5G 模组或部署 5G 网关等，采集海量生产数据、设备数据、环境数据等实时上传至边缘云平台，利用 3D 建模技术建设与物理生产单元对应的虚拟生产单元，实现生产制造状态实时透明化、可视化。

工业互联网和 5G 技术的深度融合已经成为当今工业发展的重要趋势。国家已经着手规划并实施一系列方案，以促进工业互联网与 5G 技术之间的紧密结合，将这两者的整合视为未来发展的重要方向。这种融合不仅是在通信技术层面的整合，更是对新兴技术如人工智能、自动化测量等的深度整合，为工业领域带来了全新的应用前景。

工业互联网在 5G 应用方面迅速发展，主要得益于 5G 技术的显著特性。高速率、高并发、高吞吐量和高可靠性是 5G 技术的显著特征，为工业领域提供了更为广泛的应用空间。在工业自动化方面，5G 技术的高速率和低延迟为机器人和自动化生产线提供了更稳定和实时的通信保障，使工厂设备能够更快速地响应指令、完成任务。同时，5G 技术的高并发性能支持多设备同时连接和大规模数据传输，为工业互联网中设备间的实时交互和数据共享提供了更强大的支持。此外，5G 技术的融合还将推动智能制造、智能物流等领域的发展。通过 5G 与人工智能的结合，工业设备能够更智能地进行自主学习和决策，提升生产效率和质量。同时，5G 技术的应用也能够带动工业互联网在智慧城市、智能交通等领域的进一步发展，为城市基础设施的智能化建设提供了坚实的技术支撑[61]。

总体而言，工业互联网与 5G 技术的深度融合将极大地推动工业产能的提升和产业升级。这种融合不仅是技术层面上的整合，更是对工业生产模式和发展理念的深刻革新。它将为我国工业领域带来更多的创新机遇和发展空间，为推动数字化转型、智能化升级贡献新的动力。

▶ 4.9　时间敏感网络

4.9.1　时间敏感网络概述

时间敏感网络（Time-Sensitive Networking，TSN）是专门为工业智能化生产设计的网络技术，旨在满足工业生产环境对高速、大带宽数据采集和高实时控制信息传输的需求。最初称为音视频桥接（Audio Video Bridging，AVB），在 2012 年改名为 TSN，并由 IEEE 802.1 工作组标准化。TSN 旨在提供确定性服务，以确保低延迟、低抖动和低丢包率，同时与以太网协议兼容，具备标准接口，融合了确定性、实时性和开放性，代表了工业网络的新技术和趋势。

在传统的工业生产环境中，存在多种工业应用同时存在的情况，例如机器控制、流程控制等，这导致了实时性差、数据抖动、传输碰撞和资源竞争等问题，迫切需要实现高效、安全的生产流程。以往常见的解决方法是修改工厂内部以太网协议或在关键生产流程中部署独立的专用以太网络。然而，这种方式存在互通性、扩展性和兼容性方面的不足。相比之下，TSN 作为一种高质量实时传输网络，具备有界传输时延、低传输抖动和极低数据丢失率等特性。它基于标准以太网，并利用时间同步、数据调度和负载整形等优化机制，确保时间敏感数据的实时、高效、稳定和安全传输。

目前，IEEE 802.1 正在积极推动 TSN 系列标准的制定，这些标准涵盖时间同步、数据帧控制、数据流调度和传输可靠性保障等多个协议。我国也在积极推进工业互联网 TSN 系列标准的研制，旨在为工业互联网的发展提供更多创新和标准化的解决方案。

时间敏感网络的两大核心是时间同步技术和实时调度技术。首先，时间同步通过全局时钟确保网络中各设备的时间一致性。这种同步性对于保证时间敏感应用的准确性和稳定性至关重要。统一的时钟信号使得网络中的各个组件可以协同工作，确保数据传输的精准性和可靠性。其次，实时调度，基于时间同步，通过调度器对时间敏感数据流进行实时控制和调度。这种调度策略确保数据包按照特定的时序和路径进行传输，避免了网络内部数据传输的冲突和延迟。实时调度不仅考虑数据的时序性，还根据数据流特性和网络状态做出智能化调度决策，保证了时间敏感应用的实时性和稳定性[62]。

TSN 网络的这些特性为工业互联网提供了强大的支持，不仅在工业自动化、智能制造领域发挥着重要作用，也广泛应用于智慧交通、智慧城市等领域。TSN 技术的逐步成熟和应用推广将促进工业互联网的发展，提高了数据传输的准确性、实时性和可靠性，为工业互联网的智能化升级提供了可靠的技术支持。

4.9.2　时间敏感网络的主要技术

1. 时间同步技术

时间同步的目的是使所有网络设备的时钟一致，并且能够在增加、减少网络组件，或网络重新配置等场景下，完成节点间同步状态维护。

802.1AS 时间同步协议是 TSN 主要的时间同步方式，时间同步是按域划分的，包含多个 PTP 节点和一个被选举得出的全局主节点，全局主节点将时间同步相关信息向其他节点发送，其余节点则利用这些信息来调整自己的时间，以实现全局时间同步。

路径延迟测量的目的是测量相邻两个节点之间的延迟。传输延迟测量中，一方是发起者，另一方是响应者，两者通过报文和时间戳等信息的相互传递实现测量。

BMCA 算法用于选择网络中最可靠的主时钟。在一个具有多个时钟源的网络中，BMCA 用来决定哪个时钟会作为主时钟来同步整个网络。BMCA 由众多状态机组成，它们之间相互协调配合，通过内部各种向量的传递来实现最佳主时钟的选择和端口角色的确认。一旦选择了最佳的主时钟，系统需要进行时间调整以确保各个从时钟与主时钟保持同步。同步时间调整涉及根据路径延迟测量所得的信息，对从时钟进行微调来纠正网络中的时钟漂移或误差，以使所有时钟保持同步状态，所有的设备都需要和主时钟进行同步。具体流程为：各设备时钟发送出自身的同步信息，并根据其他时钟的信息来修改自身的参数。TSN 网络中的时间同步原理如图 4.45 所示，图中有 3 个节点 A、B、C。

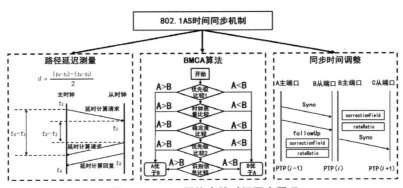

图 4.45　TSN 网络中的时间同步原理

时间同步机制是时间敏感网络的关键技术之一，它确保网络各个节点在时间上保持一致，实现高效的数据传输调度。在时间敏感网络中，时间同步机制扮演着重要角色，主要实现网络内各节点的时间精确同步，以便协调数据传输、调度和控制。

2. 实时调度技术

如图 4.46 所示，实时调度技术是时间敏感网络的重要组成部分，其中关键机制之一是基于信用的整形器（Credit Based Shaper，CBS）。这一机制旨在解决高优先级流量持续占用带宽导致其他传输受干扰的问题。在 CBS 机制下，每个队列配有一个信用值，只有当该值大于或等于 0 时，队列中的数据才能被输出。这种机制有效地管理不同优先级数据的输出，维持了网络传输的稳定性。

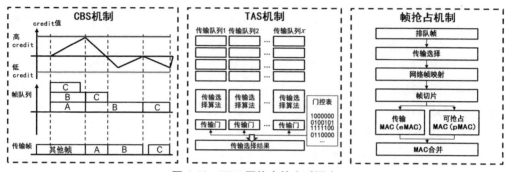

图 4.46　TSN 网络中的实时调度

另一个重要的调度机制是时间感知整形器（Time Aware Shaper，TAS），它确保了不同流量类型的混合传输和时间敏感流量的确定性传输。TAS 通过传输门和门控列表来控制端口的输出队列，仅在端口处于空闲状态时才允许时间敏感数据传输，从而有序地确保了传输质量。

第三个关键机制是帧抢占机制，允许高优先级数据打断正在传输的低优先级数据，确保网络中紧急数据的传输。这项机制最大程度地利用了网络资源，优先传输重要数据，同时保障了网络传输的可靠性和实时性。

TSN 网络凭借这些时间同步和实时调度核心技术，实现了网络传输的确定性、高效性和高可靠性输出。这些机制共同确保了数据传输的稳定性和高效性，为工业互联网提供了可靠的网络基础。

除了上述的两个主要机制，目前随着各类先进通信技术的诞生，时间敏感网络也得到了进一步的能力加持。例如，时间敏感网络和 5G 网络通信技术的融合，呈现出一种紧密结合的架构，这种深度融合在工业互联网中扮演着关键角色。5G 网络系统本身具备高速、大容量和低延迟等特性，而将其与 TSN 结合，可以进一步提升网络的确定性和实时性。

首先，将 5G 网络视为一个具备 TSN 特性的桥接系统。它不仅满足远程传送业务系统流量的需求，还有效支持 TSN 的集中式架构和时间同步机制。这种融合使得 5G 网络能够更精确地定义新的服务质量模型，以应对工业互联网对高实时性和可靠性的严格要求。其次，这种融合为 5G 系统带来新的发展方向和机遇。通过 5G 网络传输多种确定性业务流量，这些业务可以以共网的方式传输，不仅提升了网络效率，还扩展了应用范围。从智能制造到智慧城市，这种深度融合为工业互联网和相关领域提供了更广泛、更高效的应用可能性。这种深度融合还助推工业互联网的智能化和自动化发展。5G 网络与 TSN 的结合能更好地满足各类复杂环境下的数据传输需求，提高生产效率、降低成本并增强安全性。在智能制造中，机器之间的实时通信和数据传输对于精确协同和生产流程优化至关重要，这种融合为实现高效的机器协同和实时数据共享提供了强有力的支持。

总的来说，随着 5G 网络技术这类先进通信手段与时间敏感网络的深度融合，不仅提升了工业互联网的网络性能和服务质量，还为工业领域带来了更广泛的发展前景。这种新兴的网络架构为工业互联网的智能化转型和数字化发展提供了坚实的技术支持，推动工业领域朝着更智能、更高效和可持续的方向迈进。

▶ 4.10 边缘计算

工业互联网各类创新应用的迅猛发展，使得工业通信与计算任务的需求量显著增加，大规模工业终端联网产生的工业数据爆炸式增长，传统的中心化计算模式已经无法满足工业现场低延时、高吞吐量的业务需求，产线的现场计算能力亟待提高。面向这一需求，边缘计算应运而生。

边缘计算是指在靠近终端或数据源头的网络边缘侧，融合网络、计算、存储、应用的核心能力，形成的分布式开放平台，就近提供边缘智能服务，它是一种新的分布式计算范式，旨在将数据处理、存储和应用程序功能推向网络边缘，即接近数据源的位置，以减少数据传输延迟和优化网络资源利用率。这种计算模式的兴起得益于物联网、工业互联网、5G 等技术的迅速发展。随着边缘计算的引入，解决了传统中心化计算平台高延时、带宽不足、网络传输堵塞的三大业务痛点，为工业互联网应用下沉至产线现场奠定了基础 [63]。

4.10.1 边缘计算的功能视角

如图 4.47 所示，边缘计算按照功能领域可划分为自动化控制、分析和优化三方面。

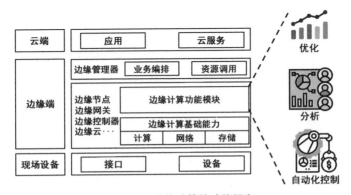

图 4.47 边缘计算的功能视角

1. 自动化控制

工业互联网的边缘计算场景中，控制仍然是一个重要的核心功能领域。控制系统需要对环境变化具有敏锐的感知能力，并能够快速、精准地做出响应。对于大规模复杂系统，控制器需要具备强大的计算能力和实时响应性能。边缘计算通过提升本地的计算能力，有效减少了云端计算带来的延迟，特别适用于大规模复杂控制系统。自动化控制模块主要包括感知执行、实体抽象和建模三部分。

首先，感知与执行方面，感知主要负责从传感器读取环境信息，而执行则负责将相应操作指令传递给执行器。这两者通常由专用硬件、固件、设备驱动程序和 API 接口共同实现。

其次，实体抽象通过虚拟实体的方式，代表控制系统中的传感器、执行器、控制器和系统，描述它们之间的关系和消息传递的语义。这不仅有助于理解和管理感知与执行的信息，还能通过虚拟化提升硬件的灵活性和开发效率。

最后，自动化控制系统的建模涉及从生产环境中获取数据，如传感器和网络设备数据，解释并关联这些数据以理解系统状态、转换条件和行为特性。建模过程从定性了解系统到定量描述其动态特性，帮助深入理解系统运行原理。

为了满足环境感知和执行的高要求，大规模复杂系统对控制器的计算能力和实时响应性能有着严格的要求。通过边缘计算增强本地计算能力，可以有效减少云计算带来的延迟，提供面向大规模复杂控制系统的有效解决方案。

2. 分析

边缘计算的分析功能模块可以基于流式数据处理，实现对数据进行即来即处理，达到快速地响应事件请求，以应对不断变化的业务场景，提高对数据进行持续分析的能力。针对流数据大量、连续、快速等特点，流数据分析需要能够过滤无关数据，进行数据聚合和分组，快速提供跨流关联信息，将元数据、参考数据和历史数据与上下文的流数据相结合，并能够实时监测异常数据。

另外，边缘计算分析功能针对海量非结构化的数据，例如音视频流数据，在边缘侧提供实时的数据特征提取、关键帧提取等基础功能支持。

同时，边缘计算数据分析功能应用各类智能算法，例如遗传算法等传统方法，以及新一代人工智能算法，如深度神经网络等，利用智能计算完成对复杂问题的求解，并提供常用的统计模型库，支持统计模型、机理模型等模型算法的集成，也支持轻量化深度学习等模型的训练预测。

3. 优化

边缘计算的优化功能模块支撑实现各类生产业务的协同优化，它涵盖多个层次的优化内容。第一，在测量与执行优化方面，包括传感器和执行器信号接口的优化，减少通信数据量以确保实时信号传递。第二，在环境与设备安全优化方面，重点在于优化报警事件管理，早期发现和响应，简化紧急事件的处理流程。第三，在调节控制优化方面，涉及采用最佳化控制策略、参数的最优化以及故障检测流程的优化。第四，在多元控制协同优化方面，涵盖预测控制系统模型优化、多输入多输出控制系统参数矩阵优化，以及分布式系统中，多个控制器的协同优化。第五，在实时优化方面，用于实现车间范围内的参数估计和数据辨识等实时优化。第六，在车间排产优化方面，包括需求预测模型、供应链管理和生产过程资源调度的优化等。

这些优化功能模块使边缘计算在工业互联网的架构中发挥重要作用，能够有效连接工业云端和工业现场，弥补了云端中心化处理的不足，为各类工业互联网应用场景的落地提供了可能性。

4.10.2　边缘计算的基础能力视角

4.10.1 节介绍了边缘计算的三种功能特性，本节介绍边缘计算为实现上述功能模块需要具备的几类基础能力，如图 4.48 所示，包括边缘计算能力、边缘网络能力和边缘存储能力。

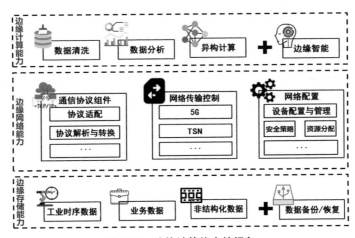

图 4.48　边缘计算能力的视角

1. 边缘计算能力

计算能力的核心主要聚焦于数据预处理、异构计算，以及智能分析计算。数据预处理主要是在边缘端对数据进行审查和校验，以确保数据的一致性，删除冗余信息和纠正错误。也可通过规则引擎实现对清洗得到的数据进行筛选、过滤和抽取等预处理操作。鉴于工业现场拥有众多协议和大量数据，边缘端的数据初步整合和清洗成为保障数据质量的重要步骤。对于异构计算，由于边缘层设备在资源、底层计算架构和能耗方面存在多样性，通常具备异构计算需求。因此，构建集成多类架构的异构计算功能显得至关重要。这种功能能够提供适用于兼容 x86、ARM、RISC-V 等多类主流硬件计算架构的异构计算能力。与此同时，以深度学习为代表的新一代 AI 技术为边缘的计算应用，赋予了各种智能推理和智能决策的能力。边缘智能分析计算是边缘计算与人工智能的融合，提供了边缘侧的建模、数据汇聚、分析以及控制能力，致力于在边缘计算节点上实现智能推理加速和多节点智能训练算法的联动，从而实现轻量化、低延时、高效率的人工智能计算。

2. 边缘网络能力

边缘网络能力主要包括网络传输控制、通信协议组件、网络配置等，通过网络协议接口与云端、工业现场以及边缘层内部进行连接。在边缘网络中，数据采集和协议转换是边缘端的基本任务，边缘设备通过有线或无线的方式与现场层设备、传感器、执行器建立物理连接，并运用多种总线协议以及工业以太网协议进行实时、大规模数据采集。边缘端通过协议解析，对采集的数据进行过滤、映射和转换，然后结合 OPC UA 或 MQTT 等协议向上游传输，在云端面向业务需求进行进一步应用。

边缘网络传输控制能力可以涵盖 5G 网络、TSN 网络等专业系统联通技术。这类网络技术在边缘层应用中表现出明显的确定性趋势。边缘计算网络能力同时融合了 TSN 的确定性传输和低抖动特性，以及 5G 的低时延、高可靠特性，成为未来工业互联网无线化发展的重要基石。

另外，边缘计算网络中的配置能力，指的是在边缘计算环境中对网络结构、设备和连接，进行灵活、有效的配置和管理的能力，主要有设备级的配置和管理，包括分配网络地址、设置路由器、管理网络接口等。其次，带宽和资源的分配，也是确保任务和数据的传输的重要保障。最后，安全策略和访问控制也是网络能力的重要部分，通过设立防火墙、加密通信、身份验证、访问权限控制等措施，保障边缘计算网络的安全性。

3. 边缘存储能力

边缘计算的存储能力主要涉及工业时序数据存储、业务数据存储和其他非结构化数据存储等。

首先，工业时序数据是目前工业现场产生的数据类型，它囊括了来自各种实时监测设备的数据。举例而言，加工设备旋转部件的振动信号、化工反应装置温度压力传感数据等实时监测数据都属于这一类。这些数据的重要性在于实时性和精准性，对于系统的实时监控和故障预警至关重要。目前，新一代时序数据库 TSDB 就是一种专门针对时序数据存放设计的数据库，它支持时序数据的快速写入、持久化、多维度的聚合查询等基本功能，有力支撑了边缘存储和处理时序数据的能力。其次，业务数据涵盖了边缘系统中非实时变化的各类数据。虽然并非实时更新，但同样对于记录和追踪操作流程、增强安全性和提高管理层面的决策水平至关重要。最后，边缘计算存储能力也需要处理其他非结构化数据，这类数据通常包括摄像头视频、音频、图像等多媒体数据，此类数据占存储空间大，通常需要压缩处理，对存储和处理提出了额外的挑战，也是许多边缘应用中不可或缺的一部分。此外，边缘端还提供数据备份和数据恢复的能力。这是为了应对可能出现的系统崩溃或故障，以避免数据丢失和业务中断。备份和恢复机制保证了数据的完整性和可用性，是边缘计算存储体系中的重要一环。

第 5 章
工业互联网平台的关键技术

▶ 5.1 工业大数据

5.1.1 工业大数据的概念与特征

数据是工业互联网中流淌的血液，数据是新工业革命企业洞察知识创造价值的新源泉。工业大数据是工业互联网平台的核心支撑技术之一。

1. 工业大数据的概念

中华人民共和国工业和信息化部在《关于工业大数据发展的指导意见》中对工业大数据的定位是："工业大数据是工业领域产品和服务全生命周期数据的总称，包括工业企业在研发设计、生产制造、经营管理、运维服务等环节中生成和使用的数据，以及工业互联网平台中的数据等。"

工业大数据覆盖的范围十分广泛，内涵十分丰富。从狭义的角度来讲，工业大数据是指在工业领域生产服务全环节产生、处理、传递、使用的各类海量数据的集合；从广义角度来讲，工业大数据是包括以上数据及与之相关的全部技术和应用的总称，除了"数据"内涵外还有"技术与应用"内涵。因此，工业大数据也可以从"工业"和"大数据"两个维度来看，"工业"是需求与实践，"大数据"是技术与手段，通俗来解释：工业大数据就是运用大数据、智能化等新技术、新手段解决工业发展面临的新需求、新问题，并创造新应用、新价值的过程。如图 5.1 所示，具体来说，工业大数据是工业数据的总称，包括企业信息化数据、工业物联网数据，以及外部跨界数据。

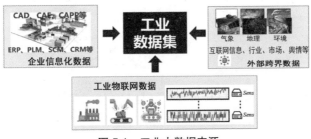

图 5.1　工业大数据来源

（1）企业信息化数据：比如来自 CAD、CAE、CAPP、ERP、PLM、SCM、CRM 等企业信息化系统的数据。这些数据在大数据的概念中属于"传统数据"，是企业在使用大数据技术之前，就一直存在的，是企业信息系统运行的必要数据。

（2）工业物联网数据：主要是指工业生产过程中，装备、物料及产品加工过程的工况状态参数、环境参数等生产情况数据。很多人也会把这样的数据以及其智能装备应用理解为狭义的"工业大数据"。

（3）外部跨界数据：比如来自互联网的各类行业发展的相关信息，价格走势等市场行情，竞争企业的相关信息，或气象、地理等有可能影响企业业务警用的环境信息等，也根据业务的内在关联一并纳入考虑。

2. 工业大数据的特征

1）工业大数据的多源异构复杂性

工业数据具有鲜明的多源异构复杂性，图 5.2 给出了一个典型制造业企业的数据构成的例子。从图 5.2 可以看到，数据主要分为三大类来源，分别是管理系统、生产系统以及外部系统。在管理系统中，又分为企业资源管理和价值链管理等不同类别的来源系统。例如，企业资源管理涉及企业资源计划系统、产品生命周期管理系统、产品数据管理系统等。价值链管理类系统包括供应链管理系统、客户关系管理系统等。在生产系统中，又包括制造执行系统、工业控制类的系统比如可编程逻辑控制系统，以及生产监控类的系统，比如数据采集与监视控制系统等。外部系统则可能来自各类政府网站、电商平台、行业网站等。上述这些不同来源的数据涉及各种结构类型，比如 ERP、SCM、CRM 等管理系统来源的数据以结构化关系数据为主，同时也含有部分非结构化数据，例如产品数据管理系统中关于产品图纸的数据。而工业控制来源的数据大部分是时间序列数据。外部互联网爬取的网页数据大部分则是半结构化、非结构化数据。而且，数据的时效性要求也各不相同，例如，管理类系统数据大部分没有严格的时效性的要求，而生产系统的数据则对实时性有很高要求，尤其是工业控制的数据在很多实际应用场景都需要达到毫秒级实时采集和反馈。由上述分析可见，多源异构的工业大数据具有其资深独特的特点。

分类	系统类型	典型系统	采集的数据	实时性	数据类型
管理系统	企业资源管理	企业资源计划系统	物料管理、采购管理、库存管理、生产计划管理、人力资源管理、财务管理、营销管理等数据	无严格时效性，定期同步	结构化
		产品生命周期管理系统	产品基本信息、产品设计数据及历史数据		结构化
		产品数据管理系统	零件信息、配置、文档、CAD文件、结构等数据		结构化/非结构化
	价值链管理	供应链管理系统	市场、询报价、招投标、采购需求、供应商资质、原材料采购、生产、库存、订单、分销发货等数据	无严格时效性，定期同步	结构化
		客户关系管理系统	商机数据、客户数据、产品数据、销售人员数据、合同订单数据、售后服务数据		结构化
生产系统	制造执行	制造执行系统	计划排程、生产调度、质量、工作中心/设备、工具工装、成本、生产看板、生产过程控制等数据	需实时监控、定期同步	结构化/时序数据
	工业控制	可编程逻辑控制系统	传感器数据、设备工况等数据	需要实时监控、实时反馈控制	时序数据
	生产监控	数据采集与监视控制系统	设备控制数据、设备运行参数、工业流程数据	包含实时数据和历史数据	结构化/半结构化
外部系统	外部数据	政府网站、电商平台、行业网站等	行业标准、物流信息、价格行情等数据	数据相对静止，变化较小，定期更新	半结构化/非结构化

图 5.2　制造业企业的数据构成

2）工业大数据的基本特征

工业大数据具有大数据 4V 的基本特征。如图 5.3 所示，包括"大体量"：工业大数据具有巨大的体量，这包括从传感器、设备、生产过程中产生的海量数据，这种大规模的数据量需要强大的存储和处理能力。"类型杂"：工业大数据的类型杂指的是数据的种类和格式非常丰富，这包括结构化数据（如关系数据库数据）、半结构化数据（如 XML 文件）和非结构化数据（如文本、图像、视频等），工业大数据可能来自不同类型的传感器和设备，因此数据的多样性是一个显著的特征。然后是"价值密度低"：由于工业大数据不同层面、不同类别、不同采样频率、不同质量的海量数据混杂，工业大数据中包含的知识价值密度在很多应用场景中并不高。但通过合理的分析和挖掘，可以从中提取出对业务决策和优化有价值的信息。最后是"变化快"：工业大数据产生的速度非常快。传感器、监控设备实时生成大量数据，要求系统能够迅速响应，及时处理和分析数据，以支持实时决策与控制。

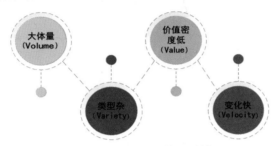

图 5.3　工业大数据的 4V 特征

3）工业大数据的独特特征

除了具有大数据 4V 的基本特征，也就是规模大、类型杂、价值密度低、变化快之外，工业大数据还包括反映工业逻辑的新特征：多模态、跨尺度、高通量、强关联、重机理。

（1）多模态。如图 5.4 所示，工业大数据通常涉及多学科多专业，涵盖了多种工业领域独特的数据类型和模态，包括机械、电磁、流体、声学、热学等专业领域模型数据各有特色、数学表达各不相同。这种多模态性使得工业大数据更加多样化和复杂化。

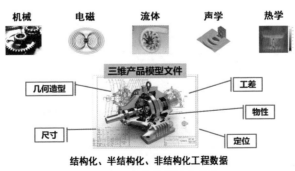

图 5.4　工业大数据的多模态

（2）跨尺度。如图 5.5 所示，工业系统涉及多个尺度的数据，从空间尺度上讲，数据可能来源于零部件级、设备级、产线级、工厂级、企业级、供应链和产业链级等不同的空间尺度，从时间尺度讲，可能来自毫秒级、分钟级、小时级、天、周、月、年等不同的时间尺度。不同空间和时间尺度的数据相互耦合聚集，形成了跨尺度的数据空间。

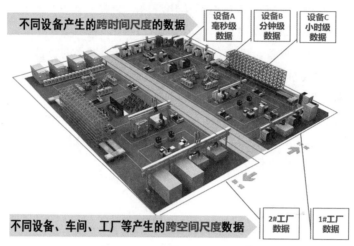

图 5.5　工业大数据的跨尺度[①]

（3）高通量。如图 5.6 所示，工业系统海量的设备与测点数据，根据不同的采样频率不断产生，往往 7×24 小时持续性涌入，数据总吞吐量极大，可达到 PB 级甚至 EB 级。例如，以风电装备为例，按照 50Hz，每台 500 个测点，那么 2 万台风机可形成每秒数亿数据点。高通量特点意味着数据流速度很快，需要更为高效的数据处理和分析方法。

图 5.6　工业大数据的高通量

---

① 图 5.5 引用网址为 https://www.lgcx.com/index.php?m=content&c=index&a=show&catid=22&id=145。

（4）重机理。如图 5.7 所示，工业大数据不仅包含观测数据，还包括系统内部的原理性运行机制、经验性工程知识、优化生产工艺等内在机理模型。大量工业过程具有因果关系，工业过程追求确定性、消除不确定性，数据分析过程就必须注重因果性、强调机理的作用。

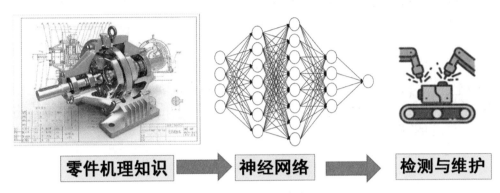

图 5.7　工业大数据的重机理[1]

（5）强关联。如图 5.8 所示，工业系统中的数据通常存在着复杂的相互关联性。包括零部件组成关系、大量工艺参数关联关系、生产过程与产品质量的关系、运行环境与设备状态的关系、产品生命周期的设计、制造、管理、服务等不同环节的数据之间的关联，对于工业大数据的分析通常需要站在多维度的关联关系的角度进行考虑。

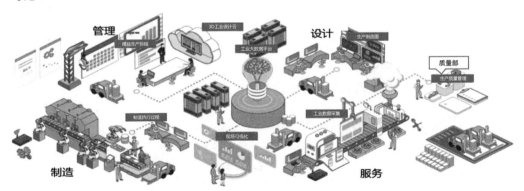

图 5.8　工业大数据的强关联[2]

3. 工业大数据的国家战略

工业大数据作为新一轮工业革命的核心驱动力之一，已经日益成为像石油一样的战略资源，国外多个国家都纷纷制定了工业大数据相关的发展战略。如图 5.9 所示，2013 年德国"工业 4.0"战略和法国"新工业战略"中，都将工业大数据作为探索和

---

[1]　图 5.7 引用网址为来自于网络。

[2]　图 5.8 引用网址为 https://www.yuanmotech.com/。

挖掘工业知识和智慧的核心基础之一。2014 年美国发布的《全球大数据白皮书》，对全球大数据应用的趋势和发展进行了分析，重点关注了数据管理、数据隐私、安全性等方面的挑战和机遇。

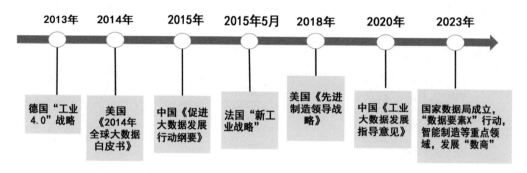

图 5.9　工业大数据的国家战略

中国 2015 年发布了《促进大数据发展行动纲要》，2020 年工业和信息化部发布了《关于工业大数据发展的指导意见》，用于促进工业数据汇聚共享、深化数据融合创新、提升数据治理能力、加强数据安全管理，着力打造资源富集、应用繁荣、产业进步、治理有序的工业大数据生态体系。

2023 年 10 月 25 日，国家数据局正式揭牌，主要负责推进数据的基础制度建设，统筹数据资源整合共享和开发利用，统筹推进数字中国、数字经济、数字社会规划和建设等。国家数据局将推动数据的基础设施建设，推进服务型、应用型、技术型"数商"的发展。并且，将围绕如何发挥数据要素的乘数效应，实施"数据要素 X"行动，从供需两端发力，在智能制造、商贸流通、交通物流等多个重点领域，让数据供得出、流得动、用得好，推进数据要素与其他要素结合，使得数据在不同场景中发挥乘数效应，催生新产业、新业态、新模式、新应用、新治理。

5.1.2　工业大数据的功能体系架构

工业大数据的功能体系架构如图 5.10 所示，主要由数据采集与交换、数据集成与处理、数据建模、数据分析和数据驱动下的决策与控制应用四个层次五大部分组成。这 5 部分紧密合作，形成一个完整的生态系统，为工业系统提供全方位的数据支持和智能化决策。第一，数据采集与交换层是工业互联网数据架构的基础，主要负责从各类数据源获取信息。第二，数据集成与处理层负责将从各个数据源采集得到的分散、异构的工业数据集成到一个统一的工业数据集合中。第三，数据建模和数据分析层，对原始数据进行抽象、转换和建模，将其转换为可用于分析和决策的形式。数据分析是对经过建模的数据进行深入挖掘和分析的阶段。最后，基于数据分析的结果，实现对工业过程的实时控制和优化决策。

1. 数据采集与交换

在工业大数据的功能架构中，数据采集与交换层主要指从传感器、SCADA、MES、ERP 等内部系统，以及企业外部数据源获取数据的功能，并实现在不同系统之间数据的交互。

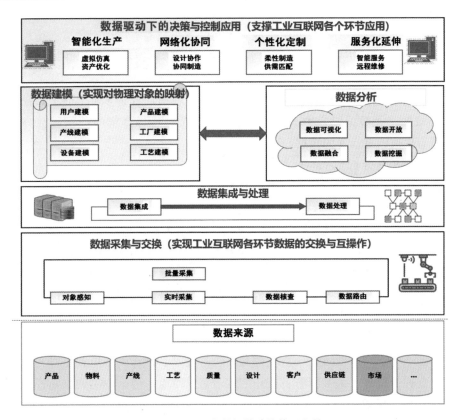

图 5.10 工业大数据的功能体系架构

数据采集是对各种来自不同传感器的信息进行适当转换，例如采样、量化、编码、传输。一个数据采集系统一般包括数据采集器、微机接口电路、数模转换器。数据交换是指工业大数据应用所需的数据在不同应用系统之间的传输与共享，通过建立数据交换规范，开发通用的数据交换接口，实现数据在不同系统与应用之间的交换与共享，消除数据孤岛，并确保数据交换的一致性。

工业系统中，数据采集与交换是工业系统运作的基底，从微观层的每一个零部件信息，到宏观层的整个生产流水线信息，基于各种网络链接实现数据从微观层到宏观层的流动，形成各个层、全方位数据链条，并保证多源数据在语义层面能够互通，降低数据交换的时延，以实现有效数据交换。

2. 数据集成与处理

在工业大数据的功能架构中，数据集成与处理层是指对来自各种分散、异构数据源的工业数据进行整合和处理的过程。首先将来自不同来源、分布在不同系统中的工业数据整合到一个统一的数据集合中的过程，然后是对集成的工业数据集合进行分析和加工的过程，以提取有价值、有意义的信息。

工业大数据集成就是将工业产品全生命周期形成的许多个分散的工业数据源中的数据，逻辑地或物理地集成到统一的工业数据集合中。工业大数据集成的核心是要将互相关联的分布式异构工业数据源集成到一起，使用户能够以透明的方式访问这些工业数据源，达到保持工业数据源整体上的数据一致性、提高信息共享与利用效率的目的。

工业大数据处理是利用数据库技术、数据清洗转换加载等多种工业大数据处理技术，将集成的工业数据集合中大量的、杂乱无章的、难以理解的数据进行分析和加工，形成有价值、有意义的数据。

3. 数据建模与分析

数据建模与分析这一层次进行数据的抽象、转换和建模，将原始数据转换为可用于分析和决策的形式，然后对数据进行包括统计分析、机器学习、深度学习等技术的应用，以发现数据中的模式、趋势和关联性，从而提取有价值的信息。

数据建模是分析的关键。来源于产品生命周期的各个环节中的海量数据，为工业大数据分析提供了前提和基础，而海量的工业数据如果不经过清洗、加工和建模等处理是无法直接应用于实际的业务场景的。工业大数据分析通过模型来描述对象，构建复杂工业过程与知识之间的映射，实现知识清晰化、准确化的表达。

工业大数据分析是利用统计学分析技术、机器学习技术、信号处理技术等技术手段，结合业务知识对工业过程中产生的数据进行处理、计算、分析并提取其中有价值的信息、规律的过程。大数据分析工作应本着需求牵引、技术驱动的原则开展。在实际操作过程中，要以明确用户需求为前提、以数据现状为基础、以业务价值为标尺、以分析技术为手段，针对特定的业务问题，制定个性化的数据分析解决方案。

4. 决策与控制应用

在工业大数据功能架构中，决策与控制应用是立足于深度数据分析的成果之上，旨在实现对工业过程的实时控制和智能化决策优化。这一应用领域不仅涵盖了智能化生产，更包括了网络化协同、个性化定制以及服务化延伸等多个关键方面。

首先，在智能化生产方面，决策与控制应用通过对庞大的实时数据进行精准分析，能够实现对生产设备的智能控制，从而提高生产线的灵活性和效率。自动化系统能够根据实时数据动态调整生产参数，适应市场需求的变化，同时最大限度地降低资源浪费。

其次，网络化协同是决策与控制应用的另一要点。通过数据驱动的分析，系统可以优化生产任务分配和资源协同，实现不同部门之间的高效协同合作。这有助于提高整体生产效益，确保各个环节的协调一致性。

个性化定制则强调决策与控制应用在满足个性化需求方面的作用。通过深入了解客户的需求和市场趋势，系统能够调整生产流程，实现更为个性化的产品设计和制造，从而提升客户满意度和市场竞争力。

最后，服务化延伸是决策与控制应用的又一方向。通过整合服务元素，企业可以为客户提供更全面的解决方案，包括售后服务、定制支持等。这有助于构建更紧密的客户关系，同时为企业创造更多的商业价值。这些方面的综合应用构成了从数据采集到设备、生产现场及企业运营管理优化的闭环，从而提高生产效率、降低成本、增强产品质量，推动工业企业向更智能、敏捷的方向发展。

5.1.3 工业大数据的技术框架

工业大数据的技术参考框架（见图 5.11）以工业大数据的全生命周期为主线，从纵向维度分为平台/工具域和应用/服务域。平台/工具域主要面向工业大数据采集与交换技术、工业大数据集成与处理技术等关键技术，提供多源、异构、高通量、强机理的工业大数据核心技术支撑；应用/服务域则基于平台域提供的技术支撑，面向智能化生产技术、网络化协同技术、个性化定制技术、服务化延伸技术等多场景，通过可视化、应用开发等方式，满足用户应用和服务需求，形成价值变现。

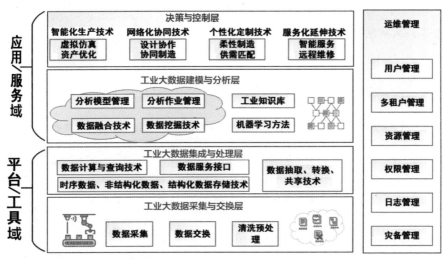

图 5.11 工业大数据的技术参考架构

1. 工业大数据采集与交换层技术

工业大数据数据采集是对各种来自不同传感器的信息进行适当转换，例如采样、量化、编码、传输，结合其他设备如 RFID、条码扫描器、PDA 等，以及人机交互和智能终端等手段，用于采集制造领域多源、异构的数据信息。如图 5.12 所示，工业大数据分析通常需要更精细化的数据，对数据采集能力有着较高的要求。例如，高速旋转设备的故障诊断可能需要分析每秒千次采样的数据，对数据采集的实时性和精确性提出了严格要求。通过故障容错和高可用架构，即使在部分网络或机器故障的情况下，仍保证数据的完整性，避免数据丢失。同时，在数据采集过程中自动进行数据的实时处理，例如校验数据类型和格式、异常数据分类隔离、提取和告警等。

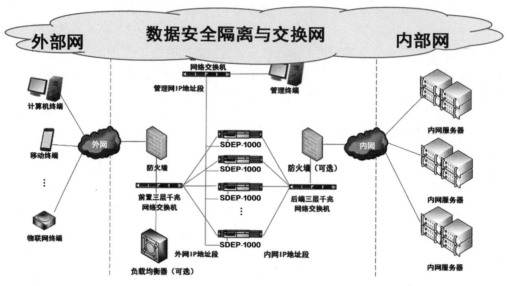

图 5.12　数据交换示意图

2. 工业大数据集成与处理技术

如图 5.13 所示，工业大数据集成处理层技术主要包括数据的抽取、清洗、转换、加载（ETL）技术，数据存储管理技术，数据查询与计算技术，以及相应的数据安全管理和数据质量管理等支撑技术。

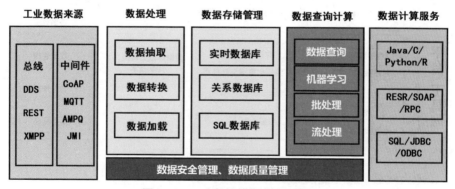

图 5.13　工业数据的集成处理框架

ETL 技术：包括数据的抽取、清洗、转换与加载。数据抽取将来自不同源头的工业数据抽取到临时中间层。数据清洗进行审查、过滤和校验，以去除噪声、删除重复和纠正错误。数据转换主要涉及格式规范化和数据拆分等。数据加载将处理好的数据加载到数据仓库中。

数据存储管理技术：由于工业大数据量巨大，包含结构化、半结构化和非结构化数据，传统的关系数据库难以满足大数据的存储与管理需求。因此，需要使用实时数据库、关系数据库、NoSQL 数据库技术等来实现工业大数据的存储与管理。

数据查询与计算技术：主要采用 SQL 查询引擎、批处理、流处理、机器学习等方法。SQL 查询引擎将用户输入的 SQL 语句转换为可执行的操作序列，并返回查询结果集；批处理用于操作大容量静态数据集，返回计算结果；流处理则对实时进入系统的数据进行计算，处理结果即时可用，同时能够随新数据的到达而持续更新。

3. 工业大数据建模与分析技术

接下来是工业大数据建模与分析技术，如图 5.14 所示，数据建模是根据工业实际元素与业务流程，在设备物联数据、生产经营过程数据、外部互联网等相关数据的基础上，构建供应商、用户、设备、产品、产线、工厂、工艺等数字模型，并结合数据分析提供诸如数据报表、可视化、知识库、数据分析工具及数据开放功能，为各类决策提供支持。

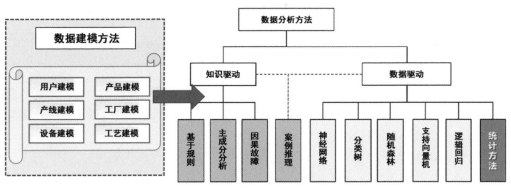

图 5.14　工业大数据建模与分析技术

工业大数据分析技术主要包括知识驱动的分析方法和数据驱动的分析方法。知识驱动的分析方法基于大量理论模型和对工业系统的物理、化学、生化等动态过程的经验改造，建立在工业系统的物理化学原理、工艺及管理经验等知识之上。包括基于规则的方法、主成分分析技术、因果故障分析技术和案例推理技术等。这些方法的支撑基础是知识库。

数据驱动的分析方法主要利用算法在完全数据空间中寻找规律和知识，包括神经网络、分类树、随机森林、支持向量机、逻辑回归、聚类等机器学习方法，以及基于统计学的方法。这些方法很少考虑机理模型和闭环控制逻辑的存在，而是通过算法在数据空间中进行搜索。

4. 工业大数据决策与控制技术

如图 5.15 所示，工业大数据决策与控制应用技术是指在工业生产过程中利用大数据技术进行决策制定和实时控制的一系列方法和工具。这些技术旨在提高生产效率、

降低成本、优化资源利用，并增强工业系统的鲁棒性。工业大数据应用可以分为以下五类。

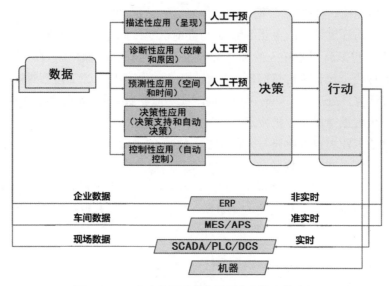

图 5.15　工业大数据决策与控制应用技术的介绍

1）描述性应用

主要通过报表和可视化技术，整合展示工业互联网各个子系统的状态，使操作管理人员能够在一个仪表盘上全面了解整体状况。这类应用通常不提供具体的决策建议，而完全依赖人员进行决策。

2）诊断性应用

通过采集与工业生产过程相关的设备物理参数、工作状态数据、性能数据以及环境数据等，评估工业系统中生产设备的运行状态并预测其未来健康状况。这类应用主要利用规则引擎和归因分析，在发现系统故障时提供警告并提示可能的原因，以辅助人工决策。

3）预测性应用

通过对系统历史数据的分析挖掘，预测系统未来的行为。主要采用逻辑回归、决策树等方法，用于预测未来系统状态并提供建议。

4）决策性应用

通过对影响决策的数据进行分析和挖掘，发现与决策相关的结构与规律。这类应用主要使用随机森林、决策树等方法，提供关于生产调度、经营管理和优化方面的决策建议。

5）控制性应用

根据高度确定的规则，通过数据分析直接生成行动指令，实现对生产系统的实时控制。

5. 工业大数据的特定技术体系

除了上述技术之外，如图 5.16 所示，针对工业大数据领域的多样性、多模态、高通量和强关联等特性，数据的采集、管理、写入和集成等方面的技术要求日益显著。在多样性数据的采集方面，需要采用多种传感器和设备，以确保涵盖各种类型的数据，包括传感器数据、图像数据、文本数据等。此外，多模态数据的管理技术涉及不同模态数据的统一管理和整合，以便更全面地理解和分析工业过程。

工业大数据技术体系	特性/要求	对应的技术
	多样性	多样性数据的采集技术
	多模态	多模态数据的管理技术
	高通量	高通量数据的写入技术
	强关联	强关联数据的集成技术
	强机理	强机理业务的分析技术
	低质量	低质量数据的处理技术
	高效率	数据高效率处理技术

图 5.16　工业大数据的特定技术体系

高通量数据的写入技术需要具备高速、稳定的数据传输能力，以应对工业过程中产生的大量实时数据。在这方面，除了保证传输速度，还需要关注数据传输的稳定性，确保数据能够准确、及时地被写入。同时，强关联数据的集成技术涉及数据模型的设计、关系数据库的建立以及数据集成和清洗的算法研发等方面。

针对工业数据的强机理、低质量和高效率的要求，强机理业务的分析技术是必不可少的。这包括对工业过程中的物理、化学、生物等各种机理的深入分析，以实现对生产过程的精准监测和控制。在低质量数据的处理方面，可以采用数据清洗和异常检测的技术，通过剔除或修复低质量数据，提高数据的可靠性和准确性。同时，为了提高数据处理的效率，可以采用分布式计算和并行处理等技术，加速数据分析和挖掘过程。

5.1.4　工业数据空间跨域集成模型

数据空间是指具有多数据主体、多产生来源、多异质类型、多物理分布、多权属关系等特征的数据集合，是为服务于企业、数据消费者等用户应用需求所形成的具有内在关联性和动态演化性的数据逻辑体。工业数据空间是指工业制造企业主要业务领域如产品研发设计、生产制造、经营管理、运维服务等相关活动产生的数据所形成的数据空间。当前针对产品的创新优化设计、高效高质低成本的生产管控等不断提高的需求，迫切需要制造企业站在全局性、跨业务域、整体集成的视角来利用数据空间，实现具体业务的高目标要求。

因此，构建跨域的数据空间集成模型，能够为制造企业打通全业务域数据链条、基于全业务域全局集成视角支撑产品设计优化、生产提质降本增效、高效经营管理、服务效率提升，为制造企业数据空间规划建设部门、系统供应商以及服务供应商提供标准化指导，是打造工业互联网数据底座的核心基础之一。

如图 5.17 所示是国家标准中定义的工业制造企业的多维数据空间模型，从多个维度描述数据空间的结构组成以及关系，包括业务域、模态域、用户域、数据生命周期域 4 个维度。多维数据空间模型分别从产生数据的业务活动角度、数据全生命周期处理操作角度、数据模态角度、各类用户角色的角度构建了制造企业数据空间的总体模型。

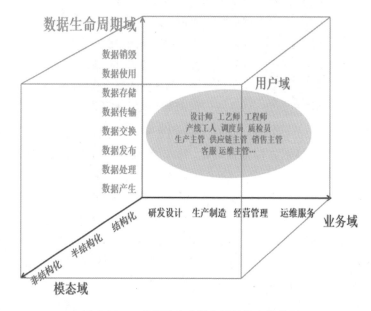

图 5.17　工业制造企业的多维数据空间模型

工业制造企业数据空间的业务域由制造企业主要业务活动以及产生的数据组成，主要包括产品研发设计、生产制造、经营管理、运维服务四大阶段活动产生的数据。具体描述如下。

（1）研发设计业务域主要规定产品研发设计的各项业务活动产生的产品设计相关数据模型。

（2）生产制造业务域主要规定生产、加工、装配等环节涉及的人、机、料、法、环相关的数据模型。

（3）经营管理业务域主要规定制造企业产、供、销、人、财、物等涉及经营管理与决策业务活动相关的数据模型。

（4）运维服务业务域主要规定制造企业产品的客户服务、运行维护等业务活动相关的数据模型。

工业制造企业数据空间的模态域主要描述研发设计、生产制造、经营管理、运维服务等制造企业业务活动涉及的数据模态分类，包括制造业结构化数据、半结构化数据和非结构化数据三大类数据模态。具体描述如下。

（1）结构化数据的表示与存储模型主要是关系数据模型，主要采用二维结构化表形式的数据模型。

（2）半结构化数据的表示与存储模型主要是键—值映射模型，数据的格式不固定，主要采用的半结构数据模型格式如 XML 和 JSON。

（3）非结构化数据没有固定数据结构模型，包含全部格式的办公文档、文本、图片、HTML、各类报表、图像和音频 / 视频信息等，非结构化数据主要采用分布式文件模型来表示和存储，如采用分布式文件系统等。

工业制造企业数据空间的用户域由研发设计、生产制造、经营管理、运维服务等制造企业业务活动中与数据进行交互的用户主体组成，包括设计师、工艺师、工程师、产线工人、调度员、质检员、生产主管、供应链主管、销售主管、客服、运维主管等。以上用户角色既是所属业务域数据的产生者，也是相关业务应用的数据使用者。

在数据跨域流通的过程中，业务域中产生的数据全生命周期包含数据产生、数据处理、数据发布、数据交换、数据传输、数据存储、数据使用、数据销毁共八大环节。应建立可信数据流通系统在上述 8 个环节中为跨域数据可信流通提供保障。在离散型制造企业数据生命周期域中，为保证数据和系统的可信度，应符合下列要求。

（1）数据产生阶段应确保数据来源的可信性，包括设备、人员、过程等。

（2）数据处理阶段应使用可信赖的算法和程序进行处理，以保证数据的完整性和准确性不被破坏。

（3）数据发布阶段应确保数据的真实性和完整性，避免错误或误导性信息的发布。

（4）数据交换阶段应采用安全可信的数据交换方式和协议，确保数据在传输过程中的安全性和完整性。

（5）数据传输阶段应采用可靠的传输方式和协议，确保数据在传输过程中的安全性和可靠性。

（6）数据存储阶段采用可信赖的存储方式和设备，保证数据的安全性和持久性。

（7）数据使用阶段应确保只有获得授权的用户可以访问和使用数据，以维护数据的安全性和私密性。

（8）数据销毁阶段应按照既定的规程进行数据的销毁，避免数据被恶意利用。

1. 研发设计业务域的跨域数据空间集成模型

研发设计业务域所涉及的与跨域集成相关的核心业务应包括需求分析管理、产品 / 工艺设计管理和仿真检验管理，如图 5.18 所示。具体如下。

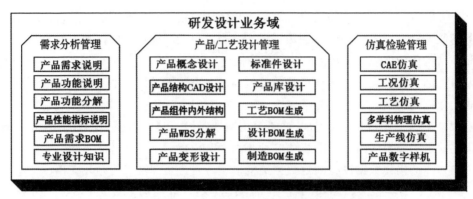

图 5.18　研发设计业务域的组成

（1）需求分析管理应对研发设计活动的设计需求进行管理并作为产品/工艺设计的依据，包括但不限于制定产品需求说明、产品功能说明、产品功能分解、产品性能指标说明、产品需求 BOM、专业设计知识等功能，涉及的用户包括需求调研人员、需求分析人员等。

（2）产品/工艺设计管理应实现对研发设计过程进行管理，包括但不限于产品概念设计、产品结构 CAD 设计、产品组件内外结构设计、产品 WBS 分解、产品变形设计、标准件设计、产品库设计、工艺 BOM 生成、设计 BOM 生成、制造 BOM 生成等功能，涉及的用户包括产品设计人员、工艺设计人员等。

（3）仿真检验管理应实现对研发设计模型质量检验过程进行管理，包括但不限于CAE 仿真、工况仿真、工艺仿真、多学科物理仿真、生产线仿真、产品数字样机生成等功能，涉及的用户包括产品设计人员、工艺设计人员、仿真工程人员、数据分析人员等。

研发设计过程应形成与需求分析管理、产品/工艺设计管理、仿真检验管理等核心业务相关的数据实体模型。

研发设计业务域与生产制造业务域的跨域数据空间集成模型，具体描述如下。

（1）面向产品/工艺设计管理业务应集成生产制造业务域中的制造能力数据、协同数据等，一方面可支持设计成果向制造端交付，实现面向制造能力数据的产品结构设计，另一方面可有效应对产品制造与设计之间的频繁更改协同。

（2）面向仿真检验管理业务应集成生产制造业务域中的制造能力数据及协同数据等，以支持产品结构和制造工艺更改时能够基于仿真能力实现研发设计的快速响应及性能验证。

研发设计业务域与经营管理业务域的跨域数据空间集成模型如图 5.19 所示，具体描述如下。

（1）面向需求分析管理业务应集成经营管理业务域中的市场需求数据、个性化生产数据、销售数据等，支持基于市场与销售状况的合理需求分析并据此对需求 BOM

做出设计。

（2）面向产品/工艺设计管理业务应集成经营管理业务域中的供应链数据、产品性能数据、功能符合性数据等，支持基于供应链健康状态评估和成本约束的产品总体设计。

（3）面向仿真检验管理业务应集成经营管理业务域中的销售数据、结果反馈数据等，支持基于经营管理水平对生产线做出合理设计和生产线仿真。

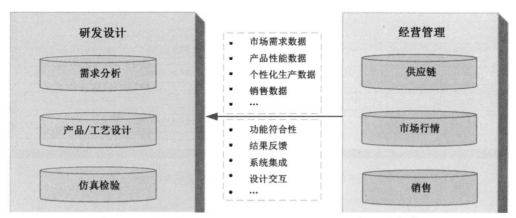

图 5.19　研发设计业务域与经营管理业务域的跨域数据空间集成模型

研发设计业务域与运维服务业务域的跨域数据空间集成模型如图 5.20 所示，具体描述如下。

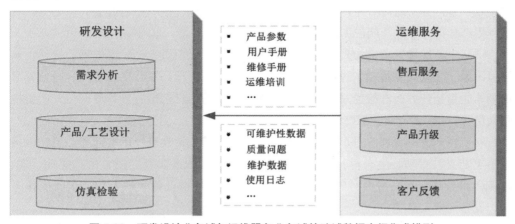

图 5.20　研发设计业务域与运维服务业务域的跨域数据空间集成模型

（1）面向产品/工艺设计管理业务应集成运维服务业务域中的售后服务数据、产品升级需求数据、客户反馈数据等，支持产品在运行和维护过程中对运行状态的实时反馈并基于反馈数据进行设计优化，以及通过对产品运维状态的评估开展设计 BOM 变更和产品升级设计。

（2）面向仿真检验管理业务应集成运维服务业务域中的可维护性数据、质量数据、维护数据、使用日志数据等，支持基于运维综合数据的产品健康度实时仿真以及产品运行数字孪生系统的构建。

2. 生产制造业务域的跨域数据空间集成模型

生产制造业务域所涉及的与跨域集成相关的核心业务应包括生产计划管理、生产执行管理、生产质量管理和生产设备管理，如图 5.21 所示。具体如下。

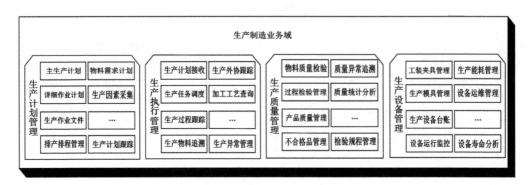

图 5.21　生产制造业务域所涉及的与跨域集成相关的核心业务

（1）生产计划管理应对生产制造活动预先拟订生产计划作为车间作业执行依据，包括但不限于制订主生产计划、物料需求计划、详细作业计划、生产作业文件、排产排程管理、生产计划跟踪等功能，涉及的用户包括生产管理人员、计划管理人员等。

（2）生产执行管理应实现对车间生产作业执行的实时管理，包括但不限于生产计划接收、生产外协跟踪、生产任务调度、生产过程跟踪、生产物料追溯、加工工艺查询、生产异常管理等功能，涉及的用户包括车间管理人员、车间操作人员等。

（3）生产质量管理应实现对企业车间生产任务执行中质量检验过程进行管理，包括但不限于物料质量检验、过程检验管理、产品质量管理、不合格品管理、质量异常追溯、质量统计分析和检验规程管理等功能，涉及的用户包括质量管理人员、质量检验人员等。

（4）生产设备管理应对车间生产设备及模具、工装夹具进行运维管理，包括但不限于工装夹具管理、生产模具管理、生产设备台账、设备运行监控、生产能耗管理、设备运维管理、设备寿命分析等功能，涉及的用户包括设备管理人员、车间操作人员、设备运维人员等。

生产制造业务域与研发设计业务域的跨域数据空间集成模型如图 5.22 所示，具体描述如下。

（1）面向生产计划管理业务应集成研发设计业务域中的制造 BOM 数据、工艺 BOM 数据等，支持物料的 MRP 运算和生产计划节点的安排。

（2）面向生产执行管理业务应集成研发设计业务域中的工艺图文档、加工技术要求、工时定额数据等，指导产品每个加工工步的规范执行。

（3）面向生产质量管理业务应集成研发设计业务域中的工艺图文档、加工技术要求等数据，以科学制定质量检验规程，准确把控生产过程质量，严格执行不合格品返工返修流程等。

（4）面向生产设备管理业务应集成研发设计业务域中的加工技术要求数据，支持生产设备、模具以及工装夹具的齐套性生产准备。

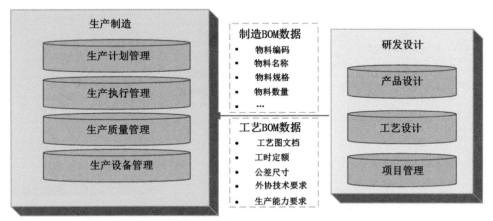

图 5.22　生产制造业务域与研发设计业务域的跨域数据空间集成模型

生产制造业务域与经营管理业务域的跨域数据空间集成模型如图 5.23 所示，具体描述如下。

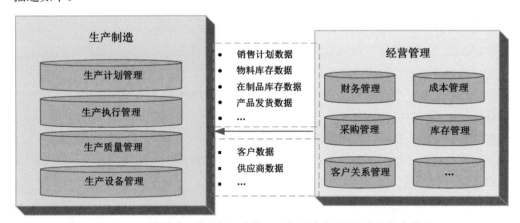

图 5.23　生产制造业务域与经营管理业务域的跨域数据空间集成模型

（1）面向生产计划管理业务应集成经营管理业务域中的销售计划数据、销售订单数据、物料库存数据等，支持生产物料的齐套性检查和生产计划的科学制定。

（2）面向生产执行管理业务应集成经营管理业务域中的物料库存数据、物料配送数据、在制品库存数据等，支持生产执行过程中物料的精确配送。

（3）面向生产质量管理业务应集成经营管理业务域中的物料采购计划数据、供应商数据等数据，支持物料质量的及时检验、质量追溯及供应商信誉评价。

（4）面向生产设备管理业务应集成经营管理业务域中的固定资产台账数据、设备供应商数据，支持生产设备、模具以及工装夹具保养、维修及盘存管理。

生产制造业务域与运维服务业务域的跨域数据空间集成模型如图 5.24 所示，具体描述如下。

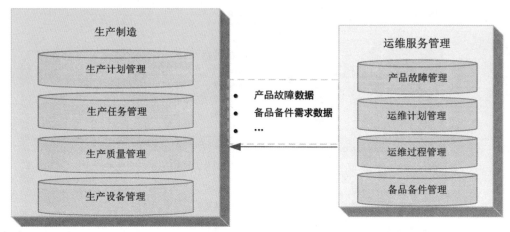

图 5.24　生产制造业务域与运维服务业务域的跨域数据空间集成模型

（1）面向生产计划管理业务应集成运维服务业务域中的产品故障数据、备品备件需求数据等，支持备品备件产品的科学排产。

（2）面向生产执行管理业务应集成运维服务业务域中的产品故障数据、运维过程记录数据等，指导产品生产工艺的优化、操作人员技术培训等。

（3）面向生产质量管理业务应集成运维服务业务域中的产品故障数据、运维计划数据，以进一步完善质量检验规程，重点把控产品质量瓶颈。

（4）面向生产设备管理业务应集成运维服务业务域中的产品故障数据，支持生产设备的及时科学维修保养、智能化提升。

3. 经营管理业务域的跨域数据空间集成模型

经营管理业务域所涉及的与跨域集成相关的核心业务应包括供应商关系管理、人财物管理、客户关系管理，如图 5.25 所示，具体如下。

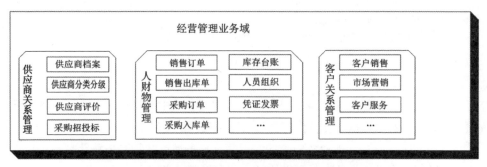

图 5.25　经营管理业务域所涉及的与跨域集成相关的核心业务

（1）供应商关系管理应对合作的供应商进行合理管理的企业业务，包括但不限于供应商档案、供应商分类分级、供应商评价等功能，涉及的用户包括采购人员等。

（2）人财物管理应对进货、销售、库存多个环节为一体的业务流程进行管理以及相关发生的人力资源和财务流程管理，包括但不限于销售订单、销售出库单、采购订单、采购入库单、库存台账等功能，涉及的用户包括人力专员、会计人员、仓库管理人员等。

（3）客户关系管理应对企业与顾客间在销售、营销和服务上的交互过程进行管理，包括但不限于客户商机、市场营销、客户服务等功能，涉及的用户包括销售管理人员、市场人员等。

经营管理业务域与研发设计业务域的跨域数据空间集成模型如图5.26所示，具体描述如下。

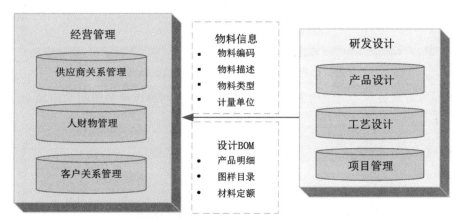

图5.26　经营管理业务域与研发设计业务域的跨域数据空间集成模型

（1）面向供应商关系管理业务应集成研发设计业务域中的产品性能指标说明、产品各组件数据、标准件设计数据、BOM数据等，支持基于产品设计、产品性能的供应商管理，对供应商分类、评价提供支持。

（2）面向人财物管理业务应集成研发设计业务域中的物料信息、BOM数据、工艺信息等，支持物料的出入库管理和成本计算。

（3）面向客户关系管理业务应集成研发设计业务域中的产品需求说明、产品功能说明、产品性能指标说明等，支持基于产品功能的市场定位与需求预判，并据此对客户商机的判断、市场营销活动的制定提供支持。

经营管理业务域与生产制造业务域的跨域数据空间集成模型如图5.27所示，具体描述如下。

（1）面向供应商关系管理业务应集成生产制造业务域中的物料质量检验、质量异常追溯、生产物料追溯等，支持基于生产数据的采购物料匹配和供应商评价。

（2）面向人财物管理业务应集成生产制造业务域中的生产计划执行批次数据、生产报工数据、入库数据、设备数据等，支持基于订单的生产管理、加工进度监控、成本计算，以及库房物资的透明化管理。

（3）面向客户关系管理业务应集成生产制造业务域中的生产计划、生产过程跟踪等，支持对客户的服务工单、服务内容的及时跟踪与管理。

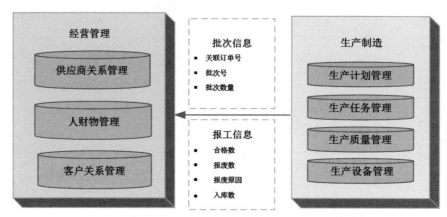

图 5.27　经营管理业务域与生产制造业务域的跨域数据空间集成模型

经营管理业务域与运维服务业务域的跨域数据空间集成模型如图 5.28 所示，具体描述如下。

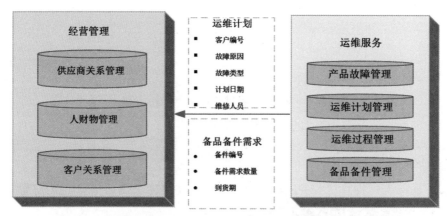

图 5.28　经营管理业务域与运维服务业务域的跨域数据空间集成模型

（1）面向供应商关系管理业务应集成运维服务业务域中的备件库存管理、备件采购调拨等，支持物料采购管理。

（2）面向人财物管理业务应集成运维服务业务域中的设备故障数据、备品备件数据等，支持基于设备运行状况的废旧资产清理、资产盘点、资产状态及时更新，以及备品备件库存的精细化管理。

（3）面向客户关系管理业务应集成运维服务业务域中的运维计划数据等，支持对客户服务质量评价。

4. 运维服务业务域数据空间跨域集成模型

运维服务业务域所涉及的与跨域集成相关的核心业务主要包括运维任务管理、运维标准管理、备品备件管理和设备故障管理，如图 5.29 所示，具体如下。

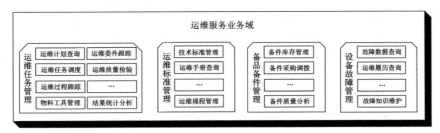

图 5.29　运维服务业务域的核心业务

（1）运维任务管理应实现运维服务活动执行的实时管理，包括但不限于运维计划查询、运维任务调度、运维过程跟踪、物料工具管理、运维委外跟踪、运维质量检验、结果统计分析等功能，涉及的用户包括运维管理人员、运维计划管理人员、设备管理人员、设备运维人员等。

（2）运维标准管理应实现运维服务活动中的各类标准、手册、规程等进行管理，包括但不限于技术标准管理、运维手册查询、运维规程管理等功能，涉及的用户包括运维管理人员、设备运维人员、质量管理人员、质量检验人员等。

（3）备品备件管理主要对运维活动中所需的设备零备件进行管理，包括但不限于备件库存管理、备件采购调拨、备件质量分析等功能，涉及的用户包括运维管理人员、运维计划管理人员、设备管理人员、设备运维人员等。

（4）设备故障管理主要实现对历史故障信息和故障知识进行管理，包括但不限于故障数据查询、运维履历查询、故障知识维护等功能，涉及的用户包括设备管理人员、设备运维人员、质量管理人员、质量检验人员等。

运维服务过程应形成与运维任务、运维标准、备品备件、设备故障等核心业务相关的数据实体模型。

运维服务业务域与研发设计业务域的跨域数据空间集成模型如图 5.30 所示，具体描述如下。

（1）面向运维任务管理业务应集成研发设计业务域中的维修 BOM 数据等，支持制订运维计划、运维活动辅助支撑、运维质量评估和检验等。

（2）面向运维标准管理业务应集成研发设计业务域中的运维工艺数据、操作规程数据等，支持制订运维计划、运维活动辅助支撑、运维质量评估和检验等。

（3）面向备品备件管理业务应集成研发设计业务域中的零备件数据等，支持制订运维计划、备件库存和采购等。

（4）面向设备故障管理业务应集成研发设计业务域中的设备结构数据等，支持故障模型、故障知识、故障历史等的建立、修改和管理。

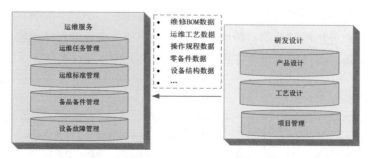

图 5.30 运维服务业务域与研发设计业务域的跨域数据空间集成模型

运维服务业务域与生产制造业务域的跨域数据空间集成模型如图 5.31 所示，具体描述如下。

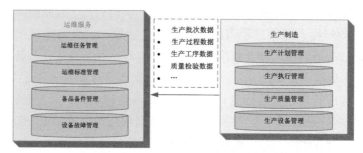

图 5.31 运维服务业务域与生产制造业务域的跨域数据空间集成模型

（1）面向运维任务管理业务应集成生产制造业务域中的生产批次数据、生产过程数据、生产工序数据等，支持制订运维计划、运维任务准备、运维活动辅助支撑、运维质量评估和检验等。

（2）面向运维标准管理业务应集成生产制造业务域中的生产过程数据、质量检验数据等，支持运维标准优化等。

（3）面向备品备件管理业务应集成生产制造业务域中的生产过程数据等，制订运维计划、备件库存和采购等。

（4）面向设备故障管理业务应集成生产制造业务域中的生产过程数据、质量检验数据等，支持设备故障库建立、设备维修知识积累、设备故障诊断和预测模型构建等。

运维服务业务域与经营管理业务域的跨域数据空间集成模型如图 5.32 所示，具体描述如下。

（1）面向运维任务管理业务应集成经营管理业务域中的客户数据及质量跟踪数据等，支持制订运维计划、运维效果跟踪、服务质量统计分析等。

（2）面向备品备件管理业务应集成经营管理业务域中的备件库存数据、备件采购数据等，支持制订运维计划、运维活动准备、备件库存管理、备件采购调拨、备件质量分析等。

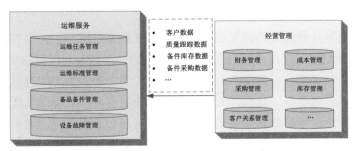

图 5.32 运维服务业务域与经营管理业务域的跨域数据空间集成模型

5.1.5 工业时序数据库

如图 5.33 所示，从 1964 年世界上第一个数据库系统 IDS 诞生开始，到今天数据库已经发展了半个多世纪，纵观整个数据库的发展历程，数据库的发展经历了几个比较重要的阶段。首先是 IBM 研究员 E. F. Codd 在 1970 年提出了关系数据库，奠定了关系数据库的发展基础，开启了关系数据库的发展阶段，随后 IBM 公司逐步推出关系模型的原型系统 System-R 和第一个商用数据库版本 Oracle1，将关系数据库的发展推向高潮。直到 21 世纪初，非关系模型 NoSQL 开始盛行，2003—2006 年谷歌公司发表了业界大规模分布式存储系统的理论基础的三篇论文：Google File System、Google MapReduce 和 Google Big Table，数据库的发展正式开始步入后关系数据库阶段，随后微软、阿里巴巴和亚马逊等公司相继推出一系列的云数据库产品，数据库正式进入大数据和云端协同时代。

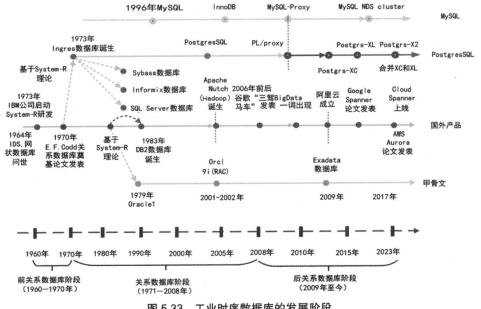

图 5.33 工业时序数据库的发展阶段

1. 工业时序数据库的概念

在数据库高速发展的时代背景下，工业时序数据库应运而生，本节将介绍什么是工业时序数据库。数据库是"按照数据结构来组织、存储和管理数据的仓库"，是一个长期存储在计算机内的、有组织的、可共享的、统一管理的大量数据的集合。时序数据作为数据的一种类型，是按时间顺序排列的数据集合，其中每个数据点都与特定的时间戳相关联，这种数据通常表示一系列按照时间发生的事件、观测或测量值，而时序数据库是一种专门设计用于存储和处理时间序列数据的数据库系统。最后，可以发现工业时序数据库主要是针对工业领域所设计的一种专门用于存储和管理工业过程中产生的大量时间序列数据的数据库系统。

工业时序数据库作为时序数据库的一种，同样满足时序数据库的一些基本要求。第一是高吞量，是指数据库系统在处理时序数据时，能够以较高的速度和效率进行数据的写入和查询操作；第二是交互级的聚合查询，是指数据库在聚合查询时的延迟能够达到交互级，并且在数据基数（TB 级）较大的情况下，也能够达到很低的查询延迟；第三是支撑海量数据存储，场景的特点决定了数据的量级，至少是 TB 级，甚至是 PB 级数据；第四是高可用，是指在线服务的场景下，对可用性要求也会很高；第五是分布式架构，数据库系统采用分布式计算和存储的结构，将数据和计算任务分布到多个节点或服务器上，以满足写入和存储大量数据的要求。

2. 工业时序数据库的重要意义

时序数据作为新一代工业革命的生产资料，在工业革命进程中扮演着非常重要的角色，同时越来越多的企业关注到工业时序数据的重要性。针对工业时序数据的主要功能包括远程运维、故障检测、健康评估和优化生产等方面，可以看到工业时序数据已经贯穿到企业生产销售管理的全过程。这里以智能制造与运维为例进行详细说明，从最初的产品设计，工业数据提供参考到产品制作过程中，利用工业时序数据实现更优的生产策略，再到运维的时候，产品运转等时序数据提供了运维的基础，方便维护专家进行更准确的情况分析。

工业时序数据库作为工业互联网背景下针对工业领域，满足工业特定需求的数据库，主要是为了解决因为工业场景所带来的挑战而构建的。其中因为工业场景所带来的挑战主要有：第一是超多测点，工业场景复杂的情况下，工业传感器往往分布比较多，所采集的时序数据也是比较庞大的；第二是极高采样频率；第三是存在乱序数据现象，复杂的工业场景可能会引起数据采集不准确和丢失的情况；第四是完整数据稀少，工业场景中采集的数据往往是比较复杂多样的，采集的时序数据可能会出现空值、时间戳不精确等情况；第五是应用跨越"端、边、云"，工业数据不仅是需要满足储存这么简单，更重要的为了实现企业的互联化，数据也要实现应用跨越"端、边、云"；第六是 OT/IT 域集成，为了实现部分数据分析功能，需要 OT 领域的专业人员具备进行工业时序数据分析的能力。

　　传统的关系数据库和"键‑值"数据库在工业领域应用中的表现往往不是很好，主要是由于关系数据库无法满足大量工业数据的存储，"键‑值"数据库在查询方面受限，没办法满足工业领域的快速查询需求。当然，后来逐步构建了只针对时间序列数据的时序数据库，但是在工业领域依然存在一些局限性，例如 Timescale 时序数据库，写入吞吐速率和压缩比低，模型较固化，不利于设备升级；OPEN‑TSDB 在压缩及查询方面不友好，在工业领域部署运维比较复杂；influxdb 时序数据库针对工业场景下表现的性能不足。这些都充分说明了针对工业领域构建工业时序数据库的必要性和重要性。

　　对于工业时序数据库的功能主要可以分为工业数据存储功能、工业数据分析功能和工业数据服务功能三大块。其中，工业数据存储功能是最基本的功能，其主要包括高效存储、高吞吐量和容错机制等方面；工业数据查询分析功能主要是对采集的工业时序数据进行系统性分类和分析，主要包括数据处理、数据聚合和数据查询等方面，用于支持后续的数据预测和应用；工业数据服务功能主要是指企业基于工业时序数据库的一些扩展性功能，例如云端服务和 API 支持等方面。

3. 工业时序数据库的关键技术

　　为了支持上述功能，需要一些支撑工业时序数据库的关键技术，包括工业时序数据库的存储写入技术，工业时序数据库的高效压缩技术，工业时序数据库的查询分析技术。

1）工业时序数据库的存储写入技术

　　工业数据的来源主要是各种设备传感器，这些设备产生的工况数据的采集和处理对于数据存储和计算提出了巨大挑战。为了针对高吞吐量数据、乱序数据写入、复杂元数据管理等问题，需要时序数据库存储和写入技术的支持，如图 5.34 所示，这包括分布式存储技术、乱序数据顺序写入技术、时序数据文件存储技术。

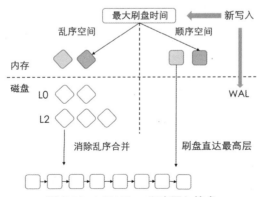

图 5.34　LSM‑Tree 顺序写入技术

　　首先是分布式存储技术。通常，分布式数据库有两种分片策略：范围分片和哈希分片。前者适用于基于主键的范围扫描，后者适用于离散大规模写入以及随机读取。对于时序数据库来说，可以基于时间的范围进行分片，数据库根据时间维度将数据划分为多个分片，每个分片包含一定时间范围内的数据，有助于时序数据的高效存储。

其次是乱序数据顺序写入技术。LSM-Tree 是一种分层、有序、面向磁盘的数据结构，其核心思想在于充分利用磁盘批量的顺序写入相对于随机写入的性能优势。在 LSM-Tree 中，关键的磁盘数据结构是 SSTable。SSTable 是一种持久化的、有序且不可变的"键 - 值"存储结构，其中的键和值都是任意的字节数据，提供了按指定键查找和在指定键区间迭代遍历的功能。LSM-Tree 结构极大地提高了数据的写入能力，通过有效地利用磁盘的批量顺序写入特性，为时序数据库提供了高性能的写入操作。

最后是时序数据文件存储技术。为了处理包含时序标识、时间戳和数值的大规模高频率时间序列数据。需要时序文件存储技术，这包括基于 Key-Value 的时序数据存储技术、基于"序列 - 文件"的存储技术、基于分段的时序数据存储技术，以及专用列式时序数据文件 TsFile。这里介绍一下 TsFile 技术。TsFile 是一种用于存储时序数据的文件格式，通过注册元数据的方式进行管理。首先，可以按照 Path+ 测量模式的形式注册每个时间序列，以确保其独立性。在写入数据方面，TsFile 支持按设备逐行写入 TSRecord，或者按设备逐批写入 Tablet，这种批量写入接口速度快，可达每秒千万级数据点写入速度。在读取数据时，TsFile 支持通过查询接口进行路径、表达式、时间和值的过滤，可以灵活高效地进行时序数据查询。

2）工业时序数据库的高效压缩技术

工业数据采集频率多为毫秒级，如果实时数据不经过筛选、清洗和压缩就直接存储，即便是大容量存储器也无法长期满足性能要求。因此，需要进行数据压缩。时序数据压缩技术是一种在存储和传输时序数据时，通过各种手段减小数据量的方法，可以降低存储成本、减少网络传输延迟，并提高数据处理效率。

比较常见的时序数据压缩技术有两种，第一是差分编码技术，这是一种基于数据差异的压缩方法。对于时序数据，可以使用差分编码记录相邻时间点之间的差异，而不是记录原始数值。这在数据变化较缓慢的情况下可以显著减小存储空间。除此之外，编码压缩技术还包括振幅编码、熵编码等数据压缩技术。第二是函数近似时序压缩算法，它的主要设计思想是假设时间序列可以表示为时间函数。由于会出现无法处理的新值，找出能够准确描述整个时间序列的函数是不可行的。因此，可以将时间序列划分成多个片段，对每个段找到一个近似时间函数来描述。多项式估计算法是函数近似时序压缩算法的常用实现，此技术将时间序列分为固定长度或可变长度的多个段，并尝试找到接近细分的最佳多项式表述。此外 Autoencoder 是一种特殊的神经网络，被训练用于处理和压缩时序数据。算法架构由对称的两部分组成：编码器（encoder）和解码器（decoder）。时序数据可以通过编码器被压缩，通过解码器恢复原始数据。

3）工业时序数据库的查询分析技术

最后是工业时序数据库的查询分析技术，在工业领域，实时监测、故障诊断、性能分析等应用都依赖于对工业时序数据的快速访问和分析。因此，支持对时序数据的快速查询和分析是至关重要的。以下是一些用于大规模查询分析工业时序数据的关键技术，首先是时序多维索引技术，它通过建立多维度的索引，如时间索引、标签索引、数值索引等，支持复杂多维查询，提高对时序数据的检索效率。多维索引技术使得数据库能够更有效地支持多维度时序数据的复杂查询操作。其次是时序数据聚合技术，它允许用户通过选择时序数据源、定义聚合条件（如时间范围和聚合函数），执行查询并获取结果，从而对时序数据进行统计分析，例如计算平均值、总和、最小值或最大值等，提供特定时间范围内数据的概要信息。此外数据查询方法还包括嵌套查询和降采样查询技术等。

4）时序数据库的主流产品

本节将介绍目前市场上存在的时序数据库主流产品。InfluxDB 是一款开源的时序数据库，被广泛应用于设计软件行业。TimescaleDB 是另一款备受欢迎的开源时序数据库，它基于 PostgreSQL 构建，结合了关系数据库和时序数据库的优点。OpenTSDB 是一个分布式、可扩展的时序数据库，特别适用于海量数据存储和实时监控场景。Prometheus 是一款开源的时序数据库，特别适用于云原生环境。DolphinDB 是一种高性能、分布式的数据分析和计算数据库系统。IoTDB 是清华大学主导的 Apache 孵化项目，是一款专为物联网时序数据打造的数据库，提供数据采集、存储、分析的功能。其中 IoTDB 是一种针对工业领域的工业时序数据库。

针对工业场景的工业时序数据库 IoTDB 主要有六大特点：首先是高吞吐量读写，IoTDB 可以支持数百万个低功耗和智能联网设备的高速写访问。它还提供数据快速读取访问以查询；第二是高效的树状元数据结构，IoTDB 可以对拥有复杂组织关系的物联网设备进行树状结构管理，并使用通配符对这些元数据进行模糊匹配；第三是丰富的查询语义，IoTDB 可以支持跨设备和传感器的时间对齐查询，在时间维度上的聚合（降采样）等；第四是硬件成本低，IoTDB 可以实现磁盘存储的高压缩率；第五是灵活的部署，IoTDB 可以为用户提供云上的一键式安装、终端访问工具以及边—云之间的协同；第六是开源生态系统的紧密集成，IoTDB 支持许多大数据软件生态系统，例如 Hadoop、Spark、Flink 和 Grafana。

IoTDB 具体的解决方案可以分为 4 个阶段的集成：采集阶段是采集获取工业数据的过程，主要是利用 Telegraf 等数据采集器进行数据采集；处理阶段则是对采集的数据进行处理优化的过程，例如对数据进行流处理，即实时地处理一些实时数据流；分析阶段主要是利用 MATLAB 等手段对数据进行系统化分析；应用阶段主要是利用系统化的工具进行应用部署。

"长安智能汽车云建设的实践"是一个基于 IoTDB 的物联化的应用实例，目前长安汽车内部的一个大规模时序数据管理架构的 2.0 版本是基于 IoTDB 所构建的，如图 5.35 所示，整个大规模时序数据管理的工作原理主要是通过车载的 Tbox，然后基于长安汽车私有的 TCP ，去写一套网关链接报文，通过 CLB 发送到 TU-GW 应用里面之后，系统就会对报文进行解析，解析完之后再通过后面的应用和分发引擎，将这些车况的数据和报文的数据分发到不同的集群里面。在 2.0 版本中，针对车况场景主要的时序存储引擎是 IoTDB，可以一秒完成 150 万车况数据的写入，实现了高效的车联网时序车况管理。

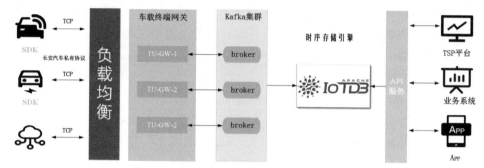

图 5.35　长安智能汽车云建设的实践应用

5.1.6　工业大数据可视化

1．大数据可视化定义

数据可视化是指研究如何将数据转换成可交互的图形或图像等可视表达，以增强人的认知能力，达到发现、解释、分析、探索、决策和学习的目的。数据可视化的发展经历了很长的时间，几乎是与人类现代文明启蒙和发展过程一脉相承。除了经典的统计图表（比如折线图、柱状图、饼状图等），早期最成功的数据可视化案例是 19 世纪 30 年代的 Henry Beck 伦敦地铁图。

数据可视化的分支按照时间顺序包括信息图、科学可视化、信息可视化和可视分析，如图 5.36 所示。在学术领域，通常将科学可视化、信息可视化和可视分析作为数据可视化的三大主要分支。

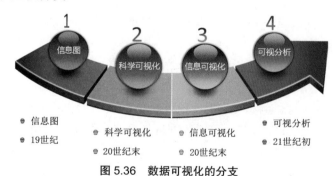

图 5.36　数据可视化的分支

1）信息图

数据可视化的信息图分支涵盖了多种形式，以直观传达数据信息。这些分支包括折线图、柱状图、饼图、散点图、雷达图等。折线图常用于展示趋势变化，柱状图则适用于比较不同类别的数据，而饼图则突出部分与整体的比例关系，散点图通过点的分布展示变量之间的关系，雷达图则强调多个变量在同一图中的相对大小。这些信息图分支不仅丰富了数据可视化的形式，也使得用户能够选择最适合其数据表达需求的图表类型，提高了数据解读的灵活性和效果。

2）科学可视化

科学可视化是 1987 年由美国布鲁斯·麦考梅克等首次提出的。科学可视化主要用视觉呈现生物、医学、气象、天文等科学研究领域，这些领域通过数值模拟或实际探测等产生的数据集，一般采用结合图形学和沉浸式技术将其呈现出来，帮助科学家去理解这些数据。在工业大数据方面，科学可视化被广泛应用于各种设备的数字化结构表征和生产设备的内外环境模拟。VR、AR、MR 等沉浸式技术常与科学可视化联合使用，让佩戴相应设备的工人以第一视角的形式"进入"生产环境、熟悉环境并进行模拟操作。

3）信息可视化

信息可视化由美国斯图尔特·卡德等于 1989 年首次提出。随着计算机应用领域越来越广泛，来自商业、财务、行政、数字媒体等方面会产生大量异质性数据集，信息可视化通过图形化的方式表达这些数据，利用人类视觉，来揭示数据模式。信息可视化有非常多的经典和新颖的图表形式，这些图表形式通常可以按照数据类型来分类，这种可视化方法不仅在商业和科学领域中用于决策支持和数据分析，还在新闻、社交媒体等领域中用于传达信息和引起公众关注。信息可视化的目标是通过视觉化手段提高信息传递的效果，使用户能够更快速、准确地获取有关数据的见解。在工业大数据方面，生产的整个流程，比如生产阶段、测试阶段、售后阶段都可能产生各式各样的数据，多维、时序、网络、序列等各种经典数据类型都会产生，信息可视化会采用各种经典或是新颖的图形化方式，直观呈现这些数据，帮助用户观察数据中潜在的模式。

4）可视分析

可视分析的概念在 2005 年首次出现，它强调将统计学、数据挖掘、机器学习、信息可视化、人机交互、心理学等多领域技术结合起来，帮助人们对复杂数据展开人在回路①的深入理解与探索式分析，用于支持一些复杂的决策场景。可视分析的特点主要包括：第一个特点是将多种数据源联合起来进行分析；第二个特点是利用多种不同的图表来呈现不同的数据或用多种图表来呈现同一数据的多方面；第三个特点是这些数据和图表之间会产生非常灵活的动态的联动。可视分析是数据可视化的一种进阶

---

① "人在回路"指的是在自动化系统中保留人类操作员的角色，他们可以监控、干预或指导自动化系统的运行。这种设置确保了人类对关键决策有最终的控制权。

形式，强调通过结合人的直觉和计算机的计算能力，以更深入和交互式的方式进行数据分析。它不仅关注将数据以图形的形式呈现，还强调用户对数据进行探索、发现模式、提出假设和进行实时分析的能力。可视分析工具通常提供交互式的界面，允许用户通过探索不同的图形表示、过滤数据、调整参数等方式与数据互动，从而深入了解数据中的关系和趋势。可视分析不仅用于支持决策制定和问题解决，还在科学研究、商业分析等领域中发挥重要作用，帮助用户更全面、更深入地理解复杂的数据集。

大数据可视化是在大数据时代背景下应运而生的重要技术之一。随着信息技术的迅猛发展，我们面临着海量、多维、高维度的数据，如何从这些数据中提取有价值的信息成为一项巨大的挑战。大数据可视化通过图表、图形等可视化手段，将庞大复杂的数据呈现为直观、易理解的形式，帮助人们更深入地理解数据之间的关联和趋势，从而支持决策制定、问题解决和洞察发现。在业务、科研、社会等领域，大数据可视化不仅提升了信息传递效率，还推动了数据驱动决策的普及，成为处理大数据时不可或缺的工具和方法。

工业大数据可视化的理论基础如下：

（1）支持分析过程的认知理论模型。

在工业大数据可视化中，支持分析过程的认知理论模型通常结合了认知工程学、信息加工理论以及可视分析的原理，以及认知负荷理论、思维导图和信息架构。

- 认知工程学原理：强调在设计工业大数据可视化的工具时考虑用户的认知特性，包括注意力、记忆、问题解决和决策过程。认知工程学的原理可用于确定如何组织信息、提供反馈以及支持用户在复杂环境中的决策。

- 信息加工理论：关注在可视化分析过程中个体如何感知、注意、记忆和思考信息，理解用户如何处理大数据信息有助于设计更有效的可视化界面，以提高信息的可理解性和准确性。

- 可视分析原理：强调通过视觉交互促进数据探索和深入理解。可视分析工具应当提供灵活的界面，使用户能够互动式地探索数据、发现模式，并进行实时的数据分析和决策。

- 认知负荷理论：在设计工业大数据可视化工具时，需要考虑用户的认知负荷。避免信息过载，优化信息展示，以及提供清晰而直观的界面，有助于降低用户在分析过程中的认知负荷。

- 思维导图和信息架构：使用思维导图或合理的信息架构，以帮助用户更好地组织和理解大规模、复杂的工业数据。这有助于建立用户对数据关系和趋势的清晰认知。

（2）信息可视化的理论模型。

信息可视化可以理解为编码（encoding）和解码（decoding）两个映射过程。编码是将数据映射为可视化图形的视觉元素（如形状、位置、颜色、文字、符号等）；解码则是对视觉元素的解析，包括感知和认知两部分。一个出色的可视化编码需同时具备两个特征：效率和准确。效率指的是能够瞬间感知到大量信息，准确则指的是解码所获得的原始真实信息，图 5.37 为信息可视化的参考模型。

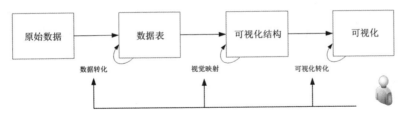

图 5.37　信息可视化的参考模型

（3）人机交互与用户界面的理论模型。

在工业大数据可视化的理论基础中，人机交互（HCI）与用户界面设计的理论模型起到至关重要的作用。这包括 Jakob Nielsen 提出的十大可用性原则，旨在指导设计对用户友好的界面，以及 Don Norman 的认知行为模型，强调理解用户认知过程以提高交互效率。ISO 9241-210 标准提供了通用的人机交互指导原则，而 Fitts's Law 和 Gestalt 理论关注交互元素的大小、距离以及整体结构对用户操作和理解的影响。这些理论模型为工业大数据可视化提供了基础，帮助设计者创造直观、高效的用户界面，提升用户在大数据分析中的体验和效果。

2. 工业大数据可视化的案例——工业辊道窑生产态势的可视分析

为了大家能够更加清晰地了解到工业大数据可视化，这里介绍一个典型的工业大数据可视化—工业辊道窑生产态势的可视分析，工业辊道窑的结构如图 5.38 所示。

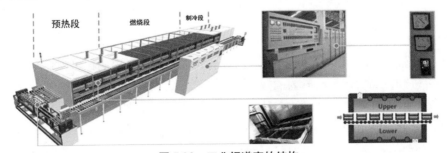

图 5.38　工业辊道窑的结构

工业复杂设备叫作 RHK 辊道窑，它是锂电池正极材料生产的核心设备。结构上，它由 21 个温区构成，分为升温段、恒温段与降温段，分别完成预热、烧结、冷却的功能，每个温区有上下两层，每个温区设定的目标温度有所不同。在烧结时，原材料装钵之后送入 RHK 内部进行，边往前滚动边烧结。作为一个复杂的设备，它存在一些常见的故障：加热硅碳棒老化与断裂、温度控制器失灵、线路与继电器故障等，因此需要对它实现严密的监控。当前使用的监控模式是用数百个仪表盘显示监控数值，主要是各个温区的温度、电流和电压，监控人员要想快速看完这些仪表盘，非常费时费力。

在生产过程中，产生的数据包括 3 类：基础数据主要指窑炉的物理结构以及 21 个温区的设定温度；过程数据是每 5 分钟进行一次采集，采集的内容包括 21 个温区上下单元的温度、电压和电流；报警数据是低于设定温度时和高于设定温度时触发的报警。

工业大数据可视化系统的整体界面如图 5.39 所示，主要有 Workshop view、RHK view 和 Zone view 3 个视图。

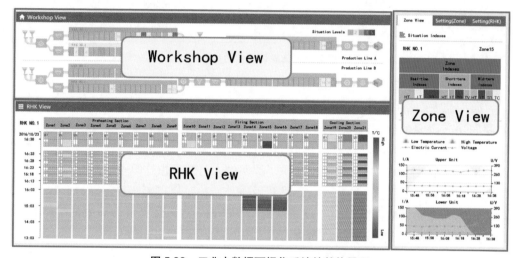

图 5.39　工业大数据可视化系统的整体界面

Workshop view 基于实际车间的物理模型进行可视化，显示车间内两条流水线，每条流水线上有 3 个辊道窑。每个温区的颜色表示这个温区的态势等级，绿色表示正常，红色表示不正常。

RHK view 是对辊道窑炉当前和短期内历史数据的展示，横轴按烧结顺序指示 21 个温区，纵轴表示时间；由于用户要求考虑数据的优先级，因此在可视化时，当前数据占据纵轴较多高度，半小时内的数据则有稍微压缩，3 小时内的数据则重点关注其温度趋势。对于每一个温区在某个时间点的监控数据可视化，采用色块加条状图的表现模式，分上下单元，色块颜色表征温度，左右条状图表示电压电流的大小。

Zone view 呈现一个温区的详情数据。包括两部分：一是用冰柱图向展示了温区的各个态势指标的取值；二是用混合时序图表示温度、电压、电流的变化情况。

▶ 5.2　工业智能

5.2.1　工业智能概述

工业人工智能是人工智能技术与工业应用融合发展形成的，贯穿于产品全生命周期的设计、生产、管理、服务等各个环节，针对产品与工艺设计、经营管理与决策、制造流程运行管理与控制等典型应用，实现模仿或超越人类感知、分析、决策等能力的技术、方法、产品及应用系统。

工业人工智能的发展如图 5.40 所示，目前主要建立在人工智能领域两类驱动技术基础上。一类是知识驱动的方法，基于工业各学科领域的专业知识、专家经验知识等进行推理分析，包括传统的专家系统和近年来发展迅猛的知识图谱技术。另一类主要针对工业领域大量机理不清的应用问题，基于数据科学的思路，采用数据驱动的学习方法，在足够的数据样本积累的基础上，试图绕过机理模型，从数据中挖掘模式与规律。包括传统的机器学习以及近年来的深度学习。相对而言，知识图谱更适于解决工业中影响因素较多但存在内在关联关系，并且计算复杂度相对较低的应用，例如供应链风险预测。深度学习更适于影响因素相对较少但复杂度较高的非线性问题，例如变工况下的设备健康预测。

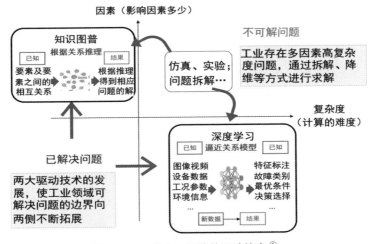

图 5.40 工业人工智能的驱动技术 [①]

1. 工业人工智能的关键组件

工业应用中，仅仅依赖人工智能算法是不够的，工业人工智能 AI 芯片、框架和编译器是实际构建和部署工业人工智能应用的关键组件。工业人工智能算法是定义了如何解决特定问题的一系列步骤和规则，例如神经网络等模型。这些模型需要在硬件上运行，而芯片、框架和编译器为实现这一目标提供了必要的支持，下面进行简要介绍。

AI 芯片是专门设计用于执行 AI 任务的硬件。与传统的通用计算芯片不同，AI 芯片通常具有更高的并行性和优化的硬件结构，以加速深度学习等复杂的 AI 计算任务。这些芯片的设计目标是提高 AI 模型的训练和推断性能，使其更加高效。工业应用对于专用性、可靠性、安全性、实时性的高要求，使得 AI 芯片的研制需求十分迫切。

---

① 图 5.40 引用网址为 https://www.aii-alliance.org。

AI 框架是一套软件工具和库，提供了构建、训练和部署 AI 模型所需的基本功能。常见的框架包括 TensorFlow、PyTorch 和 MXNet 等。这些框架简化了模型开发的过程，提供了高级的抽象和接口，使开发人员能够更轻松地构建和调试复杂的神经网络模型。

在 AI 上下文中，编译器是将高级 AI 模型代码转换为可在目标硬件上执行的低级指令的工具。AI 编译器的目标是优化模型的性能，使其能够充分利用底层硬件的特性。

图 5.41　工业人工智能的关键组件

这种优化可以包括对计算图的优化、硬件特定的指令生成等。

芯片提供了硬件加速，使得算法能够更快速地执行，处理更大规模的数据。框架为算法提供了开发和运行的基础结构，开发人员可以使用高级抽象层次来定义和训练模型，而无须深入处理底层实现细节。编译器将高级算法代码转换为底层硬件可以理解的指令，以实现对模型的有效执行。如图 5.41 所示，这三个组件共同构成了一个完整的 AI 开发和部署生态系统，使得算法能够在硬件上高效地运行，从而推动工业人工智能技术的落地。

2. 工业人工智能的应用场景

工业智能在制造业的应用场景十分广泛，其细分应用场景可达到数十种。参考美国国家标准与技术研究院（NIST）对智能制造的划分标准，可以将工业智能的应用场景按产品生命周期、生产过程与系统、商业过程与系统三个维度进行划分。产品相关应用涉及产品研发、服务、溯源等，生产相关应用包括生产排程、制造过程及工艺优化、物流优化、成本优化、质量检测、能源管控、安全管控、设备维护、工艺和设备各类指标软测量、不规则物体分拣等，商业相关场景包括用户需求预测、供应链风险预测、供应链优化、金融风险管控等。

我们进一步根据应用场景问题的不确定性和复杂度进行划分，大致可以区分为：传统的专家系统和机器学习，以及新兴的知识图谱和深度学习，这 4 类技术分别适合的应用场景区间。一是诸如库存管理、生产成本管理等问题，由于其流程和规则清晰明确且计算复杂度较低，因此可以将此类任务的执行过程构建确定性规则推理系统，也就是通过专家系统解决。二是设备运行优化、制造过程优化、生产排程，以及相对简单的视觉检测等问题，往往难以建立明确的机理模型，这类不确定性较高但复杂度相对较低的问题，是机器学习可以发挥作用的领域。三是供应链风险预测、用户需求分析等应用需要依靠大量专业领域知识的推理作为决策支持，并且内在关联关系复杂程度高，可利用知识图谱技术来解决；四是针对复杂的质量检测、非线性指标软测量、不规则物体分拣等高度不确定性的复杂应用，问题机理不明、无法使用经验判断理解，但工业互联网可积累大量样本数据，此类可采用深度学习来解决。此外，对于产品创新研发、无人操作设备等更为复杂的问题，通常需要采用多种方法技术组合进行求解。

1）故障检测

在故障检测方面，如图 5.42 所示，电子制造行业可通过部署超高清摄像头采集 PCB 电路板和元器件的图像，并结合 5G 网络大带宽、低延时特性，将数据传输至部署在边缘云上的图像分析系统，自动判断 PCB 是否存在缺陷，并反馈分析结果。

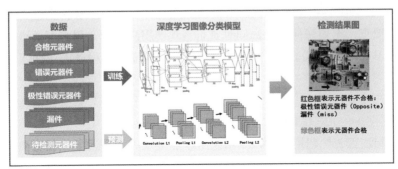

图 5.42 故障检测的应用案例

通过深度学习的应用，故障检测系统还能够自动识别零部件表面的缺陷、异物或装配错误。这种智能系统不仅能够在生产线上实时监测，而且还能够在制造过程中迅速适应新的产品类型和生产变化。与传统的基于规则的故障检测系统相比，基于深度学习的系统具有更高的灵活性和适应性。

在未来，随着 5G 网络的普及和边缘计算的发展，故障检测系统将更加智能化和高效。制造企业可以部署分拣机器人，根据图像识别系统的实时结果，自动挑出存在缺陷的产品，进一步提高产品质量和生产线的整体效率。

2）预测性维护

针对工业装备、发动机、风机的预测性维护应用，可通过数据驱动的方式进行工业设备分析与预测。首先，通过对工程机械装备施工作业的数据采集，实时监测装备的运行状态，充分了解工程机械在施工作业过程中不同状态下的运行规律；然后，以获取的大量装备状态历史数据为基础，结合设备维修历史数据，通过人工智能的机器学习算法，抽取装备历史数据中的关键特征，如发动机转速、油温、油压、工作时间等，构建装备故障分析模型与装备故障预测模型，进而实现故障原因的快速定位，并给出维修措施的建议，以及为防止未来发生故障是否需要进行维护的建议。

3）供应链优化

在供应链优化应用方面，目前先进的供应链智能系统通过利用深度学习技术和物联网设备，与生产线上的传感器、仓储设备、运输工具等物联网设备连接，实时监测和收集与供应链相关的大量数据。利用深度学习算法，系统能够自动识别生产环节的瓶颈、库存水平、运输效率等关键指标，并根据实时数据进行智能调整。这一系统的优点在于其无须烦琐地手动配置或预设规则，而是通过深度学习自主学习和适应供应链的特定特征。供应链智能系统具备高度的自主决策能力，能够在不同生产环节中实现智能优化，从而提高供应链的整体效率，为工业企业提供先进的供应链智能解决方案。

4）工业机器人智能抓取

在工业机器人智能抓取应用中，慕尼黑的一家公司开发了机器人视觉系统，基于深度学习与 3D 视觉相机来帮助机器人自动识别各种材料、形状甚至重叠的物体，并确定最佳抓取点，无须任何编程，同时具有直观的用户界面，用户可通过大型操作面板或直接在 Web 浏览器中轻松完成配置。爱普生、埃尔森等公司纷纷推出基于 3D 视觉与深度学习的复杂堆叠物体、不规则物品的识别和分拣机器人，减少人力工作量，提高制造业的效率。

5）工业设备、工艺优化

在设备制造工艺优化场景中，采用人工智能方法对设备运行、工艺参数等数据进行综合分析并找出最优参数，能够大幅提升运行效率与制造品质。西门子公司利用深度学习使用天气和部件振动数据来不断微调风机，使转子叶片等设备能根据天气调整到最佳位置，以提高效率、增加发电量。一些制造企业借助工业大脑的深度学习技术识别生产制造过程中的关键因子，找出最优参数组合，提升生产效率，降低能耗。

6）5G+ 云边人工智能

还有一些工厂对制造执行系统中的扫码设备、联机数控机床等进行了 5G 化改造，结合云边智能，解决了以往无法实时采集生产数据和 WiFi 网络不稳定的问题。5G 网络在工厂 MES 系统中充当主要的传输载体，通过工业网络升级，成功地缩短了 IT 网络检修和改造对生产的影响时长。

基于 5G 大带宽技术，实现了生产线机器视觉检测的无线部署。如图 5.43 所示，通过引入 4K 清晰度以上的超高清工业摄像头，5G 网络直接传输图像数据至云端的人工智能平台。在这里，深度学习的图像分类模型通过对产品高清图像的实时分析，对生产线上的元器件进行智能实时检测。这项技术不仅避免了传统布线的高成本，同时也显著提高了产品检测的准确性。系统能够自动判断标注，避免了人工检测过程可能出现的漏检和错检问题。

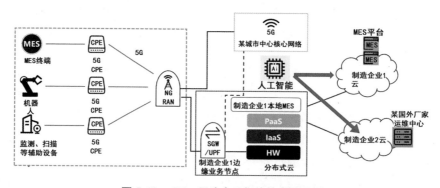

图 5.43　5G+ 云边人工智能的应用示例

5.2.2　工业数据深度学习：建模与分析流程

1. 深度学习贯穿工业数据生命周期的三个阶段

深度学习作为新一代人工智能的核心驱动技术，为工业智能的创新发展提供了全新的发展空间和可能性，当前基于深度学习的工业智能技术已经成功应用于多个工业场景。那么，从工业数据处理和应用的角度出发，工业数据的生命周期主要包含预处理、建模、分析应用三大关键环节，深度学习贯穿工业数据生命周期的上述三个阶段，形成了如图 5.44 所示的工业数据深度学习建模与分析流程的总体框架。

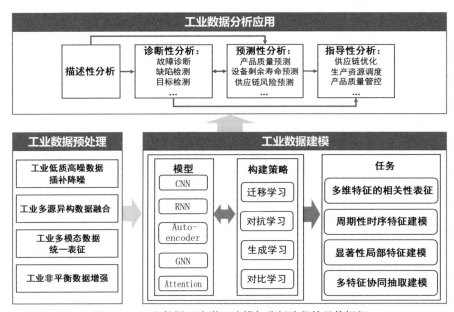

图 5.44　工业数据深度学习建模与分析流程的总体框架

第一阶段是基于深度学习的工业数据预处理。对于采集到的初始工业数据，第 1 个关键环节是通过自适应的预处理方法对其进行规范化表征，并为后续智能化的数据分析模型提供有效的高质量数据输入。采集获取的工业数据中广泛存在各种不符合要求的噪声数据、缺失值等现象，在数据融合时不同数据源的同类属性字段也往往存在不一致性的情况，为了能够为后续智能化工业数据分析模型的运行提供高质量的数据输入，工业数据需要在数据采集后进行高效的特征工程，达到改善和提高数据质量的目的。

第二阶段是基于深度学习的工业数据建模。在工业数据预处理环节之后，第 2 个关键环节是提取核心特征并构建工业数据深度学习模型。工业数据的各种核心特征提取与建模，涉及工业高维度数据的低维表征、周期性数据时序特征建模、显著性局部特征建模、多特征抽取协同建模等，为后续分析应用提供数据驱动的工业数据深度学习模型。

第三阶段是基于深度学习的工业分析应用。在建立了工业数据深度学习模型基础上，第 3 个关键环节是面向领域的工业数据分析应用。主要面向工业制造中各类实际应用问题构建具体分析应用模型，从工业数据中探索模式与规律。工业数据分析技术，从应用的角度划分，大致可分为描述性分析、预测性分析、诊断性分析和指导性分析应用。描述性分析主要关注关键指标的可视化展示等方面，传统的报表、仪表盘等可视化形式已经广泛应用。预测性分析是指对工业行为状态的监控，以及对未来状态做出预测，根据预测结果对进一步的措施进行指导。相关的应用场景非常多，例如产品质量预测、设备剩余使用寿命预测、供应链风险预测等。诊断性分析是指对工业场景中已发生的事故的根源进行分析。基于深度学习的工业数据智能分析方法，可以较快速地对异常情况进行定位。相关的应用有工业设备故障诊断等。指导性分析是指对未来的行为做出指导和决策。典型的应用场景有供应链优化管控、生产任务调度、生产资源调度等。

2. 具体案例分析

案例 1：基于 MCTAN 的工业多通道数据表征建模。

工业时间序列分析通常涉及多信号源，因此需要同时考虑时间序列的序列相关性和多源特征间的相关性。在案例 1 中以飞机发动机的剩余使用寿命预测为例，介绍工业多通道数据表征建模方法——多通道时序注意力网络（MCTAN）。该案例中，飞机发动机的历史运转传感数据积累的 CMAPSS 数据集，包含 21 个传感器采集的时间序列。以窗口大小为 30 的滑动窗口对数据进行划分后，每个样本包含 21×30 个特征。基于 MCTAN 的工业多通道数据表征建模的框架如图 5.45 所示。

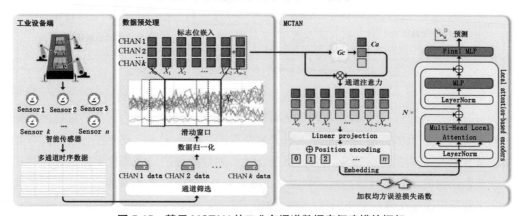

图 5.45　基于 MCTAN 的工业多通道数据表征建模的框架

在数据的预处理阶段，数据除滑动窗口采样以外，需要对数据做归一化处理，使各特征具有相同的影响。之后对时序数据进行建模。因此，可以分别通过通道注意力和局部注意力来分别对多源特征间相关性和特征的序列相关性进行建模。建模的方式如图 5.46 和图 5.47 所示。通过这种方式，可以对飞机发动机的传感信号和其剩余使用寿命间的非线性映射做出建模，实现对发动机健康状况的精准监控。

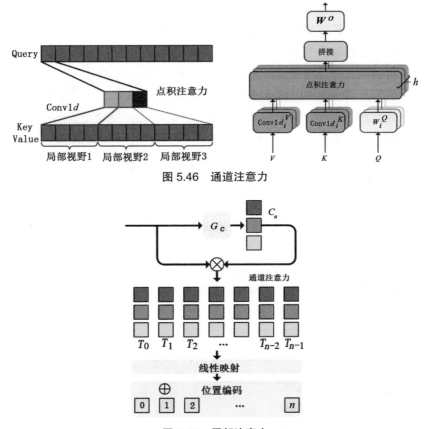

图 5.46　通道注意力

图 5.47　局部注意力

案例 2：基于 TR-LT 的工业时序数据多周期尺度建模。

工业时间序列（尤其是长时序）多服从多种变化趋势，因此需要从不同的时间尺度分析数据。在案例 2 中，以滚动轴承的剩余使用寿命预测为例，介绍工业时序数据多周期尺度建模分析方法——张量环分解的轻量化 Transformer（TR-LT），如图 5.48 所示。

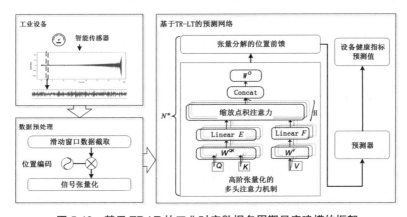

图 5.48　基于 TR-LT 的工业时序数据多周期尺度建模的框架

轴承的监控信号，例如该案例的 FEMOTO 数据集中的数据所展示的那样，通常是单维或二维的震动信号。因此，数据的多尺度周期性变化模式就成了建模的重点。

在数据的预处理阶段，除滑动窗口采样以外，可通过小波变化对数据进行去噪处理，剔除噪声和离群值，提高数据质量。之后，对数据进行多维度张量化变换，在不改变整体数据量的情况下，将数据转变为更多尺度特征更易被挖掘的形式，如图 5.49 所示。

之后对数据的多时间尺度的周期性变化模式进行建模。根据 Attention 机制的特点，将时间序列转换为多维度张量之后，可利用 Attention 从不同的维度进行序列分析，实现多尺度建模，如图 5.50 所示。在一个注意力头内部就包含 N 个尺度（N 为张量的维度）。通过这种建模方式，可对时间序列的多尺度周期性变化做出精准建模，为轴承的剩余使用寿命预测、故障诊断等任务提供支持。

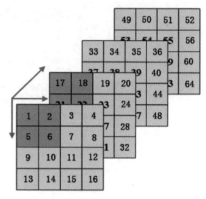

图 5.49　数据的多维度张量化变换

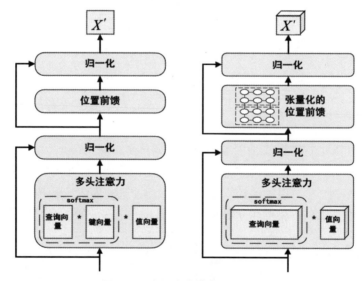

图 5.50　多尺度张量化 Attention

案例 3：基于 TFAT 的工业时序多层级时频域建模。

工业多元时间序列的结构可能是复杂的，通常高性能的时间序列建模方法都是针对某一特定场景的，在其他场景或许不能有令人满意的表现。因此一种可以适用于多种预测任务的通用分析模型是有必要的。

在预处理阶段，也就是算法的第一部分，利用深度小波分解模块，对数据进行多尺度自适应时频域分解，实现数据的特定时频域特征的挖掘。在建模阶段，利用多头自注意力模型来挖掘时间序列的序列相关性以对下游任务进行建模。同时，通过一个辅助任务，利用主干网络中 Attention Score 较低的部分重构 Score 较高的部分，实现冗余信息的量化剔除。最终实现时序数据的建模与分析应用。

5.2.3　工业时序数据深度学习技术：应用背景与基础知识

1. 应用背景与意义

工业时序数据，例如在工业过程中由传感器和监测系统采集的信号，是工业互联网大数据的主要组成部分。这类数据隐藏了大量关于工业系统的运行状态和演变规律的信息，可以为工业过程监控和工业产品质量监测等任务提供极高价值的知识参考。随着现代工业对生产效率、产品质量、经济效益和工艺安全等方面的要求越来越高，时间序列建模分析在工业智能中发挥着越来越重要的作用。

传统的分析预测方案通常是基于机理或基于模型的。如果能够精确地理解工业过程的机制，这两种方法都可以很好地工作。然而，现代工业的复杂性使得这些先决条件难以满足。此外，这种对先验知识的依赖导致难以动态演化，导致适应性较差。以深度学习为代表的数据驱动的方法日益成为这些任务的新的解决方案。工业产品的制造、工业设备的维护和工业过程的监控产生了大量的数据。挖掘和利用工业时间序列内在价值的智能分析已成为解决这类问题的关键。

2. 工业时间序列分析的典型应用

工业时序数据的深度学习建模方法正逐渐引起业界的广泛关注。具有代表性的应用包括工业设备预测和健康管理、故障诊断、工业产品质量预测和产品全生命周期管理等。其中，复杂装备的预测性维护与健康管理就是一类当前最典型的工业应用。以航空发动机的预测性维护任务为例，通过对节气门分解器角度、燃油流量、风扇转速、温度、压力、涡轮温度、压力和冷却液流速等传感数据进行建模分析，可以对航空发动机的健康状态以及剩余使用寿命进行精准预测。

复杂装备的健康状态可能是难以全面把控的。但是对设备的关键部件的监控是可行的。以旋转轴承为例，利用电流、温度、负载、速度、扭矩、振动等参数进行建模，可以有效实现关键部件的剩余使用寿命预测与故障诊断，进而保证复杂装备的安全、可靠运行。

产品的全生命周期管理是工业时间序列预测的另一个典型应用。产品生产涉及原料供应、运输、制造等多个过程，每个过程都会对产品的质量、产量造成影响。工业时序数据建模能够利用产品制造过程数据和质量检测数据，进行产品质量管理，实现产品生产的可追溯性，并对产品的质量、产量以及制造过程的安全隐患等进行管控。

工业时间序列建模的另一个典型应用是供应链优化与生产调度。产品的供应链涉及从采购、生产到销售、服务的整个流程，供应链的优化对于减少成本、提升效率具有极其重要的意义。供应链优化与预测作为一种系统级的复杂问题，包含需求预测、风险预测、生产资源调度、生产计划调度等子问题。高质量的供应链管理系统可以有效分配生产资源，并可以对各种突发状况表现出较高的鲁棒性。

3. 工业时序数据深度学习：常用的模型与方法

为了支撑以上各类典型的工业应用，当前业界已经开始采用深度学习的主流方法和技术。本节对工业时序数据深度学习建模常用的基本方法做简要介绍。

1）卷积神经网络

卷积神经网络（Convolutional Neural Networks，CNN）在挖掘数据的局部特征方面具有很出色的性能，并且具有出色的特征提取能力和泛化能力，由此成了应用最广泛的深度学习模型，可以用于工业数据的预测和分类。CNN 的结构如图 5.51 所示。以二维卷积为例，卷积的数学表达式如下所示。

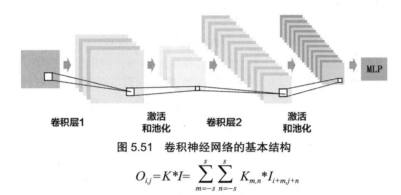

图 5.51　卷积神经网络的基本结构

$$O_{i,j}=K*I=\sum_{m=-s}^{s}\sum_{n=-s}^{s}K_{m,n}*I_{i+m,j+n}$$

单个卷积核只能提取一种类型的特征，如果希望卷积层能够提取多个特征，则可以并行使用多个卷积核，每个卷积核提取一种特征。

2）循环神经网络

循环神经网络（Recurrent Neural Networks，RNN）可以用来挖掘时序数据的时序特征。循环神经网络由于十分适用于挖掘工业物联网时序类数据的内在特征，成了工业智能应用最广泛的神经网络模型之一。

循环神经网络的基本结构如图 5.52 所示。

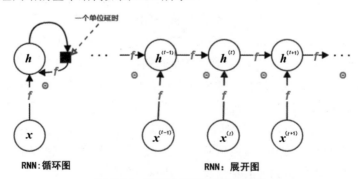

图 5.52　循环神经网络的基本结构

考虑动态系统的经典形式：$h^{(t)}=f(h^{(t-1)};\theta)$。其中：$h^{(t)}$ 称作系统的状态，θ 为参数。对于有限的时间步 τ，应用（$\tau-1$）次定义可以展开这个图。

目前实际应用中最有效的 RNN 模型是门控 RNN，具有代表性的有长短期记忆网络 LSTM 和门控制循环单元 GRU。门控 RNN 最重要的是 cell 状态 $\boldsymbol{C}^{(t)}$，它以水平线在图上方贯穿运行。

以 LSTM 为例，LSTM 拥有三个门：遗忘门、输入门、输出门，如图 5.53 所示。

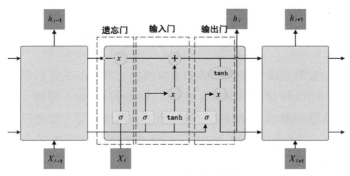

图 5.53　LSTM 的基本结构

遗忘门：控制了 cell 上一个状态 $\boldsymbol{C}^{(t-1)}$ 中，有多少信息进入当前状态 $\boldsymbol{C}^{(t)}$。遗忘门控制了自环的权重。

输入门：控制了输入 $\boldsymbol{x}^{(t)}$ 中，有多少信息进入 cell 当前状态 $\boldsymbol{C}^{(t)}$。

输出门：控制了 cell 状态 $\boldsymbol{C}^{(t)}$ 中，有多少会进入 cell 的输出 $\boldsymbol{h}^{(t)}$。

cell 状态更新：cell 状态 $\boldsymbol{C}^{(t)}$ 由两部分组成：一部分来自上一次的状态 $\boldsymbol{C}^{(t-1)}$；它经过了遗忘门 $\boldsymbol{f}^{(t)}$ 的控制，使得只有部分状态进入下一次。一部分来自输入（包括 $\boldsymbol{h}^{(t-1)}$ 和 $\boldsymbol{x}^{(t)}$）：输入需要经过 tanh 非线性层变换之后，然后经过输入门 $\boldsymbol{i}^{(t)}$ 的控制，使得只有部分输入能进入状态更新。

cell 输出更新：cell 输出就是 $\boldsymbol{h}^{(t)}$，它是将 cell 状态经过了 tanh 非线性层之后，再通过输出门 $\boldsymbol{o}^{(t)}$ 控制输出的流量，则整个 LSTM 单元的输出就和普通的 RNN 相同。

3）自动编码器

自动编码器是一种无监督的神经网络模型，可以用来挖掘数据的隐含特征。自动编码器包含编码器和解码器两部分，分别用于挖掘数据的显著特征和对原始输入数据重构，如图 5.54 所示。由于自动编码器的模块化的结构属性，使其相较于其他网络结构具有较好的可解释性。当前，自动编码器成了工业数据智能分析领域的常用模型。自动编码器的形式如公式所示。

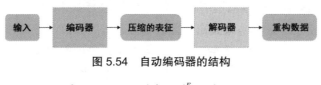

图 5.54　自动编码器的结构

$$\begin{cases} H = \text{Encoder}\,(I) = f^{E}(I;\,\theta_{E}) \\ O = \text{Decoder}\,(H) = f^{D}(H;\,\theta_{O}) \end{cases}$$

4）注意力机制

注意力机制可以使模型将计算资源聚焦于更重要的信息。近年来由于 Transformer 这种基于注意力机制的神经网络的提出以及其优越的性能，注意力机制成了深度学习领域极其火爆的热点，并受到工业数据建模领域学者的广泛关注。

注意力函数可以描述为：将一个 query 和一组 key-value 对映射到 output，其中 query、key、value、output 都是向量。output 被计算为 value 的加权和，其中每个 value 的权重是由一个函数来计算（即注意力函数），该函数以 query、key 作为输入。

图 5.55 是经典的 Scaled Dot-Product Attention 的结构。输入由三部分组成：维度为 d_k 的 query、维度为 d_k 的 key、维度为 d_v 的 value。我们将单个 query 和所有的 key 计算内积，然后内积的结果除以 $\sqrt{d_k}$，然后对这些内积结果应用 softmax 函数从而获得 value 的权重。

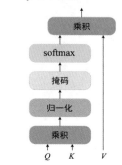

图 5.55　Scaled Dot-Product Attention 的基本结构

实践中一般使用多头注意力。与执行单个注意力函数不同，将 query、key、value 线性投影 h 次是有益的，其中每次线性投影都是不同。在此之上，并行执行注意力函数，每个注意力函数产生 d_v 维的 output。这些 output 被拼接起来并再次投影，产生最终输出，如图 5.56 所示。

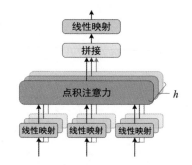

图 5.56　多头自注意力机制的基本结构

5）图神经网络

图神经网络（Graph Neural Networks，GNN）可以从非欧氏空间获取工业数据的关联性特征信息，用来学习数据特征间的相关知识，由此受到工业数据分析相关学术界学者的关注。通过捕获特征之间的相关性和构建关联图，GNN 在处理序列数据可表现出较好的性能。

图神经网络扩展了神经网络表示图结构的数据，GNN 的目标是学习每个邻居信息的状态嵌入向量 h_v，每个节点都有一个 s 维的词向量，可以用来产生类似节点标记的输出。如果用 f 表示参数函数，也被称作本地转移函数，这个函数被所有的节点所共享，并且根据输入邻居的信息更新节点的状态。并且用 g 表示本地输出函数。另外，

x_v，$x_{\text{co}[v]}$，$h_{\text{ne}[v]}$，$x_{\text{ne}[v]}$ 分别是节点 v 的特征向量、边的节点向量、状态的特征向量，以及 v 领域中节点的特征向量。则可以得到状态特征向量和节点输出向量分别为：

$$h_v = f(x_v,\ x_{\text{co}[v]},\ h_{\text{ne}[v]},\ x_{\text{ne}[v]})$$

$$o_v = g(h_v,\ x_v)$$

使用 H、O、X 和 X_N 为之前定义的状态、输出、特征和节点特征的叠加形式，F 是全局转移函数，G 是全局输出函数，那么可以得到基本定义的紧凑形式表示为：

$$H = F(H,\ X)$$

$$O = G(H,\ X_N)$$

更新公式可表示为：

$$H^{t+1} = F(H^t,\ X)$$

6）工业数据深度学习常用的模型：优劣对比

根据机器学习的"没有免费午餐"定律，任何一种算法、模型都各有其优劣，如表 5.1 所示。例如，CNN 在处理阵列数据时性能优异，对于局部相关性的挖掘具有较大优势，并且参数共享（参数量较小）；然而它的计算复杂度较高，并且由于 CNN 的网络通常较深导致参数更新较慢。RNN 是处理序列数据的最常用方法，然而由于不能并行计算导致计算效率过低。自动编码器由于其自身的无监督属性，它具有低复杂度、高泛化性等优点，但是它的输出可能是和任务无关的。注意力机制可以有效表征各个局部的相关关系，并且可以并行训练，被认为是高性能的神经网络结构，然而它的收敛过慢，并且不是图灵完备的。图神经网络可以有效处理图结构数据并且可以有效挖掘特征间相关性，然而它通常是难以建模的。

表 5.1　工业数据深度学习常用的模型

算　法	特　点	优　势	劣　势
CNN	有监督	处理阵列形式数据，表征局部相关性，鲁棒性；稀疏的相互作用，参数共享，等变表征	计算复杂度高；深度模型的参数更新慢
RNN	有监督	处理序列形式数据	不能并行计算
AE	无监督	低复杂度；可以去噪和生成；模块化结构	输出可能和下游任务无关
Attention	无监督	呈现任意位置之间的相关性，并行化，相对可信	收敛速度慢，非计算通用
GNN	有监督	处理图结构数据，表征变量之间的相关性	难以建模

5.2.4　工业时序数据深度学习的技术：挑战与应对策略

1. 工业数据深度学习：面临的挑战

高质量的工业数据并不总是容易获得的，因此工业时序数据建模存在着很多挑战。例如，在时变的工业系统中，由于设备、操作、环境和生产任务、监测数据的变化，难以收集足够和标记良好的历史数据，导致未标记和不平衡的数据。而且，意外的数据传输中断、传感器故障、网络延迟和极端的环境因素可能会导致高噪声和广泛的数据丢失。在像云制造这样松散的工业互联网系统中，与产品相关的工业人工智能需要得到每个用户的相互支持和维护，但他们各自的数据却彼此看不见。供应链数据可以来自不同的来源，如供应商、物流供应商和航运公司，它们可能有不同的结构和格式。这些问题使得传统的深度学习方法难以满足当前工业互联网中的时序预测应用需求。除工业时序数据中复杂的特征需要表征以外，还有以下 3 种挑战：多源异构数据难以融合、低质数据难以被有效处理、数据分布偏移难以校正，如图 5.57 所示。

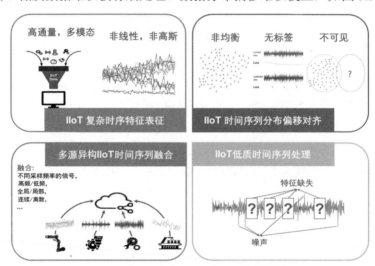

图 5.57 工业数据深度学习面临的挑战

1）挑战一：多源异构数据难以融合

第一个挑战，由于智能制造向复杂性、分布性和动态性的逐步发展，工业智能应用中所涉及的数据通常具有多源、异质性和多模式的特征。来自不同结构的不同来源的数据需要联合处理。例如，制造车间中的监测信号来自各种传感器，如声、光、电、加速度和压力等。传感器被放置在不同的位置，并且信号可能是异构的，例如，信号可能具有不同的采样周期，具有较大的频率差异，携带不同的全局或局部信息等。如果这些信号被单独处理，它们之间的耦合和相关性将被忽略。迫切需要智能方法有效融合工业多源异构数据。工业数据融合模型需要向混合、动态和分布式过渡，工业中异构数据的高效融合和准确表征是一项重要的任务。

2）挑战二：低质数据难以被有效处理

第二个挑战，由于环境条件、设备故障、传感器故障、数据传输错误、不兼容的数据格式、维护和停机等各种因素，高质量的数据并不总是可用的。例如，在电力生产和传输过程中，由于通信中断、传感器故障、停电或设备维护，高强度的功率波动则会产生不可滤波器产生的噪声。噪声和缺失值会显著降低后续数据预测和分析的效率及有效性。此外，不准确或不完整的数据不仅增加了工业系统中错误或故障的风险，而且降低了其整体可靠性。因此，噪声和缺失数据的生成处理已成为物联网时间数据处理的热门主题。为了为后续的智能工业时间序列预测模型提供高质量的数据输入，需要在数据采集后对工业数据进行高效的处理，以提高数据质量。

3）挑战三：数据分布偏移难以校正

第三个挑战，现代离散制造的多批次、小批量定制特点使得工业过程的运行条件高度可变，监测数据的假设并不总是成立。此外，由于工业互联网支持的制造模式，如云制造，通常是非紧密的组织，数据可能无法公开。例如，复杂设备在整个生命周期通常运行正常，故障诊断任务的故障数据稀缺。此外，生产数据的安全性也对建模有限制。如果工业智能被部署在一个新的场景中，它可能无法保持令人满意的有效性。此外，不同的操作环境和设备条件往往导致昂贵和难以访问的数据，这也可能是未标记的和不平衡的。这些挑战可以归因于工业数据的分布变化，使得模型难以准确地捕获数据领域的差异，并导致工业时序预测模型的鲁棒性较差。

2. 应对策略的框架

可以依据如下工业时序数据处理的框架，来解决面临的这些挑战性问题。该框架能够支持工业多源异构数据融合、工业低质数据处理和工业时序数据分布偏移校正，如图 5.58 所示。

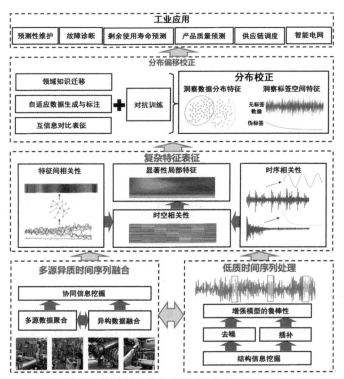

图 5.58　应对策略的框架

1）工业数据深度学习：建模新范式

由于工业应用场景的复杂性，完备的工业数据往往难以采集获取，导致传统的神经网络模型训练模式难以满足当前工业数据分析任务的需求。随着新一代人工智能技术的发展，涌现了一系列新的神经网络模型的构建策略，如迁移学习、对比学习、生成学习、对抗学习等，如图 5.59 所示，为日趋复杂的工业智能应用提供了解决思路。

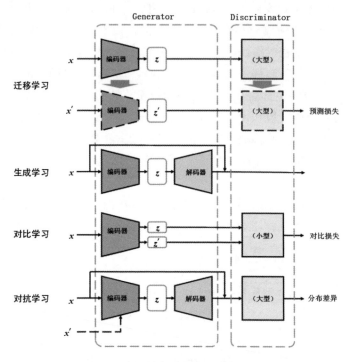

图 5.59　神经网络建模新范式

2）工业多源异构数据融合

由于工业互联网收集的数据通常是多源和异构的，很难用简单的模型进行精确建模。分别处理不同模式或结构的数据显然是不合理的，因为不同模式之间高度相关的数据可能保留有价值的见解。因此，需要有效地聚合和融合多源异构时间序列。针对多源异构数据难以有效融合的问题，可以从以下三方面解决。

（1）多源时间序列的聚合。监测数据可以从物联网中的各种源收集。用单一来源的数据构建和训练工业数据分析模型可能具有挑战性。因此，需要整合来自多个来源的数据，以建立更全面、泛化的模型。

（2）异质时间序列的融合。这类问题解决方案通常是基于数据融合和多模块协作。异构时间数据被混合模型广泛融合，以创建一个更完整和准确的过程或系统视图。

（3）信息的协同挖掘。聚合多源数据并融合异质要素的目的，是信息的协同挖据。设计高性能的模型对融合后的数据的全局信息进行有效的挖掘是这一步的重点。

这里通过一个产品质量预测的例子，介绍多源工业时序数据融合的思路。

案例4：基于 WDS 模型的工业异构数据融合。

基于 WDS（Wide Deep Sequence）模型的工业异构数据融合方法的框架如图 5.60 所示。与产品质量相关的数据包括供应链数据和多流程产品加工过程的监控数据。这些数据的采样频率和维度都不同，因此需要融合处理。

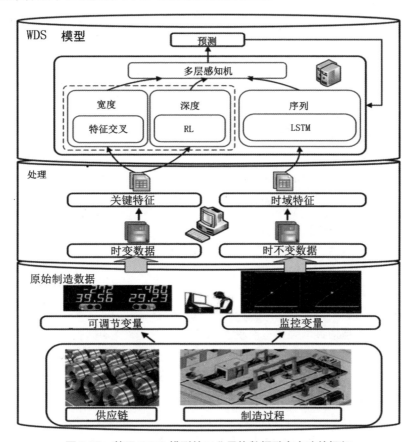

图 5.60　基于 WDS 模型的工业异构数据融合方法的框架

案例中的框架包含数据预处理、WDS 模型和评估策略三个主要部分。首先对原始数据进行数据预处理，将进行数据编码和规范化，以更好地表示原始数据。由于冗余是工业数据的一个明显特征，因此对不同类型的变量进行特征选择和时序特征提取。预处理后，选取关键变量，提取时域特征。考虑到这两类数据的量纲差异，提出了关键变量改进的 Wide-Deep 模型如图 5.61（a）所示。此外，还添加了序列模型来处理时序特征，如图 5.61（b）所示。高维特征通过深度模型和额外的表征提取，其中特定的低维特征通过特征交叉在宽模型中探索。同时，利用序列模型的长短期记忆模型对时序特征进行处理，分析整个加工过程的信息。最后，在联合训练策略下导出质量预测，其中提出的 WDS 模型的输出是三个子模型输出的加权和。基于代价敏感学习技术，设计了惩罚机制，以确保有缺陷的样本对模型训练有更大的影响。

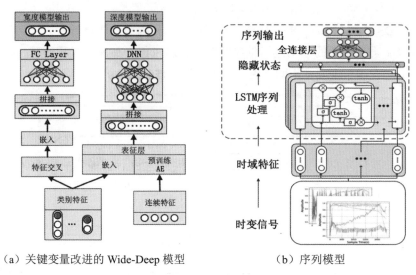

  （a）关键变量改进的 Wide-Deep 模型   （b）序列模型

图 5.61 WDS 框架结构

3）工业低质数据处理

工业低质数据有两大主要特点：噪声和要素缺失。

（1）对时间序列中的高噪声的处理。

工业时序数据通常包含大量的噪声，这可能会掩盖有用的信息，并降低数据分析模型的性能。通常有两种方法来解决这个问题：一种方法是通过数据预处理来过滤掉噪声；另一种方法是通过增强模型对噪声的鲁棒性来减少噪声的影响。

（2）对时间序列中缺失值的处理。

对数据中缺失值最直观的解决方案是进行人工计算，即使用人工生成的数据来填充缺失的位置。然而这可能会降低模型的鲁棒性。因此，需要更多"智能"的方法。生成式学习的范式成为一个可行的解决方案，这类方法可以根据数据自身特点自适应地对缺失值进行插补。它也是最广泛采用的方法。基于图的技术可以增强模型对缺失数据的鲁棒性，并通过提取结构信息来减轻其对下游任务的影响。

这里用一个流程工业产品质量预测任务的例子对低质数据的处理做介绍。

案例 5：基于 LSTM-DeepFM 的工业低质数据处理。

流程工业的监控系统会采集大量传感器信号。而由于传输、存储等原因，这些信号会有大量缺失值。这是一个基于两阶段预训练的缺失特征表征方法，如图 5.62 所示。第一步利用 LSTM 自动编码器进行无监督预训练，以获得时序数据的表征信息。第二步将得到的时序特征和连续输入特征并联，并输入一个基于深度神经网络的自动编码器中进行第二阶段的自监督预训练。

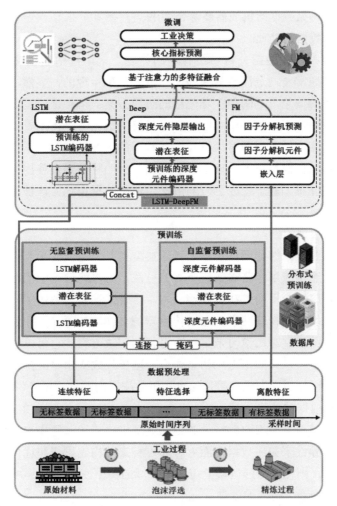

图 5.62 基于 LSTM-DeepFM 的工业低质数据处理的框架

首先利用两层 LSTM 作为 Autoencoder 对随机掩码后的多元时间序列进行自监督补全。编码器将掩码后的输入序列转化为特征向量。随后解码器将隐层表征进行重构,重构的损失为真实序列和重构序列的均方误差。通过这种方式,可以对工业时序数据的序列相关性进行建模,以获得对缺失值的鲁棒性,以此对序列中的缺失值进行自适应生成插补。其次,将 LSTM-Autoencoder 的编码器和一个深度网络串联。将随机序列掩码的数据作为输入,以重构原始数据,以此对多元时间序列的序列间相关性建模,进一步提升模型对缺失值的鲁棒性。

4)工业时序数据分布偏移校正

数据分布偏移对训练数据的影响包括:目标域数据无标签、目标域数据分布不均衡、目标域数据不可见、隐私保护导致的源域数据不可访问。深入了解数据分布和标记空间对于有效地对齐工业时间序列中的分布位移至关重要。因此,解决数据不平衡、未标记和不可见数据的挑战需要综合考虑。

（1）不平衡数据的处理。

数据不平衡是工业数据分析中最普遍的问题之一，特别是在 IIoT 时间序列分析中，传统的方法通常是通过简单的降采样和过采样来实现的，显然，这些方法可能会导致重采样样本的偏差。有两种广泛采用的解决方案：一种是通过学习域不变性或域泛化来提高模型的鲁棒性和泛化。迁移学习是解决数据不平衡的首选方法之一，它可以减少所构建的深度学习模型对大量目标域数据的依赖性。对比学习可以与迁移学习相结合，提取跨域相似特征来处理不平衡数据。另一种是通过使用"伪数据"增加数据来改变数据的分布。基于生成学习的数据生成和数据增强方法被视为解决数据不平衡的一种可行方法。

（2）无标签数据的处理。

未标记的工业数据的处理是迁移学习的典型任务。可使用半监督和自监督的方法应对这一问题。通过应用半监督或自监督的方法，可以将源域中的领域知识转移到目标域。因此，最广泛应用的方法是迁移学习。尽管迁移学习解决了不同场景或任务之间的知识转移，但工业物联网中设备和传感器的多样性导致起源和目标域的数据及标签类型可能是不同的。对比学习是另一个可行的解决方案，它可以学习不同数据域之间的域不变性信息，以此实现跨域信息融合。基于生成式学习的方法也可以是解决这类问题的有效方法，通过生成高质量的有标签数据，为后续建模提供支撑。

（3）不可见数据的处理。

一般来说，看不见的工业数据是通过领域随机化或领域泛化来处理的。前者通过增强消除领域特异性来关注数据，而后者通过特定的构建思想和优化目标，如领域对齐、语义匹配和正则化，来强调模型跨多个领域的鲁棒性。

（4）源域数据不可访问的处理。

在源域数据不可访问的情况下，只有源域模型可以作为黑盒模型被调用，因此处理这类问题时，需要利用无监督的聚类方法，对源域模型的置信边界进行微调，以实现模型的跨域复用。

这里利用两个故障诊断的案例对工业时序数据分布偏移校正做出介绍。

案例 6：基于 LM-CNN 的工业不均衡数据增强。

在故障诊断的实际应用中，故障数据的类别可能是不均衡的，甚至部分故障可能无法获取故障数据。这里以轴承的故障诊断为例，介绍工业不均衡、零样本数据的增强方法。基于 LM-CNN 的工业不均衡数据增强方法包含预训练和微调两个步骤。

在预训练阶段，如图 5.63 所示，利用多输入多输出（Multiple-Input Multiple-Output，MIMO）网络结构构建预训练模型。模型的输入是重采样的各类故障样本。由于重采样后的数据分布和原始数据不一致，而 MIMO 结构可看作一种集成，因此可以有效避免不平衡数据的影响。

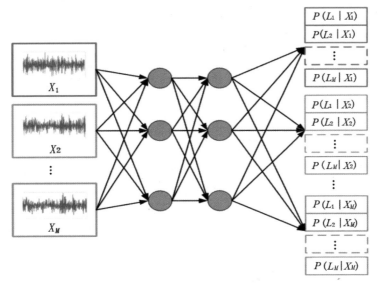

图 5.63　基于多输入多输出网络的预训练

在微调阶段，通过对故障标签空间的解构，标签被分解为子标签，而子标签重新组合的标签空间会大于原始标签空间。通过这种方法，可以对无样本类故障的特征做出定性表征。

案例 7：基于 Meta-GENE 的工业数据分析模型泛化建模。

我们用另一个故障诊断的案例，对目标域数据不可见情况下的建模进行介绍。基于 Meta-GENE 的工业数据分析模型泛化方法，利用基于元学习和语义对齐的工业时序分析模型未知目标场景泛化方法，使得模型能够在多个已有的工业场景中学习具有强泛化能力的预测分析策略，实现对训练过程中未见过的工作状况以及未知工业环境的分析性能泛化，如图 5.64 所示。

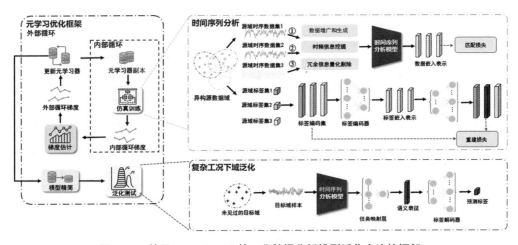

图 5.64　基于 Meta-GENE 的工业数据分析模型泛化方法的框架

一方面针对在多个相似工业场景中遇到的标签异构问题，基于空间重构的方法对多源异构数据的标签进行对齐。另一方面利用现有的多工况数据对时间序列分析模型进行联合训练并实现对未知工况的泛化，并基于梯度对齐的模型泛化训练，引入额外的约束手段以及正则化方法对时间序列模型的参数优化过程加以约束，使其学习到领域不变且具备强泛化能力的特征表示。

5.2.5　工业深度学习模型轻量化技术

工业人工智能虽然能解决很多问题，但它们在实际应用部署时也面临严峻的挑战：主流的深度神经网络模型由于计算复杂度高、内存占用较大、耗时长等缺陷，难以部署在计算资源受限的移动设备或时延要求严格的应用中，例如早期在图像竞赛中取得了重大突破的 AlexNet 是针对图像分类任务而设计的卷积神经网络，仅由 5 个卷积层与 3 个全连接层组成，所含参数量超过 6000 万，模型大小超过 240 MB。此外，业界广泛使用的模型 VGG16 则拥有 1.44 亿个参数，模型大小超过 500 MB；ResNet-152 拥有 0.57 亿个参数，模型大小达到 230 MB。采用上述模型对一幅 224×224 像素的彩色图像进行分类，分别需要进行 150 亿次和 113 亿次浮点型计算。而如今的大模型 ChatGPT，即便是初级版本，也拥有 1750 亿的参数，需要上万块 GPU 同时训练，训练一次需要上百万美元。可见，主流深度学习模型的存储和计算成本对于资源受限的工业应用来说过于高昂。

随着移动端设备的普及，工业界迫切需要将深度学习模型部署到资源有限的边缘设备上以满足低时延、隐私保护等要求。然而嵌入式设备和现场可编程门阵列 FPGA 所具有的内存容量、计算资源与高端 GPU 相差几个数量级；对硬件的高要求使得深度神经网络模型在实际应用中受到限制，无法满足深度学习的大规模计算要求。因此，在保证神经网络模型精度及准确度的条件下，压缩网络模型成为一个亟待解决的问题。

1. 深度学习模型轻量化的目标与分类

深度学习模型的压缩和加速是指利用神经网络参数的冗余性和网络结构的冗余性精简模型，在不影响任务完成度的情况下，得到参数量更少、结构更精简、耗时更短的模型。被压缩后的模型计算资源需求和内存需求更小，相比原始模型能够满足更加广泛的应用需求。模型轻量化技术可以分为压缩参数的方法和压缩

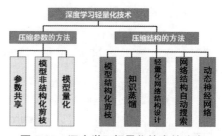

图 5.65　深度学习轻量化技术的分类

结构的方法。压缩参数方法包括模型非结构化剪枝、模型量化、参数共享等；压缩结构方法包括模型结构化剪枝、知识蒸馏、轻量化网络结构设计、网络结构自动搜索、动态神经网络等，下面将对图 5.65 展开具体介绍。

2. 模型剪枝

模型剪枝是模型压缩和加速中使用最为广泛的研究方法。模型剪枝的基本思想是通过在预训练的深度学习模型中剪除冗余的、信息量少的权重，将网络结构稀疏化，从而降低内存开销，加速推理过程。剪枝方法包括非结构化剪枝和结构化剪枝。对卷积神经网络来说，非结构化剪枝是最细粒度的方法，其操作对象是滤波器（filter）中的每个权重，对每个参数进行选择性的剪枝，不考虑网络的特定结构或模式；而结构化剪枝的操作对象是针对整体的网络考虑，不是独立地对每个参数进行剪枝。而是对整个通道或者卷积核进行结构化的剪枝。

剪枝（见图 5.66）可以分为以下几类，权值剪枝：对连接或者神经元进行剪枝，将相对不重要的权值去除，它是粒度最小的剪枝。神经元剪枝：它相对于细粒度剪枝粒度更大，也就是将模型中一部分的神经元剪掉，与权值剪枝相比，神经元剪枝就是对权重矩阵的整行整列做修剪。核剪枝：用于去除某个卷积核，它将丢弃对输入通道中对应计算通道的响应。滤波器剪枝：对整个卷积核组进行剪枝，会造成推理过程中输出特征通道数的改变。

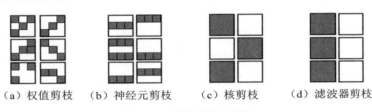

（a）权值剪枝　　（b）神经元剪枝　　（c）核剪枝　　（d）滤波器剪枝

图 5.66　模型剪枝的分类

剪枝的操作流程首先是训练，训练大型的过度参数化的模型，得到最佳网络性能，以此为模型的基准。

其次是修剪，根据特定标准修剪训练的大模型，即重新调整网络结构中的通道或层数等，来得到一个精简的网络结构。

最后是微调，微调修剪的模型以重新获得丢失的性能，这里一般做法是将修剪后的大网络中的保留的参数用来初始化修剪后的网络，即继承大网络学习到的重要参数，再在训练集上进行微调。这样就得到了一个剪枝后的模型，从而减少了模型参数和计算量。

3. 模型量化

模型量化技术指将神经网络的浮点运算过程转换为定点运算。这不仅可以在移动设备上实现网络的实时运行，同时对部署云计算也有帮助。神经网络中的运算为浮点运算。一般而言，神经网络模型的参数都是采用 FP32（也就是 32 位浮点数）来表示，可以通过量化，牺牲精度来降低每个权值所占空间，采用低精度 FP16（也就是半精度浮点数）和 INT8（也就是 8 位定点整数）来表示，甚至将其量化为 INT4（也就是 4 位定点整数）或 INT1（也就是 1 位定点整数），使得模型尺寸减小、运算速度增加。

目前工业界的量化方法主要包括如下。

（1）INT8量化：它将模型的数据类型从FP32转换为INT8，以及使用INT8进行推理。

（2）二值化神经网络：在运行时权重和激活只取两种值（例如+1，−1）的神经网络，以及在训练时计算参数的梯度。

（3）三值化神经网络：权重约束为（+1，0，−1）的神经网络。

模型量化也有一定的局限性，网络参数的位宽减少损失了一部分信息量，会造成推理精度的下降，虽然能够通过微调恢复部分精确度，但也带来时间成本的增加；量化到特殊位宽时，很多现有的训练方法和硬件平台不再适用，需要设计专用的系统架构，灵活性不高。

4. 轻量化模型结构设计

网络模型压缩的另一种思路是设计一个轻量级网络，主要围绕减少计算量，减少参数，降低实际运行时间，简化底层实现方式等方面进行网络结构设计，从而适用于移动和嵌入式设备。常见的技术包括通过设计深度可分的卷积结构来构建轻量级深层神经网络，通过改变或重组网络结构以及使用高效的计算方法来简化网络，使网络结构更加紧凑。例如，MobileNet网络模型（见图5.67）是适用于移动和嵌入式设备的有效模型。MobileNet模型是基于深度可分离卷积的，其核心思想就是卷积核分解，将标准卷积分解为深度方向卷积和1×1卷积，这样可以有效减少网络参数。SqueezeNet的设计者在网络结构中引入了称为Fire Module的模块，该模块由Squeeze卷积层和Expand层组成。Squeeze卷积层只使用1×1卷积，Expand层使用1×1卷积和3×3卷积的组合，使得模型参数减少了99.79%，大小只有0.5 MB。

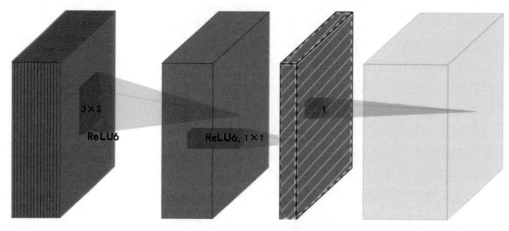

图5.67　MobileNet网络模型[65]

5.知识蒸馏

知识蒸馏（见图5.68）是另一种常见的模型压缩方法，这种模型压缩技术将大型教师网络的知识转移到较小的学生网络，将复杂、学习能力强的教师网络学到的特征表示蒸馏出来，传递给参数量小、学习能力弱的学生网络，从而减少参数量并且提高学生网络的精度。

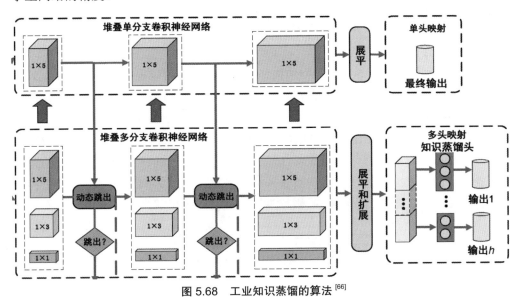

图 5.68　工业知识蒸馏的算法[66]

蒸馏模型采用迁移学习的方式，通过将预先训练好的教师模型输出作为监督信号去训练另外一个轻量化网络。将教师模型的泛化能力传递给学生模型的一个有效方法是将教师模型产生的分类概率作为训练学生模型的"软目标"，以指导学生网络进行训练，实现知识迁移。例如，北京航空航天大学团队提出了用于工业互联网预测性运维的轻量化的多教师知识蒸馏框架，其中堆叠的多分支卷积神经网络通过多分支重参数转化成堆叠的单分支神经网络，同时，多头映射通过多头重参数转化为单头映射，从而进一步轻量化学生网络，能够支持工业 AI 模型在边缘设备的轻量化实时推理。

6.神经网络结构自动搜索

神经网络结构自动搜索（见图5.69），也就是 NAS（Network Architecture Search），是一种自动设计神经网络的技术，可以通过某种算法自动设计出高性能的网络结构，有效地降低神经网络的使用和实现成本，这些神经网络结构已经在性能上逐渐超过人工设计的网络结构。NAS 方法的原理是给定一个搜索空间，用某种搜索算法从中搜索出一个最优神经网络结构，每次迭代产生的神经网络称为子网络，训练这些子网络，评估其性能，直到找到最优子网络。其中搜索空间定义了被算法搜索到的神经网络的结构、大小，也决定了 NAS 算法的搜索时间。常见的搜索策略有演化算法、强化学习、梯度下降优化等。

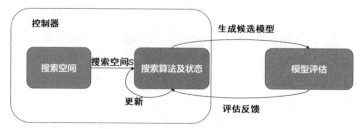

图 5.69 神经网络结构自动搜索的算法

7. 动态神经网络

动态神经网络（见图 5.70）是指结构和参数在推理时可以根据输入或者计算条件限制而动态变化的网络结构。与推理阶段有固定计算图和参数的静态模型相比，动态网络可以根据不同的输入调整自己的结构或参数，从而在准确性、计算效率、适应性等方面具有显著优势。比如北京航空航天大学团队提出的用于工业边缘设备的预测性维护的动态长度神经网络，其针对处理大量的工业长时间序列会导致高度的冗余计算成本问题。此网络通过动态调整输入神经网络的时间序列的长度，减少了神经网络的计算量，提高了工业设备预测性维护的计算速度。

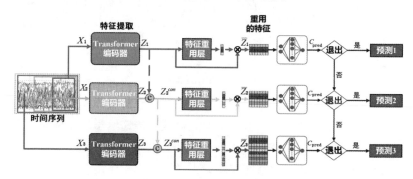

图 5.70 动态神经网络[67]

5.2.6 工业知识图谱

知识图谱是一种表示和存储知识的方法，它构建了一个实体间相互关联的网络结构。这些实体可以是具体的物体、事件、情境或者是概念性的事物。在知识图谱中，这些实体通过节点表示，而实体之间的关系则通过边来体现。属性是指某个实体具有的特征及参数，不同属性对应不同的边。关系是指连接不同实体的"边"，描述概念、实体之间客观存在的关联，可以是组成关系、隶属关系、因果关系、推论关系、相近关系等。在数据层，事实以"实体—关系—实体"或"实体—属性—属性值"的三元组存储，形成一个图状知识库。

1. 知识图谱发展

如图 5.71 所示，知识图谱始于 20 世纪 50 年代。知识图谱发展至今，可以分为三个阶段。

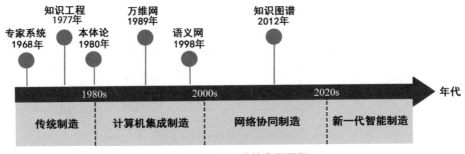

图 5.71　知识图谱的发展历程

（1）第一阶段从 1955 年到 1977 年，是知识图谱的起源阶段，在这一阶段中引文网络分析开始成为一种研究当代科学发展脉络的常用方法。

（2）第二阶段从 1977 年到 2011 年，是知识图谱的发展阶段，语义网得到快速发展，"知识本体"的研究开始成为计算机科学的一个重要领域，知识图谱吸收了语义网、本体在知识组织和表达方面的理念，使得知识更易于在计算机之间和计算机与人之间交换、流通和加工。

（3）第三阶段从 2012 年至今，是知识图谱繁荣阶段，2012 年谷歌公司提出 Google Knowledge Graph，知识图谱正式得名，谷歌通过知识图谱技术改善了搜索引擎性能。在人工智能的蓬勃发展下，知识图谱涉及的知识抽取、表示、融合、推理、问答等关键问题得到一定程度的解决和突破，知识图谱成为知识服务领域的一个新热点，受到国内外学者和工业界广泛关注。

2. 知识图谱的技术架构

如图 5.72 所示，知识图谱构建主要步骤分为知识汇聚、知识抽取、知识建模、知识映射、知识融合、知识挖掘、知识存储和知识应用。知识汇聚是采用 NLP（Natural Language Processing）等技术，把结构化、半结构化、非结构化数据，进行清洗、转化变为规范结构化数据存储到数据源。知识抽取是从各种类型的数据源中提取出实体、属性以及实体间的相互关系。知识映射是通过数据映射关系配置，把规范结构化数据映射到本体，建立起与数据源的联系，以便后续转换为图结构存储。知识建模是根据抽取信息对现实生活中实体、属性和其逻辑关系概念的抽象，进行本体的知识表达建模。知识挖掘利用高级机器学习算法与深度学习算法，根据已知的知识推理出未知、预见性的知识。知识存储是随着业务数据不断产生，源源不断地把其中的知识汇聚过来，并根据知识映射规则存入图数据库，形成知识库。知识融合是在获得新知识之后，对其进行整合，以消除矛盾和歧义。知识应用是根据已构建的知识图谱库建立算法库，形成知识服务，提供面向上层业务的知识分析、知识检索等应用。

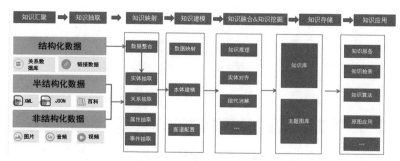

图 5.72　知识图谱的技术架构

3. 工业知识图谱

如图 5.73 所示，工业知识图谱的构建包含三个阶段。一是数据获取，涉及各类工业知识源头数据获取，经过数据整合与预处理后构建领域本体。二是知识加工，这些数据通过知识抽取、知识表示和知识融合，转换成工业决策所需的高质量知识。此外，通过知识推理可以找出缺失或错误的实体关系，进而补全图谱。三是知识应用，将知识图谱应用于各种智能制造领域，如工业设备运维等，并进行知识动态更新。

图 5.73　工业知识图谱的应用

工业知识图谱可以解决的第一个问题是知识图谱的自动化构建与更新。一方面，语义处理环节实现了从依赖人工处理到自动化抽取和融合的转变，这一进步意味着可以更加高效准确地提取和整合信息；另一方面，知识图谱的更新机制也经历了从被动更新到动态自我更新的演变，目前一些机构已经开始采用知识"众包"机制，通过人工或半自动的方式参与图谱的管理。未来将通过综合运用多模态数据、知识图谱及先进的算法模型，进一步赋予工业知识图谱自配置和自优化的能力。

如图 5.74 所示，工业知识图谱技术的应用逐渐覆盖到产品全生命周期各环节，它能解决的第二个问题是实现定量复杂决策。其一是知识检索服务应用，主要是在经营管理等服务环节，通过语义关联提高知识获取的效率。其二是知识匹配辅助决策应用，主要是在设计和生产环节，通过匹配知识的相似关系来提升服务的精准度。其三是知识推理支撑复杂决策应用，主要是在核心领域的决策执行环节，通过集成深度学习模型来增强知识图谱的推理能力。

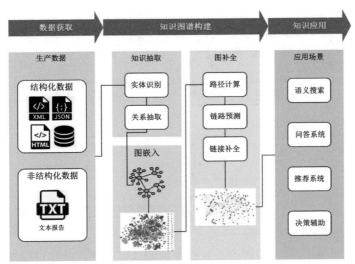

图 5.74　工业知识图谱支撑复杂决策

得益于知识图谱技术的快速发展，工业制造系统已经能对制造全生命周期过程的知识进行高效获取、整合和利用。工业知识图谱一方面能够获取历史积累的经验和案例，对其中的知识进行加工、组织与管理，形成知识库；另一方面也能够对制造过程中相似甚至重复的决策活动进行语义推理，发现新知识，从而极大地促进制造知识的积累、传承和重用。在知识库的基础上，通过模拟人脑思考和解决问题的过程，知识图谱能够提供知识匹配、知识问答、知识推荐等应用，及时向知识型工作者提供所需知识，甚至代替人完成部分决策过程，输出决策方案以供参考，决策效率和决策方案的效果都会得到显著提升。

如图 5.75 所示，在工业知识图谱实际构建过程中，面临的一个难题是隐性知识问题。目前工业领域知识主要从结构化的数据库和非结构化工艺文档、产品说明等文件中提取，往往缺乏全局性的结构化逻辑表达，而且工业知识专业性强，无法在图谱构建之初就发现知识之间各种潜在的隐性关系。因此，工业知识图谱的构建不是一蹴而就的，而是在搭建好显性知识图谱基本框架基础上，逐渐挖掘隐性知识并且补全关联关系的动态过程。

图 5.75　隐性知识的抽取与关系补全

　　具体而言，需要首先构建领域本体，例如，针对制造业特定行业建立人、机、料、法、环相关的领域本体。然后，针对结构化数据，基于领域知识本体，可以建立本体和领域知识数据库之间的语义映射关系，自动提取领域知识图谱三元组。针对非结构化数据，可以采用自然语言处理的方法，完成各类行业应用相关文本报告中的实体识别和关系抽取，构建初始的知识图谱。进而在此基础上，可采用语义关系分析挖掘的方法，例如图神经网络和图嵌入等技术进行链接预测和发现，逐步补全图谱中的隐含关系，最终得到完整的行业图谱。

　　无论是知识图谱的构建，还是面向应用时的知识图谱使用，都离不开知识图谱演化推理引擎，如图 5.76 所示是一个工业知识图谱推理系统。该系统可以从发生故障的产品零件节点，推理出故障相关的节点，包括故障类型、故障产生的车间、故障产线的操作员等。这个系统支持实体预测、链接预测、图谱补全等功能，从而实现从数据到知识、从知识到知识的高效演化与推理，持续性动态更新知识图谱并做出更为精准的推理。

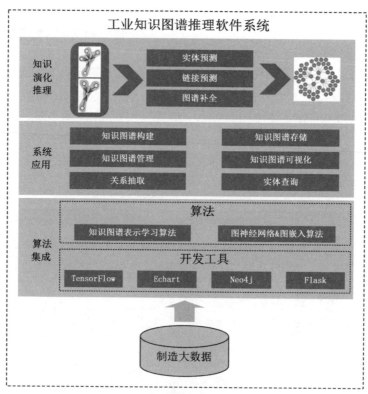

图 5.76　工业知识图谱推理系统

4. 工业知识图谱的系统架构

　　下面通过一个制造业知识图谱系统的案例来详细说明工业知识图谱的系统架构。如图 5.77 所示，该系统由制造数据采集层、制造数据管理层、制造知识推理层和制造知识应用层四部分组成。其中，知识推理是其最重要的能力之一，用于辅助智能化的问答和各类决策。

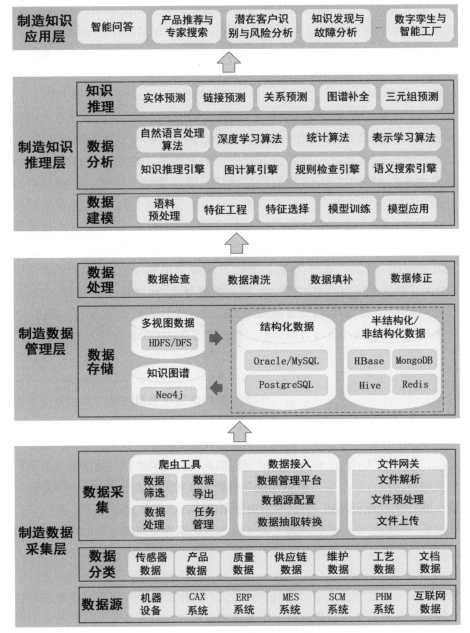

图 5.77 制造业知识图谱的系统框架

1）制造数据采集层

制造数据采集层主要获取多源异构数据。这些数据来自管理系统、生产系统、外部系统等多个源头，数据源主要包括几个方面：机器设备、计算机辅助技术

（CAX）系统、企业资源计划（ERP）系统、制造执行（MES）系统、供应链管理（SCM）系统、预测性健康管理（PHM）系统以及互联网数据。对于现代制造设备和系统，通常都有相应的接口或 API 可用于数据采集。对于计算机辅助技术系统、企业资源计划系统、制造执行系统、供应链管理系统、预测性健康管理系统，可以通过访问其后台数据库获取数据。对于互联网数据，可以用网络爬虫来抓取和收集数据。

2）制造数据管理层

制造数据管理层主要负责处理和存储收集的数据，为知识推理和应用提供高质量且易于使用的数据支持。同时，数据存储系统将数据存储在数据库中，以支持有效的数据访问和查询。在数据处理阶段，通过数据清洗控制数据质量，可以为后续的数据分析和应用打下坚实的数据基础。面对数据自动采集过程产生的数据缺失、丢失和冗余等质量问题，可以建立针对数据质量问题的检查规则引擎。在数据存储系统中，针对不同结构的数据类型使用不同的数据库支持，可以考虑采用 Zookeeper 管理的 Hadoop 集群保证系统的高可用；可以采用 HDFS 存储采集到的原文件，HDFS 的多副本存储策略保证了数据的容错性；可以采用 HBase 和 MongoDB 等数据库进行分布式存储，提高系统对于半结构化和非结构化数据的读写效率；可以使用数据库 Oracle 或 MySQL 来存储处理后的数据，以更好地支持前端页面的展示和查询需求，同时可以考虑使用 Redis 内存存储来提高系统的响应速度。

3）制造知识推理层

制造知识推理层负责对数据进行深度分析、建模和知识推理，从而发现数据中潜在的知识和数据之间的内在联系。通过知识推理，可以扩展已有的知识领域，发现新知识，进一步提升数据的价值。数据建模用于数据的进一步处理和分析建模，包括语料预处理、特征工程、特征选择、模型训练和模型应用 5 部分。数据分析模块主要负责对数据进行深度分析，挖掘数据中的关键特征、模式和规律，涵盖了描述性分析、预测性分析、关联性分析等多方面。该模块可以利用各种相关算法，建立一系列数据分析引擎，这些引擎可以提供强大的计算和推理能力，能够对数据进行高效处理和查询。

4）制造知识应用层

制造知识应用层将上一层获得的知识转化为实际的应用和服务，让知识图谱真正为企业和用户服务。知识推理可应用于智能制造领域的诸多场景，包括智能问答、产品推荐与专家搜索、潜在客户识别与风险分析、知识发现与故障分析、数字孪生与智能工厂等应用。

5.3　工业互联网的任务调度

5.3.1　工业生产计划与调度

如图 5.78 所示，工业生产类型一般可分为两类，即备货型生产方式和订货型生产方式。无论是超市货架上常见的日用品，还是作为大国重器的航空飞机，乃至人造卫星这类复杂产品，它们无非都是采用备货型生产方式或者订货型生产方式生产出来的。

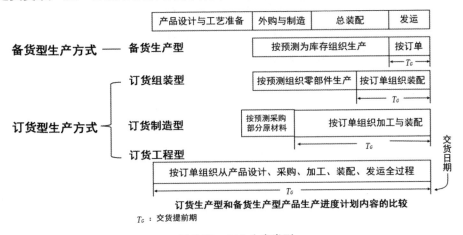

图 5.78　工业生产类型

备货，顾名思义，就是需要提前准备好货物，备货型生产方式就是在对市场预测的基础上，有计划地生产出完工产品存货并以存货供应顾客，这些产成品存货也是备货型生产方式最显著的特点。备货型生产方式的生产效率高，但定制程度低，需要厂商准确预测顾客需求，否则会造成大量存货。

订货型生产方式恰好与备货型生产方式相反，它只有收到顾客订单后才会开始按照要求进行设计、采购、组织生产、发货等工作，因此产成品存货较少，但由于各批的规格、数量、质量和交货期等可能都不相同，因此它的重点在于确保交货期，按期组织生产过程各环节的衔接匹配。

而订货型生产方式又可分为提前生产好半成品零件、按订单组装的订货组装型；根据订单生产已设计好产品的订货制造型；以及根据顾客的需求重新设计、制造的订货工程型。

虽然各种生产类型的提前交货期都各不相同，制造过程也大相径庭，但为了能够顺利交货，各种生产类型都需要根据一定的生产计划和调度方式组织生产。

1. 工业生产计划

生产计划（见图 5.79）是整个生产的全局掌控，涉及安全、质量、财务管理，车间生产，设备、技术管理，以及相应的配套管理等多个方面，覆盖了整套生产过程中的计划层、控制层、执行层、支持层和服务层，是整个生产中关键的一环。

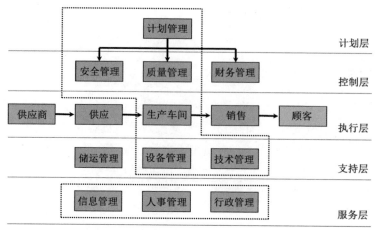

图 5.79　工业生产计划

生产计划既有 2~5 年，乃至更长的长期计划，也有跨度为几个月的中期计划和每月、每周、每日的短期计划。其中，长期计划负责规划盈利目标、投资建设、确定发展方向等。中期计划主要包含销售计划和年度综合计划等，负责连接长期计划和短期计划。而短期计划则负责规划每周、每日的工作计划安排。

生产计划必须要满足连续性、协调性、均衡性和经济性四大特点。其中连续性指所有的生产计划都要保证生产过程的连续，也就是要不发生或少发生不必要的中断和停顿；协调性则是指在生产能力上要保持适当的比例关系，也称为比例性；均衡性则要求生产负荷均匀或稳定持续上升，避免时松时紧或前松后紧的现象，也称节奏性；最后，经济性要求计划必须保证生产的盈利，不能出现亏本现象。这 4 点要求既是生产过程组织的原则，也是制订生产计划的要求。

2. 生产计划的体系

如图 5.80 所示，企业的生产计划一般通过企业资源计划，即 ERP 系统，进行管理。从具体的生产规划体系全局来看，生产计划分为综合生产计划、主生产计划、物料需求计划等具体计划，它们都是 ERP 中的子计划。

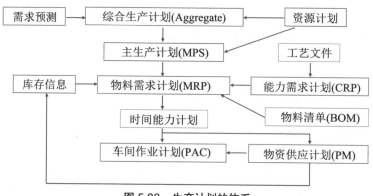

图 5.80　生产计划的体系

综合生产计划是对企业一段时间内资源和需求之间的平衡所做的概括性设想，对产出内容、产出量、劳动力水平、库存等问题所做的决策性描述，它综合计划每一种产品详细的生产数量、生产时间和车间及人员的任务，要求满足顾客需求，控制库存、生产、成本和人员变动水平，提高利润和设备设施的利用率。

主生产计划主要针对连续生产企业的最终产品、加工组装生产型企业的零部件、订货生产型企业的客户订单，它需要考虑正常生产成本、加班成本、改变生产率的成本（增加工人或增加外协加工而增长的成本）、库存成本和缺货成本，并进行相应的平衡。

物料需求计划综合管理生产过程中的各个物料的需求，它根据主生产计划，得知需要生产什么和生产多少；根据库存信息，物料清单，也就是 BOM 表，得知需要什么物料，多少物料；再根据能力需求计划，得知物料需要在什么时间订货或开始生产，每次生产或外购多少。

物料需求计划可进一步细分出时间能力计划、车间作业计划和物资供应计划，它们共同协助完成整个生产过程中的计划管理。

3. 工业排产调度

为了能够实现按期交货，除了需要具体、可执行的生产计划，还必须进行工业排产调度。如图 5.81 所示，排产是指将生产任务分配至生产资源的过程，它根据已有的生产资源安排好各生产任务的生产顺序，提高资源利用率；调度则恰好相反，是根据相应的生产任务，分配一定的生产资源和生产设备，平衡机器和工人的生产负荷。排产调度能够统筹平衡内外部资源，提高产能和生产效率，降低料、工、费，从而保证按时交货，提高合同 / 订单的履约率，为企业带来更大的效益。

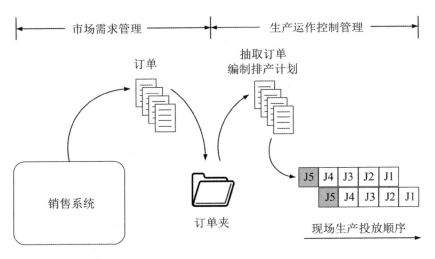

图 5.81　工业排产调度

图 5.81 是一个典型的排产调度的场景，生产企业通过销售系统，对外销售产品，产生一定的订单，但这些订单不会被立刻生产，而是送进订单夹中，进行存储和管理，这是一个企业进行市场需求管理的过程。然后排产调度系统会从订单夹中抽取订单，根据它们的具体特点、要求，编制排产计划，从而得到现场生产的投放顺序，这部分流程又涉及生产运作的控制管理。

其中，需要被优化的内容包括：生产日程计划，也就是每天每班给每条生产线 / 工作机台安排生产任务的计划，同时也是最底层的生产作业计划；生产作业排序，即具体产品的投入产出顺序，以及具体机台的加工顺序；相关制造资源的现场调配，也就是相关人、机、料、法、环的调配。

4. 工业生产计划和调度系统

总结起来，排产调度就是在一段时间内根据生产约束进行生产线资源分配和生产作业安排（如设备分配、工序流程和加工时间等），以满足某些给定的调度目标（如完成时间、产品成本、服务质量等）。

相应的调度系统常常与生产计划联系起来，并为生产计划提供调度方案。如图 5.82 所示，调度优化器使用对应的调度模型，根据生产订单、调度目标和生产约束等条件生成调度结果。然后根据调度结果对当前的生产线资源和生产作业计划进行安排，确定生产车间的任务详情，并调整优化 MES 和 ERP 中的各项计划安排。在这一过程中，借助调度系统的参与，MES 和 ERP 系统将能够提供更好的生产计划安排。

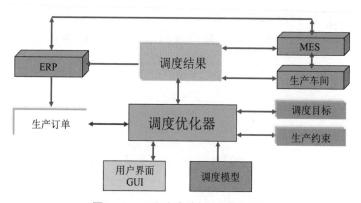

图 5.82　工业生产计划和调度系统

在具体的生产过程中，考虑到生产状况可能不断改变，生产计划需要不断调整，因此在整个流程需要经过静态调度、动态调度和重调度，并且最终还要经过一定的人工调整。

静态调度就是根据静态的生产订单、生产约束和调度时间范围进行机器分配和生产安排，以最大化生产利润，提高产品质量、生产产量和客户服务水平，并降低在制品数量。它一般被使用在制订生产计划阶段。

动态调度和重调度主要针对生产订单和车间状态的改变，例如需要插入或取消订单、机器发生故障或者出现原材料延迟等情况，对已有的调度结果进行重新调度或动态调度，提高生产计划的灵活性。

在一些相对复杂的调度问题上，由于调度系统可能无法获得需要的结果，还需要进行人工调整，也就是在机器生成了调度方案后，通过调度系统的人机界面，人为地调整调度方案，让生产计划能够适应一些特殊需求。

5. 工业生产计划和调度问题的一般解决方案

工业生产计划和调度问题的求解分为 3 步：问题描述和定义、问题建模、优化算法设计。

1）问题描述和定义

这一步要求明确问题的目标，究竟是需要最大化生产效率，最小化成本，还是要平衡生产线的负载等，同时也需要定义问题的约束条件，例如设备的工作时间，原材料的供应量，或者交货期限等。

2）问题建模

借助各种数学方法，构建目标、约束和调度方案之间的关系，把它们化为数学模型中的各个变量，为解决问题提供条件。

3）优化算法设计

通常的优化算法包括运筹学算法、启发式算法、进化算法、人工智能算法和混合优化算法等方式。通过优化算法设计，产生调度解决方案，找到满足目标和约束的优化调度结果，得到一个最优解或者找到帕累托边界。

5.3.2　工业互联网的任务调度：问题与方法

工业互联网的主流架构相较传统网络化制造系统的架构的一大不同，在于云端—边缘端—工业终端的多主体资源联动控制。工业互联网环境下存在大规模的复杂协同任务，这些任务有部署于分布式工业终端的制造任务，也有部署于云端或边缘端的计算任务，计算任务和制造任务紧密联系，通过数据通信彼此互联互通，制造任务推进各类复杂产品定制化生产的实际开发流程，计算任务则通过分布式工业终端进行数据采集，对终端协作进行监测、分析和控制。

如图 5.83 所示，在这样的场景下，云端作为任务调度的中枢，负责整体任务的协调和调度。云端通过全局监控和大量终端数据的采集存储，动态分析各个层级资源运行状况，以更智能的方式规划和执行各类任务。其次，云端能够提供强大的、随需应变的、集中的计算资源、存储资源和网络访问通道，接收大量工业过程相关的复杂解算任务、工业智能算法所需的大规模训练任务、工业过程分析、工业大数据存储与解析任务等，是工业互联网的计算核心。

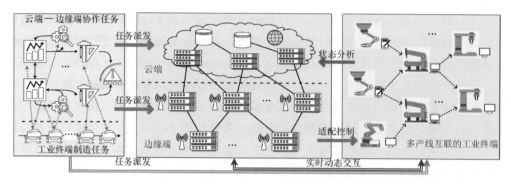

图 5.83　工业互联网的主流架构中的复杂协同任务

边缘端是靠近数据源或终端设备的分散的异构计算资源。通过将分布式异构终端的计算任务部署到靠近终端的边缘端，可以有效降低工业终端计算延迟，减轻云端和工业终端传输的网络负担，缓解因为大规模工业终端接入云端带来的网络拥堵，从而支撑工业终端数据采集、终端控制、过程监测、数据预处理、分布式决策与实时仿真等快速任务的需求。

工业终端是制造任务的实际执行端，通常包含智能机床、工业机器人和移动 AGV 小车等。当定制化产品制造订单的关联任务被分配到不同工业终端时，分布于各地的工业终端即可构成一条可重构生产线。这条可重构生产线的设备在运行过程中向云端和边缘端发送数据，由云端和边缘端协同地对异构设备进行辅助计算、分析和控制。通常，工业终端包括生产设备和机器人等，是任务调度的执行终端，承担着具体任务的完成责任。

1. 工业互联网的任务调度

更扩展地说，工业互联网的任务调度（见图 5.84）也包含了复杂产品全生命周期各个阶段、工业互联网各个层级的任务调度。

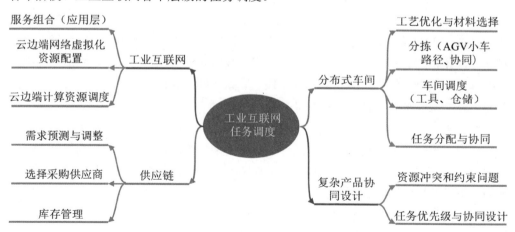

图 5.84　工业互联网的任务调度问题的分类

如复杂产品协同设计中的协同设计任务调度，旨在选取工业互联网中的针对复杂产品研发的多学科设计资源、设计能力和设计服务；如分布式车间中针对混合定制化制造需求的任务调度，可广义地包含选取较优的工艺、满足性能的材料、车间中乃至分布式车间之间物料与半成品运输的车辆，制造工具、物料仓储及异构设备；如工业互联网平台内部的混合计算和服务任务调度，旨在合理均衡地分配云端和边缘端虚拟化计算资源和网络资源，并精准指派合适的服务组合方案；再如工业互联网所覆盖的供应链上下游之间采购和运输任务调度，通过供应链风险分析、供应商能力预测及制造需求预测，选取采购供应商、分配中间库存并配置合理的运输车辆和路径等。

因此，在工业互联网环境下，一个高效的任务调度系统要能够适应制造环境复杂性和动态性，协同整个生产流程，涵盖工业互联网、分布式车间、供应链和复杂产品协同设计等各个环节，快速响应市场需求的变化，确保生产的实时性和可持续性。

2. 工业互联网的任务调度主体及任务

聚焦工业互联网的 3 个层次，现有任务调度研究所考虑的主体主要是云端、边缘端和工业终端大规模异构资源，并聚焦于计算任务、通信任务、制造任务和物流任务这四大类任务（见图 5.85）。

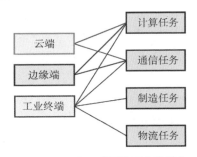

图 5.85　工业互联网的四大类任务

计算任务涉及对数据的处理和分析，需要在不同主体之间合理分配计算资源。

通信任务涉及各层次异构资源之间（也即是计算任务间）的密集数据传输和通信。

制造任务涉及多类型复杂产品及其零部件的混流生产、装配、检测与拆卸等，需考虑多产线重构的混流任务均衡执行。

而物流任务，关乎原材料、半成品，乃至产品的运输和存储，需要合理规划运输车辆、路径、装箱策略、存储策略，以提高整体效益。

3. 工业互联网的基本调度问题

围绕云端—边缘端—工业终端这 3 个主体和 4 个基本任务，产生了 7 种基本调度问题（见图 5.86），即计算任务卸载、计算任务调度、计算资源配置、网络资源配置、通信任务路由、制造任务调度、物流任务调度，涵盖了工业互联网平台管控的多方面。

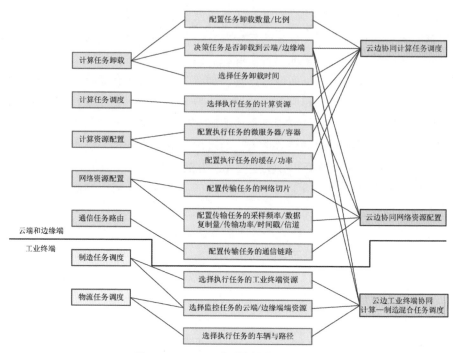

图 5.86 工业互联网的基本调度问题

计算任务卸载是指将计算任务从一个设备迁移到另一个设备，以优化整体性能和资源利用。

计算任务调度关注于合理安排和分配计算任务，确保高效完成各项工作。

计算资源配置涉及对系统中计算资源的有效分配和管理，以满足不同任务的需求。

网络资源配置则专注于合理规划和分配网络资源，确保通信效率和可靠性。

通信任务路由解决了在分布式系统中，如何选择最佳路径来传递信息，以降低延迟和提升带宽利用率。

制造任务调度关注于生产过程中的任务安排，以提高生产效率。

物流任务调度涉及对物流流程的规划和协调，以确保产品的高效运输和仓储。

7 种基本调度问题里有 5 个问题都是与计算与通信任务相关，可见如何将计算任务融入制造任务中，是工业互联网的任务调度与传统的生产调度和计算任务调度的重大不同，同时也是决定工业互联网能否高效运行的关键。

上面列举了各个基本调度问题的主要求解变量，若同时考虑多个变量因素，又会形成图中表现的 3 类主要的云边协同混合任务调度问题，即云边协同计算任务调度、云边协同网络资源配置、云边工业终端协同计算—制造混合任务调度。

4. 工业互联网的任务调度的建模方式

面对复杂的任务调度问题时，首要的步骤是进行问题建模，并通过数学角度进行深入分析。通过建模，能够准确捕捉任务、资源、约束条件等关键要素，形成具体而可操作的数学表达。这种数学建模的过程有助于将复杂的实际问题转换为可计算的形式，为后续的算法设计和优化提供了坚实的基础。因此，建模成为探索任务调度解决方案的重要的第一步，为理解问题本质和制定有效策略提供了关键支持。

目前主流的 6 类建模方法分别是数学规划模型、非线性数学模型、马尔可夫过程模型、状态空间模型、李雅普诺夫优化模型、博弈模型。这些不同的建模方式有着不同的应用场景，对应到建模后使用的不同智能调度算法。图 5.87 是总结的与工业互联网的任务调度相关的近五年智能调度建模方法研究的分布情况，可以看到传统的数学规划模型仍然占据着目前任务调度建模方法的主流，其他一些智能算法模型，如马尔可夫过程模型、状态空间模型也占据了不小的比例。

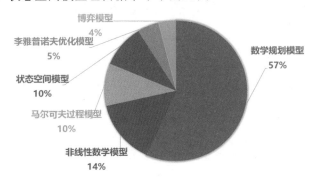

图 5.87　智能建模方法近五年研究的分布情况

5. 工业互联网的任务调度的算法

针对这些问题模型，目前最为常见的调度算法包括 6 类：启发式算法、数学规划算法、进化算法、博弈算法、强化学习以及机器学习算法。

启发式算法通过启发式规则来快速生成可行解，是一种高效的近似解法。

数学规划算法则以数学规划技术为基础，通过优化目标函数找到最优解。

进化算法模拟生物进化的过程，通过遗传算法等方法搜索解空间。

博弈算法考虑多方利益关系，通过博弈论来解决调度问题。

强化学习是一种通过智能体与环境互动学习的方法，适用于动态和不确定性较大的场景。

机器学习算法则通过训练模型来适应任务调度中的模式和规律。

这 6 类算法各有特点，实际中应该根据具体问题的性质和需求，选择适用的算法进行求解，为实际调度问题提供有效而可行的解决方案。近五年智能调度算法研究的分布情况如图 5.88 所示，

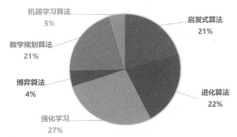

图 5.88　近五年智能调度算法研究的分布情况

目前研究者大多聚焦强化学习和进化算法，用于解决工业互联网的任务调度中任务规模大、不确定性因素难以建模、调度规则复杂等难题。

6. 小结

总的来说，工业互联网的任务调度问题涉及云端、边缘端和工业终端的计算任务、通信任务、制造任务和物流任务的多层次调度，是决定工业互联网平台运行效率的核心，较传统工业生产计划与调度，云计算/边缘计算/雾计算等模式下混合计算任务和通信任务调度问题更加复杂，平台涉及任务数以万计，并且需要联合考虑多方任务约束。因此，工业互联网内核调度软件也逐渐受到重视，成为工业互联网平台高效运行的基石。

5.3.3　工业互联网的任务调度：挑战与应对策略

如 5.3.2 节所述，工业互联网包括云端、边缘端和工业终端三层主体，面临相互关联的计算任务、通信任务、制造任务和物流任务这四大任务，共同形成了 7 种基本问题。当前，主要通过 6 类建模方法和 6 类调度算法来应对这些问题。本节将继续概述工业互联网的任务调度问题所面临的挑战与可能的应对策略。

1. 工业互联网任务调度的挑战

当前工业互联任务调度面临五大挑战：大规模、高动态、不确定、强耦合、多目标，如图 5.89 所示。

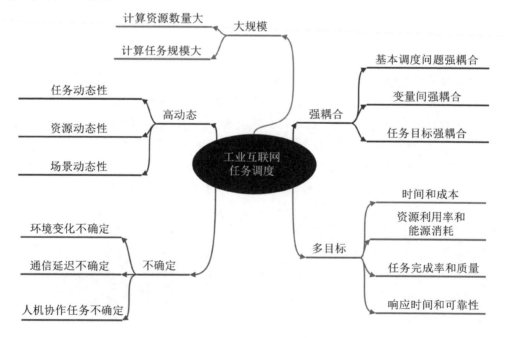

图 5.89　工业互联网的任务调度的挑战

1）大规模

在云端、边缘端和工业终端的灵活协同模式下，工业互联网环境下分布制造资源、边缘端计算资源和云端计算资源数量急剧增大，计算任务、通信任务、制造任务和物流任务规模化涌现。任务规模可达数万计，工业互联网资源节点可达数千个，如何对万级任务进行快速调度，实现任务毫秒级响应，是工业互联网的任务调度面临的首要挑战。

2）高动态

工业互联网环境下的动态性主要体现在任务动态性，如计算任务动态涌现、通信任务延迟/丢包、制造/物流任务插入/变更/取消等；资源动态性，如云端和边缘端资源的动态占用状态、资源死机、工业终端资源的临时维修维护、通信通道的堵塞与中断、物流通路的变更等；场景动态性，如工业生产线的重构、物流资源的替换、订单需求的变化等。如何响应工业互联网环境下的急速变化，实现任务精准调度，是工业互联网的任务调度面临的第二大挑战。

3）不确定

这里的不确定性主要体现在工业现场任务方面。当前面向工业互联网环境的智能调度研究仅考虑了执行时间固定的任务，并假设任务不能分割，任务前驱后继关系不变，且任务之间不存在循环执行或实时数据传输的关系，但实际工业现场并非如此。首先，工业现场的制造任务和物流任务不仅包含固定时间的自动执行任务，还包含大量的人机协作任务，且人机协作任务通常伴随着实时现场监控数据的传输以及控制指令或操作步骤的调整。尤其是对定制化产品及其零部件来说，任务流程可变，人机协作性强，且具有诸多循环判定环境和实时数据传输环节，过程具有较强的不确定性，如何针对这些任务及其不确定性进行建模、分析、预测和调度，是实现精准调度亟待解决的一个问题。

4）强耦合

工业互联网下的核心是计算—制造混合任务，工业计算任务和工业制造任务之间需要紧密配合，导致任务与任务，变量与变量之间出现复杂的耦合关系。比如，工业计算任务和工业制造任务之间存在紧密的数据传输，既包含从工业终端的定时数据采集，支撑现场监控、人工智能黑箱数据模型训练等；又包含从云端和边缘端的先验信息获取，如云端人工智能模型的部署和调用，云端存储数据的获取与可视化分析，边缘端实时控制指令发送等。这些任务联系，不仅增加了更复杂的任务开始时间、结束时间、等待时间的约束关系，带来了更多数据上行和下行传输负载，还大大增加了各个层次的基本调度问题之间的耦合性，使得不同问题变量之间产生更强的隐性约束。在这种情况下，针对基本问题的单独决策就很容易失效，如何联合多个问题进行云端—边缘端—工业终端协同的任务调度，又成为一个新的挑战。

5）多目标

工业互联网环境下基本调度问题均呈现多目标决策需求，当多个基本问题联合决策时，从任务运行效率、响应延时、能耗、成本、服务质量等方面的决策目标和评价指标必然会发生倍增，如何实现多个目标之间的平衡，也是当前研究讨论的热点之一。

2. 工业互联网的任务调度挑战的应对策略

面对这些挑战，传统的数学规划方法效率变低，对优化问题的处理能力相对减弱。比如，在面临大规模问题时，数学规划由于变量和约束条件的骤增，导致数学规划的求解可能面临组合爆炸的问题，计算复杂度较高，求解时间长。此外，数学规划往往基于问题的确定性假设，对于高动态、不确定的问题，表现也不尽如人意。因此，迫切需要有其他更合适的方法去解决任务调度面临的挑战。

随着对智能算法的深入研究，逐渐认识到这些方法相较于传统的数学规划，在应对工业互联网任务调度挑战时，具有更为出色的适应性和性能。这为工程领域提供了新的思路和工具，为解决复杂的任务调度问题打开了新的可能性。特别是，进化算法通过模拟生物进化的过程，能够有效地处理大规模问题，克服了数学规划中可能遇到的组合爆炸问题。强化学习则通过与环境的交互学习，适应高动态和不确定性的任务调度环境，实现实时的优化。

3. 进化算法

进化算法属于一类基于种群的随机迭代演化算法。它将解通过编码的方式映射为个体。多个个体则形成种群分布在解空间的不同位置。通过随机进化算子的操作，依据个体适应值决定下一个搜索点，从而在解空间内逐步逼近最优解，如图 5.90 所示。

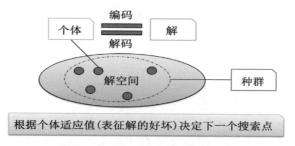

图 5.90　进化算法的基本求解思路

在工业互联网的任务调度问题中，任务和资源通常需要进行适当的编码，以便算法能够处理。进化算法通过将任务和资源的组合编码为个体，将这些个体组成一个种群，形成一个解空间。它抛开了问题复杂特征，通过有限随机迭代，缩短问题求解时间，简化了求解过程。这在求解一些参数量非常庞大的规划问题时，显得尤为关键，如图 5.91 所示。

进化算法的特点是求解精度高，但进化算法也存在一些缺点，比如收敛速度较慢，尤其是在一些大规模问题时迭代次数可能指数级增加，无法满足动态调度的"实

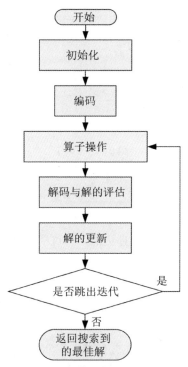

图 5.91 进化算法的基本求解流程

时性"要求。此外,对于不同的调度优化问题,不同的进化算法(如遗传算法、模拟退火算法)的性能表现不同,为了获得更好的性能,往往需要重新设计算法和训练。

对于这些问题,研究者们对基本的进化算法进行了改进,实现并行化进化算法和集成化进化算法,使得进化算法在求解大规模调度问题的性能得到了大幅提升。

1)进化算法的并行化改进

并行化进化算法是通过同时处理多个个体或子种群的方式,以加速进化算法的求解过程。在工业互联网的任务调度问题中,利用并行化进化算法可以显著提高求解效率,适应大规模、复杂性高的任务调度场景。如图 5.92 所示,进化算法的并行方式一般分为 3 种:主从并行、细粒度并行、粗粒度并行。

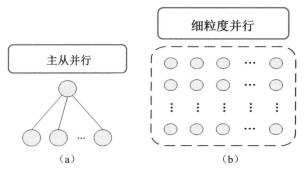

图 5.92 进化算法的几种并行方式

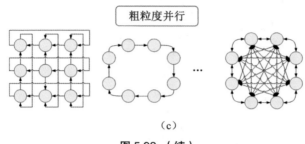

图 5.92 （续）

主从并行是将整个种群划分为多个子种群，其中一个主节点负责全局控制，而多个从节点分别负责演化各自的子种群。在工业互联网的任务调度中，可以将不同任务子集分配给不同的从节点，主节点协调并整合各从节点的演化结果，适用于大规模任务分布的场景。优点是有效利用了计算资源，但可能存在通信开销。

细粒度并行是在进化算法的演化过程中，对单个个体或某个操作进行并行化处理。在工业互联网任务调度中，可以将种群中的个体或某些演化操作分配给不同的处理单元，如多个处理器或 GPU。适用于具有大量个体的场景，可以显著提高计算速度。缺点是可能存在较大的同步和通信开销。

粗粒度并行是将算法的不同阶段或不同任务分配给不同处理单元进行并行计算。在工业互联网任务调度中，可以将进化算法的初始化、选择、交叉和变异等阶段分配给不同的处理单元。适用于任务调度问题中不同阶段的计算需求不同的情况，有助于提高整体性能。但可能会出现负载不均衡的问题。

2）进化算法的集成化改进

集成化进化算法（见图 5.93）是通过将多个进化算法或者同一算法的不同变体集成在一起，以提高优化性能和鲁棒性的方法。在工业互联网的任务调度问题中，集成化进化算法能够充分发挥各种算法的优势，更有效地应对复杂、大规模的调度场景。

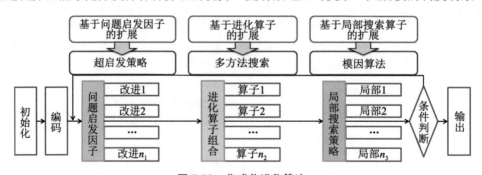

图 5.93 集成化进化算法

目前进化算法的集成化研究主要分为两方面。一是多算法集成：将不同的进化算法组合起来，形成多算法集成，以提高搜索的多样性和鲁棒性。例如，遗传算法、差分进化算法、粒子群算法等的组合，能够在搜索过程中更好地应对问题的复杂性。二是自适应集成：研究者们致力于设计自适应的集成方法，使算法能够根据问题的特性和搜索进展来动态地选择和调整集成中的成分算法，这样的自适应性能够提高算法在不同问题上的适应性。

4. 强化学习

在一些调度实时性要求高的场景下，可以通过强化学习来解决。强化学习（见图 5.94）是机器学习中的一个领域，是机器通过与环境交互来实现目标的一种计算方法。

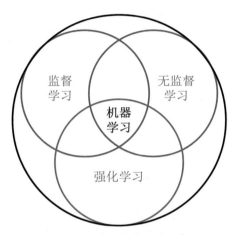

图 5.94 深度强化学习的示意图

强化学习中，一般将决策者称为智能体。在做调度任务时，智能体可以选择在某个时刻某个设备完成某个具体任务。强化学习可以通过智能体与复杂生产环境的交互来实现最优任务调度的目标。每一轮交互代表了一个决策周期，由智能体在当前环境状态下选择执行任务的资源或优先执行的任务。如图 5.95 所示，智能体所做的决策会对环境产生影响，环境会相应地变化，并将反馈的奖励和下一轮的状态传递回智能体。智能体的目标是在多轮交互中获得的累积奖励的期望最大化。

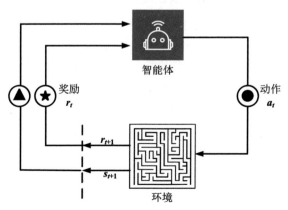

图 5.95 多智能体强化学习的示意图

强化学习方法在工业互联网的任务调度中的应用带来了显著的优势，经过预训练的模型求解速度非常快，它在预训练时会积累经验并形成自己的知识库。在应用中，对当前情景与学到的情景进行匹配，能够端到端地快速求解调度组合优化问题，实现"离线学习，在线应用"的目标，达到兼顾求解时间与求解质量的效果。

强化学习也存在一些缺点，例如，使用表格或函数来表示值函数和策略的强化学习，适用于小规模状态和动作空间，对于大规模问题学习过程可能较为困难，训练稳定性较低。此外，表现良好的强化学习模型往往需要大规模的数据训练，而在实际工业生产中获取大量真实数据成本较高，如果将没有完全训练好的强化学习模型直接应用在实际生产中，可能会产生错误的决策，乃至造成较大的损失。目前面向工业互联网的各类任务调度的强化学习方法研究多以单智能体强化学习为主，而在工业任务调度往往涉及多个机器、设备，单智能体强化学习表现一般，还没能很好地适应复杂的工业任务调度场景。

随着深度神经网络的快速发展，结合了强化学习的决策能力和深度学习的信息提取表征能力的深度强化学习用神经网络强大的函数近似功能代替传统的 Q 值函数或策略函数，可以使得强化学习在面临大规模求解组合优化问题时，有更好的表现，训练稳定性有了较好的提升。

多智能体强化学习的兴起和演进也较好地改善了单智能体强化学习不贴近工业生产实际的情况。多智能体强化学习能够考虑不同智能体的相互影响和协同工作，能更好地适应复杂的工业任务调度场景，提高整体性能。但如何利用多智能体强化学习解决工业领域的实践问题仍然是一个比较大的挑战，其中一个比较关键的问题是如何解决多智能体强化学习在大规模问题上的训练效率问题。

在生产中的许多场景下，让尚未学习好的智能体和环境交互可能会导致危险发生，或是造成巨大损失。因此，在智能体不和环境交互的情况下，仅从已经收集好的确定的数据集中，通过强化学习算法学到比较好的策略意义重大。离线强化学习正是针对这一问题的解决方案，它可以利用先前收集的大量历史数据学习，从而更有效地利用历史资源，避免未训练好的模型直接应用而造成较大的损失。

综合而言，深度强化学习、多智能体强化学习和离线强化学习是在工业互联网的任务调度中解决强化学习缺点的有效方法。通过结合这些技术，可以更好地适应复杂的调度环境、提高训练效率、处理多智能体协同问题，从而使强化学习在工业任务调度中更具实际应用价值。

5. 机器学习用于调度优化的三种范式

图灵奖得主 Yoshua Bengio 将机器学习用于组合优化问题总结出了三类范式，为有效应对工业互联网的任务调度问题提供了新的思路，如图 5.96 所示。

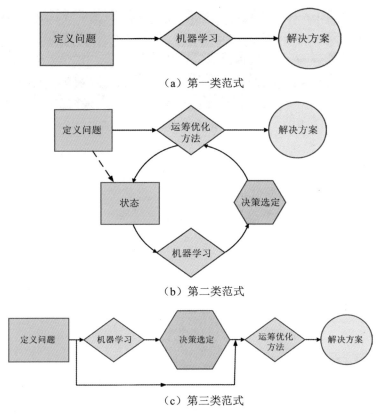

（a）第一类范式

（b）第二类范式

（c）第三类范式

图 5.96 机器学习用于调度优化的三类范式

第一类是单独使用机器学习算法端到端地求解组合优化问题。这可以避免传统运筹优化方法及迭代效率低、运算复杂度高等问题，比较适合用于一些需要进行实时优化的场景。

第二类和第三类，均将机器学习算法与传统的运筹优化方法相结合使用，只是结合方式不同。这类方法利用机器学习方法的学习表征能力，辅助运筹优化方法进行决策。尽管其底层逻辑仍属于传统优化方法的运行方式，但通过与机器学习的结合，搜索效率得到了有效提高，同时优化结果的质量通常也能够得到保障。但这两类方法相比于端到端的机器学习方法的运算效率较低，更适合一些对精确度要求较高、实时性一般的场景。

在面对不同调度问题时，合理运用这三类范式，巧妙地结合机器学习与传统优化方法，能够充分发挥两者的共同优势。这为我们解决工业互联网的任务调度问题提供了全新的思考方式，在不同场景下选择最合适的方法。这样的综合应用不仅提高了调度效率，同时也满足了工业互联网中对精确性和实时性的双重要求，如图 5.97 所示。

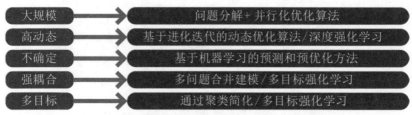

图 5.97　工业互联网的任务调度的挑战与应对策略

6. 小结

总的来说，在面临不同场景下的工业互联网的混合任务调度需求时，需要根据具体的情况，针对重点需要优化的目标与约束，选择合适的应对策略搭建工业互联网的内核调度软件。如何针对大规模、高动态、不确定、强耦合、多目标的挑战，构建工业互联网通用的内核调度软件，仍是当前工业互联网平台亟须解决的重大问题之一。

5.4　建模仿真与数字孪生

5.4.1　建模仿真技术概述

工业互联网最典型的应用场景，是通过对设备的广泛连接，实现海量数据的汇集，继而利用算法和模型，对数据进行分析，从而了解设备的运行状态，然后再结合业务逻辑开展不同形式的应用，如预测、诊断或优化。这个过程本质上就是建模仿真的过程。

首先介绍建模仿真的概念。仿真这个术语，对应的英文是 Simulation，最早翻译成"模拟"。

1979 年，在烟台召开了第一届全国系统仿真学术会议，会上将 Simulation 译为"仿真"，以便与模拟计算机 Analog Computer 中的 Analog 加以区别。

简单地讲，仿真是基于模型的活动，即建立物理对象的模型，再通过对模型的研究，来认识和改造物理对象。因此，为了突出模型的重要性，往往将建模和仿真并列，即 Modeling and Simulation，简称为 M&S，即"建模与仿真"或"建模仿真"。

另外，由于历史原因，一些情况下仍然使用"模拟"，如仿真器（simulator）习惯上常被称为"模拟器"。

古今中外有很多仿真应用的著名案例。

《墨子·公输》里记载了一次有名的攻防对抗仿真。战国时期，鲁班为楚王建造了云梯，因此楚王想要攻打宋国。墨子就去见鲁班，把腰带解下来作为城墙，用木片作攻守的器械。鲁班用不同的方法模拟进攻，墨子进行防守。这是一次典型的兵棋推演，是一种攻防对抗仿真，仿真用的模型是"腰带"和"木片"。通过仿真推演避免了一场战争。

另外，据《后汉书·马援列传》记载，刘秀有一次率军征伐，兵至漆县，由于地形不明，举棋不定。这时候，马援用大米做出了当地的山谷、地形，这样来往的路径便一目了然。这开创了历史上模拟地形研究战法的先例，也是有记载的最早的沙盘。

在现代，美国的曼哈顿计划中，通过仿真最早复现了核链式反应过程，拓展了对核裂变的理解，最终促成了第二次世界大战的结束。这是 2007 年美国国会的 487 号决议里提到的，建模仿真技术为美国国家安全和国家利益所发挥的重大作用中的第一条。

计算机的出现，极大地推动了仿真技术的发展。而事实上，冯·诺依曼在第一台通用计算机上实现了蒙特卡洛方法，这是仿真里面最经典的算法之一。所以计算机自出现的那天起，就和仿真建立起了密不可分的关系。

在计算机技术的推动下，仿真技术迅速发展，到 20 世纪 50 年代便形成了一个独立的学科，其标志是 1952 年在美国成立的"国际计算机仿真学会（SCS）"，以及 1956 年成立的"国际数学和仿真计算机联合会（IMACS）"。

在计算机出现的早期，关于仿真的定义中，模型的含义基本都是指数字模型或计算机模型。计算机仿真成了仿真的代名词。

但是，随着仿真应用领域的不断扩大，仿真面对的研究对象也越来越复杂，人们发现，纯粹的数字模型无法准确地描述物理系统的特性，在仿真系统中仍然需要物理设备的配合。比如说模拟电磁效应的微波暗室，模拟多自由度运动的转台。这类设备被称为物理效应设备。

因此，从模型的角度来看，到目前，仿真的发展经历了从基于物理模型的仿真，到基于计算机模型（数字模型）的仿真，再到基于数字加物理模型的仿真（见图 5.98）。基于纯物理模型的仿真，现在一般将其归为一种实验方法，而不纳入仿真学科的研究范畴。完全基于数字模型的仿真称为数字仿真或计算机仿真。

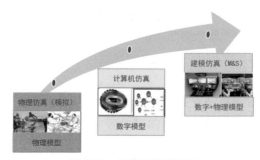

图 5.98 仿真的发展历程

随着计算机和数字化技术的不断发展，越来越多的物理对象可以用数字模型来代替。但就目前的科技发展水平，要想 100% 用数字模型来准确地描述物理对象是不现实的。不过数字化程度越来越高将是未来的发展趋势。

2023 年，国际建模仿真学会花费将近 6 年，整理完善形成了最新一版的知识体系，从多个维度对建模仿真所涉及的知识领域进行了描述。中国有十多位学者参与了这个知识体系的建设。

下面介绍一下仿真的类型。我们可以从不同的角度对仿真进行分类。

（1）按照被仿真的对象，可以分成自然系统仿真、工程系统仿真、社会系统仿真、生命系统仿真和军事系统仿真。

（2）按系统的特性，可分为以下类型。

① 连续系统仿真。

② 离散时间系统（采样系统）仿真。

③ 离散事件系统仿真。

④ 定量系统仿真。

⑤ 定性系统仿真。

⑥ 混合系统仿真。

（3）按仿真时钟与实际时钟的关系可以分为实时仿真、欠实时仿真和超实时仿真。

① 实时仿真是指，时钟推进时间与实际时钟（墙钟）推进时间完全一致。

② 欠实时仿真是指，仿真时钟推进时间比实际时钟推进时间慢，主要用于针对高速运动的物体或快速变化的事物的仿真，如高速运动的飞机。

③ 超实时仿真是指，仿真时钟推进时间比实际时钟推进时间快，主要用于针对缓慢运动的物体或缓慢变化的事物的仿真，如植物的生长。

（4）按仿真用途可分为工程仿真和训练仿真。

① 工程仿真主要用于工程技术人员进行分析、预测、优化或决策。

② 训练仿真则主要用于对使用者或操作人员进行培训，训练仿真又可以细分为操作型仿真和对抗型仿真。例如，使用飞行模拟器对飞行员进行训练，对医生进行手术操作的培训，都属于操作型仿真。

（5）按仿真粒度可分为单元级仿真、系统级仿真和体系级仿真。

① 单元级仿真是指针对单个部分或单个领域开展的仿真。

② 系统级仿真是指针对一个完整的系统开展仿真，需要考虑系统的各个组成部分之间的联系。

③ 体系又称为复合系统或系统的系统（System of Systems），是由多个有独立行为能力的系统组成的更大的系统，如交通系统、一个完整的企业、车联网、无人机集群等。

体系是一种特殊的系统，它和普通系统的主要区别是：体系的各个组成部分是可以独立运行的、各部分之间的关系是松耦合的。所以体系级仿真的重点是描述和分析各个组成部分之间的关联关系，以及最终形成的整体行为。

（6）按仿真系统架构可分为集中式仿真和分布式仿真。集中式仿真可以用一台设备或一套系统完成全部仿真任务，而分布式仿真则需要多个设备或系统协同工作，才能完成一个完整的仿真任务，而且这些设备或系统往往在物理上分布在不同的地点。

（7）按仿真所用模型可以分为物理仿真、数字仿真和半物理仿真。正如前面提到过，全部采用物理模型的物理仿真，已不被纳入仿真学科的研究范畴。

在仿真系统中，如果除了数字模型以外，还包含有物理效应设备，这样的仿真被称为半实物仿真，或称为硬件在环或硬件在回路（Hardware-in-the-loop）的仿真。

与硬件在回路对应的，还有软件在回路（Software-in-the-Loop）的仿真、人在回路的仿真（Human-in-the-loop）等。

（8）按仿真模式可分为离线仿真和在线仿真。离线仿真是指仿真分析是离线进行的，仿真系统与物理对象之间没有直接的连接，两者之间没有实时的信息交换，所建立的模型结构和参数也相对稳定。大多数仿真都属于这一类。

而在线仿真则不同，仿真系统会与物理对象进行连接，仿真运行过程参与到系统运行当中，仿真系统与物理对象之间有实时的数据交互，仿真结果会直接影响到物理对象的状态。如果进一步，所建的模型能够随着物理对象的变化而同步演化，这个模型就可称为数字孪生。

一种比较典型的在线仿真是嵌入式仿真，也就是将模型或仿真系统嵌入到物理对象里面，作为其中的一个组成部分，和物理对象一起运行。

5.4.2　建模仿真在制造业中的应用

基于计算机的现代建模仿真技术经过 70 多年的发展，其应用范围涉及人类社会几乎所有的行业。可以利用仿真开展系统论证、分析、优化、辅助决策，以及教育、培训，甚至休闲娱乐等各种活动。特别在航空航天、军事、先进制造等关系国家安全和国家实力的重大领域，发挥着关键的作用。

尤其对于复杂系统的研究而言，单靠理论、实验这两种传统研究手段无法完全解决问题，而建模仿真技术却能发挥其独特的作用，仿真有时甚至成为唯一的手段。仿真在制造领域的应用，可以追溯到 20 世纪 50 年代，如今已被广泛应用于产品设计、生产、测试、维护、销售、报废 / 回收等全生命周期过程。

制造业信息化的发展可以粗略地概括为数字化、网络化、智能化（见图 5.99）。与此对应，制造仿真技术也可大致分为三种形式，即单元仿真技术、集成仿真技术和智能仿真技术，其中集成仿真包括系统级仿真和体系级仿真。

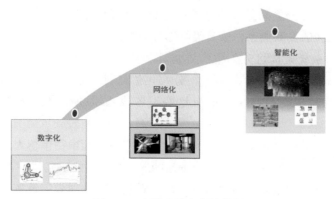

图 5.99　制造业信息化的发展

1. 单元仿真技术

按照产品的生命周期（见图 5.100）的不同阶段，单元仿真技术可分为面向需求的仿真、面向设计的仿真、面向生产的仿真和面向其他相应过程的仿真等。

图 5.100　产品的全生命周期

1）面向设计的仿真

设计是产品生命周期中最具创造性的活动，仿真可以帮助工程师在虚拟环境中进行实验，从而提前发现设计中的错误，并进行快速的优化和迭代，这样可以大幅降低研发成本，缩短研发时间，甚至可以实现制造的一次成功。由于市场竞争的压力，留给企业研发新产品的时间越来越短，如果离开仿真技术的支撑，企业不仅会失去创新能力和竞争力，甚至会被市场淘汰。

一个产品特别是比较复杂的产品，往往包含多个学科的知识，如结构、控制、电子、流体、固体、气体、热、电磁等。每个领域又可细分为更加具体的内容，如结构强度、流场、疲劳、寿命、振动、噪声，动力学等。设计仿真用到的软件工具也是最多的，如多体动力学仿真软件、电子设计自动化（EDA）软件、有限元分析软件、动态系统仿真软件等。

设计是仿真在制造中应用最成熟，也是效益最明显的领域。

2）面向生产的仿真

生产执行过程是产品生命周期中最重要和最复杂的阶段之一，生产过程的质量直接影响最终产品的质量。

典型的生产仿真包括加工工艺仿真、生产调度仿真等。

工艺复杂可以用来优化工艺参数或规划工艺流程。调度仿真可以用来验证或优化生产调度方案。

3）面向测试的仿真

测试是产品生命周期中非常重要的部分。测试的效果直接影响产品质量和用户体验。近年来，传统的物理测手段也在向虚拟测试方向发展。虚拟测试可分为：基于虚拟仪器的测试、基于软件仿真的测试和基于虚拟现实的测试等不同形式，这些都是典型的仿真技术在测试中的应用。

2. 集成仿真技术

集成仿真是基于多种单元仿真技术，针对一个完整的产品或由多个部分组成的系统，开展的综合性仿真活动。

1）虚拟样机技术

虚拟样机技术是结合了 CAD/CAE、计算和分析、虚拟现实等的集成仿真技术，是一个多领域数字化模型的集合。

虚拟样机技术出现于 20 世纪 90 年代，当时被定义为：具有一定真实功能并可与物理原型相媲美的计算机仿真模型。随着仿真技术的不断发展，虚拟样机已可以包含真实产品的几乎所有关键特征。

尽管虚拟样机的提出是面向设计的，但它涉及产品生命周期的几乎所有阶段，如虚拟加工、虚拟装配，虚拟测试，虚拟维护，虚拟拆卸。这使得设计人员在设计阶段即可以了解一个设计方案对后续各个阶段的影响。

2）基于仿真的采办（Simulation Based Acquisition，SBA）

SBA 事实上不是一种单纯的技术，是 20 世纪 90 年代中后期，美国国防部针对武器装备发展的高成本长周期问题，提出的一种深度融合了建模仿真技术的制造模式。它采取并行工程的管理组织方法，以虚拟样机技术为核心，实现制造全生命周期的数字化，从而大量节省研发和制造的时间和成本。SBA 可以说是仿真技术与制造业的最全面的结合，也是仿真技术在制造全生命周期的集成化应用。

3）HLA（High Level Architecture Simulation）

高层体系结构（HLA）是专门面向分布式仿真系统设计的一套面向对象的开放架构，以提高各仿真系统之间的互操作性和重用性。仿真系统的运行和仿真成员之间的信息交互、时间同步和协调管理，都是通过运行支撑环境（Run-Time Infrastructure，RTI）来实现的。

1996 年由美国国防部建模与仿真办公室（DMSO）正式发布，后成为 IEEE 标准，并由国际仿真互操作标准组织（SISO）负责维护。如今仍然是开发分布式仿真系统遵循的主要标准之一。

3. 智能仿真技术

智能仿真技术可以有两层含义：一个是针对智能系统的仿真；另一个是智能化的仿真。在制造领域的智能仿真技术兼有这两层含义。

制造智能仿真技术应用的对象是智能化制造系统，或工业互联网系统，而这类系统具有一些新的特征，特别是系统的模型和传统模型相比，有以下不同之处。一方面由于工业互联网云边端协同的特点，不仅需要开展传统的离线仿真，也需要开展实时的在线仿真，这时的模型需要通过不断地吸收来自物理对象的数据而实时的演化。另一方面，除了传统的机理模型，还有许多基于数据和机器学习建立的神经网络模型。

上述模型的构建和运行，需要融合信息物理融合系统、物联网、大数据、云计算、虚拟现实和人工智能等新一代信息技术，因此可统称为"新一代数字模型"。智能仿真技术也可称为新一代仿真技术。下面介绍两种典型的新一代仿真技术。

1）云仿真

工业互联网平台是典型的云平台，基于云平台的仿真称为云仿真[68]。云仿真可以有不同的应用形式，如：

可以利用云平台丰富的数据进行数据模型的训练和验证；

可以利用云计算的强大计算能力开展复杂的仿真计算和分析；

可以将建模仿真资源和能力服务化，通过云平台实现共享或协同。

2）边缘仿真

针对一些实时性比较强的生产系统开展仿真，也需要仿真系统具有相应的实时性。为此需要在云平台和物理终端之间，根据实时性的需求，建立相应的边缘仿真系统。

3）嵌入式仿真

边缘仿真是边缘计算和仿真技术的结合。

由于智能化生产的需求，最底层的生产设备或生产线，有时需要嵌入仿真模块，以支持对设备或产线的实时监测、控制或调度。嵌入式仿真和边缘仿真都属于在线仿真，对模型的可信性，仿真计算的实时性，以及仿真模块的可靠性都有非常高的要求，相关的理论方法还不成熟，开展实际的应用还有很多挑战需要解决。

在工业互联网环境下，将仿真任务放在云端，还是边缘端，或是嵌入设备端，需要根据具体的仿真需求和企业的运行特点，进行合理的分配和规划。

5.4.3 数字孪生

数字孪生是最近 10 年左右逐渐广为人知技术术语。它可以说是制造和仿真两个领域共同孕育出的一个概念。

Michael Grieves 教授是一位著名的 PLM（产品生命周期管理）专家，2002 年在一次密歇根大学介绍 PLM 的报告中，对 PLM 进行了一种形象的解释，即现实空间、虚拟空间，以及这两者之间相互传播的数据和信息流。这包含了后来数字孪生系统的几个基本要素，但当时被称为 Conceptual Ideal for PLM。

数字孪生（digital twin）这个术语最早出现在 2010 年美国 NASA 发布的"建模、仿真、信息技术路线图"报告中 [69]，随后数字孪生逐渐引起业界中重视。而 NASA 关于数字孪生的实践则开始于 20 世纪 60 年代。为 Apollo 13 飞船建造了一个"数字孪生"，在地面上对太空中的飞船开展仿真和评估，对出现严重故障的飞船实施了成功的营救。

从 2017 年起，业界开始意识到数字孪生有可能成为未来的一种尖端的战略性技术，而这很大程度上得益于工业互联网的发展。

自从 2010 年数字孪生这一术语出现以来，企业界和学术界给出了不下数十种定义或描述，到目前并不存在一个公认的统一的定义。

我们综合各类定义和对数字孪生的理解，给出一个逻辑上尚能自洽的定义 [70, 71]，即数字孪生是物理对象的一个数字化模型，该模型可以通过接收来自物理对象的数据而实时自演化，从而与物理对象在全生命周期保持一致。

基于数字孪生可进行分析、预测、诊断、训练等（即仿真），并将仿真结果反馈给物理对象，从而帮助对物理对象进行优化和决策。

由数字孪生（模型）、物理实体、数据组成的系统，称为数字孪生系统。数字孪生系统本质是一种在线仿真系统。

面向数字孪生全生命周期（构建、演化、评估、管理、使用）的技术，统称为数字孪生技术。

数字孪生有时被称为数字双胞胎，数字化双胞胎，或数字孪生体。

数字孪生的本质特点是实时自演化，即数字孪生通过传感器随时获取物理实体的数据，并随着这个实体一起演变，一起成熟或者一起衰老。

如果一辆汽车出厂时，厂家同时提供了一个数字模型，这个模型准确地反映了汽车出厂时的状态。而若干年后，这辆汽车已经非常老旧，各个零部件损坏严重，甚至有许多事故造成的损伤，而厂家提供的数字模型还是当时出厂时的状态，没有能够在汽车的使用过程中随着汽车状态的改变而改变，那么这个数字模型即使当时建得再准确，也不能称为这辆汽车的数字孪生。因为这个模型没有实时自演化的能力，用这个模型去分析这辆已经老旧的汽车，得到的任何结果是没有意义的。

所以判断一个数字模型是不是真正意义上的数字孪生，就看它有没有跟随物理对象实时自演化的能力。

从这也可以看出，数字孪生是一种特殊的模型，孪生模型的构建与使用过程相互融合，要建立一个真正意义上的数字孪生模型，是极具挑战性的工作，目前这方面的研究还处于起步阶段。

随着越来越多企业的跟进，发展出几种不同特点的数字孪生。

首先看一下 NASA 的数字孪生。NASA 的数字孪生源自其太空飞行模拟器，是飞行中的物理对象的全生命周期镜像，其核心是多物理、多尺度的集成化仿真。

NASA 数字孪生的四大应用场景如下。

（1）通过数字孪生实现飞行器发射前试飞。

（2）对飞行中的飞行器的实际状态进行镜像。

（3）对潜在灾难和损坏进行现场取证和分析诊断。

（4）对修改飞行任务参数的影响进行分析。

西门子数字孪生是一个面向制造全生命周期的数字化概念，它包括如下。

（1）产品数字孪生。

（2）生产数字孪生。

（3）性能数字孪生。

这体现了一个企业数字化的 3 个不同层次。一个理想的数字孪生将全面覆盖整个企业的全业务流程和产品的全生命周期。

GE 的数字孪生源自于航空发动机的故障诊断和远程维护。Predix 本是源自于 GE 的一个工业互联网平台，现在也被称为一个针对数字孪生进行优化的平台和学习系统。这也是数字孪生被认为是工业互联网核心价值体现的主要原因。他们认为数字孪生就是基于获取的数据得到的一个人工智能学习模型。

对于一个数字模型而言，它所能描述的只能是物理对象的某一个方面或者某一部分，对于一个自然环境中的物体，我们无法用一个数字化的模型穷尽这个物体从宏观到微观的所有细节。

受 NASA 报告的影响，常用"逼真度"来衡量一个数字孪生描述物理对象的标准程度。其实模型本身就是对事物的一种抽象，建立模型的目的就是抓主要矛盾和主要特征，以便于分析和决策。因此用数字模型"一模一样"地复制一个物理对象，既不现实，也不必要。过分强调"逼真"，会给模型带来不必要的复杂性。

如果不用逼真度，我们用什么度量呢？

还有一个更加现实和实用的度量，就是"可信度"。

可信度描述的是，针对某种特定需求，一个模型的可信程度。对于同一个模型来说，针对不同的需求，它的可信度可能是不一样的。

比如一个城市模型如果对于导航来说是可信的，那对于分析路面特性就不一定可信。这更符合研究问题方法论，对同一个物理对象，针对不同的需求和目的，需要建立不同的模型，不可能用一个模型穷尽所有的方面。

如果在不加任何前提的情况下，让你建一个"高逼真度"模型，是无从下手的。

仿真都是针对某个特定的需求，在特定的场景下进行的，可信度更能反映实际的仿真应用对模型的要求。

所以，评价数字孪生的正确性，用可信度比逼真度更合适。或者说，可信度对于建立一个合理的数字孪生模型更有实际指导意义。

由于数字孪生的实时演化特点，数字孪生的评估需要与演化过程同步。而前面讲过，数字孪生的模型构建与使用过程是相互融合的，因此，数字孪生的建—用—评是三位一体的。这使得数字孪生的可信评估变得极为困难，目前这方面的研究几乎处于空白状态。

5.4.4 模型工程

仿真是基于模型的活动，模型是仿真的基础和核心，如何获得一个高可信和高质量的模型，是仿真学科的基础问题。

模型本身也有自己的生命周期，包括模型设计、构建、运行、演化、维护、重用等（见图5.101）。模型工程是以复杂系统模型全生命周期为对象的一套理论技术体系。

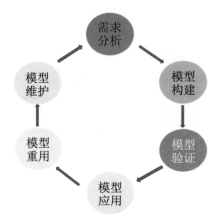

图 5.101 模型全生命周期

1. 复杂系统模型的特点

复杂系统具有以下特点：机理复杂，组成复杂，行为复杂，约束复杂，演化复杂，需求复杂[72]。

这样的例子非常多，比如复杂产品（汽车、飞机、舰船、机床、发动机），全球化企业，工业互联网平台，城市交通网络等。

这类系统的模型有一些共同的特点。

（1）模型的生命周期长，而且在生命周期过程中不断演化。

（2）模型结构复杂，一个模型由众多子模型组成，不同模型涉及不同学科，而且各子模型之间的关联关系复杂。

（3）一个模型中包含不同性质和形态的子模型，如连续模型、离散模型，智能体模型，白盒模型（如机理模型），灰盒模型（如经验模型）和黑盒模型（如神经网络模型）。

（4）一个模型由多个组织分别开发，开发过程，开发方法，使用的语言、软件、开发环境，都各不相同，缺乏统一的标准，导致模型异构严重。

2. 模型的质量

5.4.3 节讲过,用可信度描述数字孪生的正确性,事实上对于所有模型都适用。可信度是模型最基础的指标,在保证了所需要的可信度之后,模型往往还需要满足许多反映模型质量的指标,这些指标可以分为模型构建阶段的指标、模型使用阶段的指标、模型重用阶段的指标以及跨阶段的指标。

构建阶段的指标包括复杂度、标准化程度、能力成熟度等。

使用阶段的指标包括解耦能力、并行能力、容错能力等。

重用阶段的指标包括可重用性、可配置型、可组合性、可移植性等。

跨阶段指标包括全生命周期成本、模型成熟度、模型适应性等。

指标可以根据模型的特点和仿真任务的需求,视具体情况而定。

要保证一个复杂模型的可信和质量,是一个复杂的系统工程。

3. 模型工程的概念和内涵

在仿真领域,对模型进行可信评估的主要手段是模型校核、验证与确认(Verification,Validation and Accreditation,VV&A)。

校核(Verification),关心的是:是否正确地建立模型(building the model right),即设计人员是否正确地将问题的陈述转化为模型描述。

简单地讲,校核的过程是对模型的静态的白盒测试。

验证(Validation),从应用目的出发,关心的是:建立的模型是否正确(building the right model),即:模型的行为是否满足要求。

简单地讲,验证过程是对模型的动态的黑盒测试,也就是将模型运行起来,观察其输出是否和理论值或真实情况一致。

确认(Accreditation),即模型正式为需求方或用户所接受的过程(the official certification)。

简单地讲,确认可以理解为验收的过程。

但是对于一个复杂系统而言,现有的 VV&A 手段仍然无法保证模型的可信以及质量。

一方面,针对复杂模型的 VV&A 方法和手段仍然不足,特别是对于一个复杂的数字孪生模型,几乎没有可用的评估方法。另一方面,仅靠事后的评估,而对建模的过程不进行规范和有效的管理,也无法保障模型的可信和质量。

因此,需要以模型全生命周期为对象,进行全面的、系统的研究,给出一整套系统化、规范化、可量化的理论、方法、技术、标准及工具,来保证模型的可信和质量,同时还要考虑为此所付出的代价,因为如果不考虑代价或成本,这些方法和技术可能就失去了实际的价值。

这套理论方法体系应该具有相当的普适性,可以对不同行业、不同领域的建模可信和质量问题提供支持和指导。

这就是模型工程。

模型工程（Model Engineering，ME）的定义：模型工程是采用系统化、标准化、可量化的方法，以最小的代价保证全生命周期可信和质量的理论、方法、技术、标准及相关工具的总称[73]。

模型工程以模型全生命周期为对象，所以也称为模型生命周期工程（Model Lifecycle Engineering，MLE）[74]。

模型工程在方法论层次上研究和建立完整的技术体系，用以指导和支持模型全生命周期过程中的各项活动。

模型工程旨在确保整个模型生命周期的可信和质量，同时整合模型的不同理论和方法，研究和发现模型生命周期中独立于特定领域的基本规则，建立系统的理论、方法和技术体系，并开发相应的标准和工具。

模型工程管理模型整个生命周期中涉及的数据、知识、活动、过程和组织人员，同时考虑模型开发和维护的时间周期、成本和其他指标。

模型工程将模型全生命周期的各项活动从自发和随机行为转变为系统化和标准化的行为。

4. 模型工程的技术体系

模型工程的技术体系包括通用建模技术、模型全生命周期管理技术、模型重用和共享技术、定量分析和评估技术，以及相关的支撑技术等。

通用建模技术包括：领域无关的建模方法论，模型描述和建模语言，模型相关标准，模型组合 / 集成方法等。

全生命周期管理包括：模型全生命周期过程的建模，模型需求的获取与管理，面向建模过程的能力成熟度模型等。

模型重用和共享包括：模型库管理，基于云的模型重用和共享，模型重构和配置，模型成熟度等。

定量分析与评估包括：模型可信性量化分析和评估，风险分析，成本分析，复杂性分析等。

支撑技术包括：模型验证、校核与确认（VV&A），数据 / 知识管理，模型及全生命周期过程的可视化，支撑环境 / 工具等。

2016 年，美国 NSF、NASA 等发布了《工程复杂系统建模与仿真研究挑战》研究报告，模型工程被列为重要的研究方向[74]。

2023 年，模型工程被列入 SCS 最新的建模仿真知识体系（BoK for M&S）的核心领域[75]。

5.4.5　MBSE 与 X 语言

MBSE（Model-based Systems Engineering）即基于模型的系统工程，它是针对复杂产品或复杂系统的协同研发而提出的一种以模型为核心的系统工程思想，现在也被认为是构建复杂数字孪生模型的核心支撑技术之一。

系统工程的理念和方法，起源于复杂产品的研制，特别是航空航天类的产品。这类产品本身是一个复杂的系统，研制项目一般周期比较长，而且需要来自不同学科、不同领域的大量的研发人员相互协作，因此对项目的实施过程以及所涉及的各类人员需要进行规范化、系统化的规划、组织和管理。

20 世纪 30 年代至 40 年代，英国、美国在防空系统、导弹项目的研制过程中，开始出现一些基于系统的分析和管理的方法，后来统一被称为"系统工程"[76]。

1962 年，霍尔（Hall）出版了《系统工程方法论》[77]，提出时间维、逻辑维和知识维三维结构模型。时间维是指产品生命周期各个不同的阶段，包括规划、研制、生产、安装、运行、更新；逻辑维是产品研发的逻辑流程，包括明确问题、系统指标体系设计、系统方案综合、系统分析、系统选择、决策和实施；知识维是完成上面各个步骤所需要的各个学科的知识和专业技术，包括工程、管理、社会科学、哲学、医学、法律和艺术。

1978 年，凯文和哈罗德提出了著名的"V 模型"，用于可视化系统工程关注的各个关键领域，并突出与利益攸关者的持续验证和确认。

如图 5.102 所示，V 的左半边，是从需求出发，自顶向下的逐层分解的过程，右半边则是自底向上的逐层集成的过程，在与左边对应的同一层上，开展验证和确认工作。

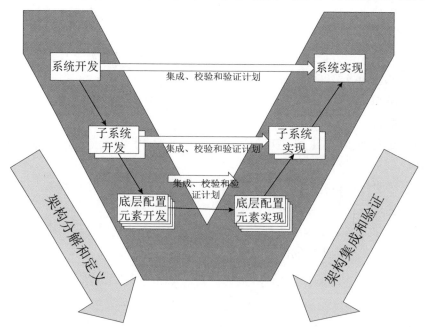

图 5.102　传统系统工程的 V 模型

2004 年，国际系统工程学会 INCOSE，将系统工程定义为一种系统能成功实现的跨学科的方法和手段[76]。系统工程专注于在开发周期的早期阶段，定义客户需要与所要求的功能，将需求文件化，然后再进行设计综合和系统确认。系统工程把所有学科和专业集成为一个团队，形成从概念到生产再到运行的结构化开发过程。

中国的系统工程，也是开始于航天系统的研制。1961 年，中华人民共和国国防部颁布《国防部第五研究院暂行工作条例（草案）》，这是中国航天系统工程管理的开端。

1978 年钱学森等几位科学家，发表了《组织管理的技术——系统工程》的文章 [78]，将用系统思想直接改造客观世界的技术，统称为"系统工程"。认为系统工程是组织管理系统的规划、研究、设计、制造、试验和使用的科学方法，是一种对所有"系统"都具有普遍意义的科学方法。从此奠定了中国系统工程的基础。对于我国航天事业从无到有的快速发展，发挥了关键的作用。

在当前强调原始创新的背景下，支持正向设计的系统工程将发挥越来越重要的作用。

系统工程在发展的早期，由于信息技术还不够强大和普及，因此开展系统工程主要依赖于文档，各项活动的产出是大量的基于自然语言、以文本格式为主的文档，也包括少量的表格、图片等。所以传统系统工程又称为基于文档或文本的系统工程。

这种方式不足以应对今天复杂产品研发的需求和挑战。比如，文档中包含大量的术语，而同一术语在不同学科中可能有完全不同的含义，有时候同一概念又可能用不同的术语来描述。这就给设计人员之间的沟通带来很大麻烦。此外，文档还有许多缺点，比如：

文档之间相互独立，难以建立相互的关联。

内容变更困难，难以保持不同文档的一致性。

难于描述复杂活动。活动是动态的，有交互的，仅用文字描述对于相对简单，参与方不多的活动还能胜任，但对于复杂活动就很难描述清楚了。

再有，当文档数量越来越多时，阅读和理解文档成为一个巨大的负担。

这些都严重影响了研发的效率以及最终产品的质量。

另外，传统系统工程 V 字形右侧的系统集成和验证，主要采用实物样机，这也导致了高昂的成本和漫长的研制周期。

为适应越来越激烈的市场竞争环境，需要大幅提高研发效率。在这种背景下，基于模型的系统工程（MBSE）便应运而生。

MBSE 采用图形化的系统建模语言，将传统的文本描述转变为形式化的模型描述，用于支持系统需求、设计、分析、校验和确认等活动，这些活动从概念设计阶段开始，贯穿整个开发过程及后续的生命周期阶段。

MBSE 对系统结构、行为、需求和参数等进行统一建模，将传统的基于文档的信息传递，转变为模型的演化过程 [79]。

MBSE 有三大支柱，即建模语言、建模方法论和建模工具。建模语言是方法论和工具的基础，目前应用最广泛的系统建模语言是 SysML[80]。

SysML 是在用于软件工程的建模语言 UML 基础上开发的用于描述工程系统的建模语言。但采用 SysML 进行系统描述，还只解决了问题的一半，即 V 字形的左侧，对系统设计进行了模型化描述。

这时需要仿真技术，即采用仿真手段代替或减少实物样机的测试验证，用数字化手段打通 V 字形的两侧，实现系统设计的快速高效的迭代和优化，这样才能真正提升产品的研发效率。

因为 SysML 存在一个天生的缺陷，即基于 SysML 模型只能进行逻辑验证，无法直接开展物理特性仿真，因此自身无法全面支持 MBSE，必须配合其他语言或工具（比如 Modelica，Matlab 等）建立物理特性的仿真模型，才能完成设计和验证的全过程。

也就是说，必须分别用至少两种语言和两种软件工具，建立两个模型，然后再通过模型转换和软件集成的方式，完成整个系统的设计和验证过程。这样带来以下几个问题：

（1）系统建模语言与物理域建模语言脱节，无法实现真正的统一建模，并保证不同阶段模型参数的一致性。

（2）当验证发现问题时，难以进行回溯以快速找出问题的原因和位置。

（3）模型转换和软件集成的过程必须要人工参与，工作量大，容易出错，更重要的是，当需要对参数进行调整时，必须要通过手工重新进行参数的适配和软件接口的封装，导致建模和仿真的过程被人为打断，因此难以通过优化算法进行自动的全局参数优化。

（4）难以支持真正复杂产品的建模仿真，特别是对智能产品和智能化设计的支持不足。

这些问题导致系统工程的价值无法得到最大程度的发挥，影响了研发效率的提升。

为此，需要一种新的一体化建模仿真语言，以克服现有语言方法及工具的缺陷。X 语言就是在这种背景下出现的 [81, 82]。

X 语言深度融合了现有建模语言及描述规范的思想（如 SysML，Modelica，DEVS 等），并考虑了智能系统及其研发过程的特点，支持连续 / 离散、白盒、灰盒、黑盒、神经网络、智能体等不同类型的模型描述，可以实现系统结构和多领域物理行为模型的统一描述。

DEVS（Discrete Event Systems Specification）即离散事件系统规范，是基于系统工程理论，支持离散事件系统（体系）建模的形式化方法。通过耦合描述系统组成部分之间的连接与协作关系，是 X 语言实现混合系统建模的理论基础之一。

在 X 语言的总体架构中，在系统层面，借鉴 SysML 图形，对系统建模的需求进行描述，形成包含建模目标和约束的元模型，建立系统结构、系统行为、系统能力、包含对象、系统驱动参数及流程时序要求的描述范式。

在模型架构层面，基于 DEVS 规则，给出耦合模型、模型关联事件、耦合模型内部和外部转换机制的描述范式。

在仿真层面，遵循面向对象的设计思想，以变量和方程等形式描述系统特性和功能，并支持连续时间建模、离散事件建模、智能体建模和混合系统建模。将连续模型、智能体模型的仿真统一到离散事件仿真框架下。通过开发编译器，实现将模型编译为可直接由底层仿真框架进行仿真的可执行代码。

X 语言既支持图形化设计，同时也提供与图形对应的全套文本。我们对 SysML 形式的图进行了文本化描述，再参考 Modelica，DEVS 等典型建模语言、软件的架构以及风格，构建了 X 语言的连续和离散模型建模文本，在此基础上，通过增添对于智能体模型和神经网络模型的描述，扩充了语言对智能行为的描述能力。

X 语言通过对 DEVS 的扩展，实现了连续、离散混合模型的统一描述和求解。这也是 X 语言模型可以同时对系统架构和物理特性进行建模和仿真的基础。

X 语言设计了针对不同类型对象的特定类，来支持对复杂产品不同特性的描述。类是 X 语言的基本结构元素，是构成模型的基本单元。类可以包含 3 种类型的成员：变量、方程和成员类。

类由定义（definition）、连接（connection）、方程（equation）、状态机（state machine）和活动（action）等基础部分构成。

X 语言还针对不同的特定类设计了两种元模型一致的不同建模形式，即图形建模和文本建模。

X 语言编译器提供了对连续、离散、定性、定量和智能体多个领域模型的编译解析方案，通过对输入 X 语言模型文件进行语法、语义层面的解析处理，实现动态仿真模型的生成。

X 语言的编译器分为前端和后端两个阶段。由于 X 语言的元素不仅包括传统编程语言的特征，还包括基于方程的建模语言的特征，因此编译器采用了不同的编译技术路线。

X 语言仿真引擎结合 XDEVS[83] 连续离散混合规范和 H-BDI 建模规范进行构建，具备支持多领域、多特征模型的仿真能力。

通过编译器将 X 语言模型编译为对应的仿真框架结构，再由仿真引擎进行统一驱动，这样便实现了 X 语言模型的仿真运行。

X 语言建模仿真软件 XLab 的核心工具链包括一个图文建模工具、一个文本检查器、编译器、仿真引擎和一个模型库。

如图 5.103 所示，是一个飞机起飞场景的建模仿真案例。分别采用传统的 MBSE 方法和基于 X 语言的方法，对系统进行设计和仿真验证。

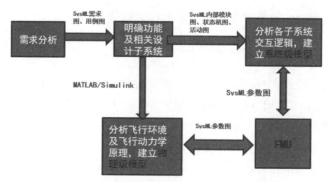

图 5.103　基于传统 MBSE 方法的飞机起飞案例

以下是传统 MBSE 方法。

基于 SysML 需求图、用例图进行需求分析，明确飞机起飞过程中所实现的功能以及所涉及的飞机子系统。

基于 SysML 内部模块图、状态机图、活动图分析飞机起飞过程中各子系统交互逻辑，建立系统级模型。

基于 MATLAB/Simulink 分析飞行环境及飞行动力学原理，建立物理级模型。

基于 SysML 参数图将 FMU 与各子系统模块值属性（输入、输出）相关联，实现系统级模型和物理级模型数据的交互。

以下是基于 X 语言的一体化建模和仿真方法。

基于 X 语言需求图、用例图进行需求分析，明确飞机起飞过程中所实现的功能以及所涉及的飞机子系统。

基于 X 语言的耦合（couple）类（定义图、连接图）、离散（discrete）类（定义图、状态机图）分析飞机起飞过程中各子系统交互逻辑、飞行环境及飞行动力学原理建立全系统模型。

基于耦合（couple）类（定义图、连接图）建立动力学模型的内部数据交互逻辑。

基于 discrete 类（定义图、状态机图）建立飞行环境、动力学系统各子系统模型的内部行为。

仿真结果表明，基于 X 语言可以通过一个模型和一个仿真引擎达到同样的仿真效果。但避免了仿真过程中的人工干预，建模仿真的效率显著提高，并且基于统一的模型可以开展更多、更深入的设计和优化工作 [84]。

基于 X 语言的 MSBSE 方法概括起来，具有以下优点：

（1）实现了系统架构和物理特性的统一建模。

（2）避免从 SysML 向 MATLAB/Simulink（Modelica）的转换，及其两者对接过程中烦琐的接口匹配工作。

（3）保证了全系统模型数据传递的一致性，便于回溯，更高效快速地反映系统设计的问题，从而有效地提高复杂产品的研发效率。

（4）基于统一模型可以开展设计参数的自动优化。

（5）基于文本模型，可以更方便地建立模型之间的关联关系，方便模型的管理和重用。

5.5　云制造

5.5.1　云制造的概念

云制造是我国学者，综合云计算、物联网、服务计算、智能科学等的技术和理念，与制造全生命周期过程深度融合，并针对我国制造业面临的挑战，于2009年提出的一种新型的制造模式[85]，具有数字化、网络化和智能化的典型特征。提出以后得到有关部门的重视，并在学术界形成了一个新的研究方向，欧美许多大学和企业也纷纷跟踪研究和实践。我国的工业互联网平台及智能制造的研究、开发和建设，借鉴并融合了云制造的理念、技术和方法。

云制造的定义[86]：云制造是一种基于网络的、面向服务的制造新模式。它融合与发展了现有信息化制造（信息化设计、生产、实验、仿真、管理、集成）技术及云计算、物联网、服务计算、智能科学、高效能计算等新兴信息技术，将各类制造资源和制造能力虚拟化、服务化，构成制造资源和制造能力的服务云池，并进行统一的、集中的管理和经营，使用户通过网络实现随时按需获取制造资源与能力服务，以完成其制造全生命周期的各类活动。

如图5.104所示，云制造的概念模型包括三大部分、一个核心支持、两个过程和三类人员。

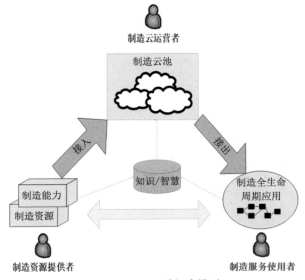

图 5.104　云制造概念模型

三大部分：制造资源／制造能力、制造云池和制造全生命周期应用。

一个核心支持：知识／智慧。

两个过程：接入、接出。

三类人员：制造资源提供者、制造云运营者和制造服务使用者。

资源提供者通过对产品全生命周期过程中的制造资源和制造能力进行感知、虚拟化接入，以服务的形式提供给第三方运营平台（制造云运营者）；制造云运营者主要实现对云服务的高效管理、运营等，可根据服务使用者的应用请求，动态、灵活地为使用者提供服务；服务使用者能够在制造云运营平台的支持下，动态按需地使用各类应用服务（接出），并能实现多主体的协同交互。在制造云运行过程中，知识／智慧起着核心支撑作用，知识／智慧不仅能够为制造资源和制造能力的虚拟化接入和服务化封装提供支持，还能为实现基于云服务的高效管理和智能查找等功能提供支持。

现在看一下云制造的应用模式。

从支持制造全生命周期过程角度，可分为 4 种典型应用模式。

（1）支持单主体（单用户）完成某阶段任务（如设计）。

（2）支持多主体（多用户）协同完成某阶段任务（如多学科协同设计）。

（3）支持多主体（多用户）协同完成跨阶段任务（如设计与生产加工跨阶段制造）。

（4）支持多主体（多用户）按需获得制造能力（如设计能力、加工能力等）。

从实施主体角度，云制造应用模式可分为三种类型，即企业云、行业（区域）云和混合云。

（1）企业云（也称为私有云），它基于企业或集团内部网络构建，主要强调企业内或集团内制造资源和制造能力的整合与服务，优化企业或集团资源和能力使用率，减少资源和能力的重复建设，降低成本，提高竞争力。

（2）行业（区域）云（也称为公有云），它基于"公用网"（如互联网，物联网）构建，主要强调企业间制造资源和制造能力整合，提高整个社会制造资源和制造能力的使用率，实现制造资源和能力交易；由第三方企业为主，构建相应的公有云制造服务平台；所有企业均可向平台提供本企业的制造资源和能力；所有企业可以按需购买和使用平台提供的资源和能力服务。

（3）混合云，主要指在现有公有云和私有云平台基础上，实现区域间／行业间公有云集成、公有云与私有云的集成、私有云与私有云的集成，以及云平台与现有信息系统的集成。

下面介绍几个云制造的应用场景。

（1）基于云制造的集团企业资源共享。制造资源共享是云制造最基本的功能，也是当初提出云制造最初始的动机。

集团企业往往有很多二级单位，在传统的管理模式下，这些单位之间的资源难以共享，资源的利用忙闲不均，一些资源长期闲置，而另一些资源却非常短缺。

在集团企业，建设企业级的云制造平台，将各单位的资源接入云平台，形成一个可以在整个集团内部进行共享的资源池，再通过多租户云服务机制，实现各类资源的高效利用，对整个集团而言，可以显著提高资源的利用率，节省大量基础建设投入，也可以更方便地对各类资源进行统一的管理和维护。

（2）基于云制造平台的复杂产品协同设计与仿真。通过将设计资源和仿真资源进行服务化封装（如设计软件），部署到云平台上，可支持工程师利用服务化的设计软件，在异地开展协同设计，再利用云上的计算、存储和通信资源，进行协同仿真计算，从而实现设计、仿真和优化过程的闭环，从而提高设计研发的效率。

（3）重大装备的远程维护与故障诊断。这也是目前工业互联网最典型的应用场景之一。

通过传感器将设备数据接入云平台，再利用云平台强大的计算能力，进行设备的寿命预测故障诊断还可利用 VR/AR，开展或指导远程维修。

基于云制造平台的个性化制造，这是一个综合应用场景，也是云制造的理想目标之一。利用云平台上丰富的资源和服务，根据用户的制造需求，快速组成虚拟组织或虚拟企业，通过分工合作完成整个制造任务。比如可以利用平台上的任务分解和规划管理服务，对需求进行分解，并为每个子任务匹配最合适的服务商；利用设计和仿真服务进行产品设计和仿真验证；利用各类加工服务进行不同零部件的加工；利用组装服务进行产品的组装；利用物流服务把产品交到用户手里。

云制造平台和传统的电子商务平台最大的区别是：电子商务是在平台买东西，而云制造是在平台上造东西。通过对社会化资源的高度整合，真正实现满足用户不同需求的个性化制造。

近年来，许多传统的制造信息化软件工具可支持云模式，如云 CAD、云 ERP、云 MES、云排产、云调度等，再利用 3D 打印技术，一些相对简单的产品已经可以实现这种个性化的制造方式。这实际上也是工业 4.0 所追求的目标。

云制造借鉴了云计算的理念，并以云计算平台为基础，但和云计算有着很大的区别，并不是在云计算平台上，放上一些制造相关的软件就是云制造。

云制造丰富、拓展了云计算的资源共享内容、技术以及服务模式。

在资源共享的内容方面，云制造共享的资源类型除计算资源外，更主要的是制造资源和制造能力，包括硬制造资源（如机床、加工中心、3D 打印机、工业机器人、计算设备、仿真设备、试验设备等各类制造硬设备）、软制造资源（如制造过程中的各种模型、数据、软件、信息、知识等）、制造能力（如制造过程中有关的论证、设计、生产、实验、管理、集成等能力）。而要进行物理资源的共享，需要借助物联网技术并需要开发专门的接入装置。

在服务的内容与模式方面，云制造提供的服务涉及产品的全生命周期，如论证服务（Argumentation as a Service，AaaS）、设计服务（Design as a Service，DaaS）、生产加工服务（Fabrication as a Service，FaaS）、实验服务（Experiment as a Service，EaaS）、仿真服务（Simulation as a Service，SimaaS）、经营管理服务（Management as a Service，MaaS）、集成服务（Integration as a Service，InaaS）等。当然，这些服务内容会以 IaaS、PaaS 或 SaaS 的形式提供给用户。

在技术方面，除了云计算，云制造还融合了物联网、CPS、高性能计算、服务计算、智能科学等新一代信息与通信技术，以及各类数字化制造技术。云制造有一个综合而且庞大的技术体系。

云制造平台具有以下 5 方面的能力。

（1）强大的资源聚集能力。

可以通过虚拟化和服务化技术，将制造资源和能力聚集起来，形成巨大的、可无限扩展的资源池。

（2）按需提供服务的能力。

实现制造资源和能力的自由流通：将各种制造资源和能力以制造服务的形式，通过网络随时随地提供给用户；支持制造资源和能力的自由交易、流通与按需使用。

（3）强大的知识聚集能力。

将制造过程各种数据、模型、经验、知识等聚集起来，支持制造过程的创新。

（4）支持社会化制造的能力。

通过云制造平台可以方便灵活地组成动态联盟，实现众包、协同制造、敏捷制造等社会化制造模式。每个人都可以充分利用社会化资源实现设计与制造的梦想。

（5）柔性制造的能力。

利用平台上聚集的丰富的制造资源，通过组件化制造服务的智能组合，可形成高度灵活的柔性虚拟生产线，实现高度个性化的制造。其灵活性可以远远超过单个制造企业内部的柔性制造系统所能达到的程度。

借助这 5 方面的能力，云制造可以支持制造企业向服务型企业转型，实现新的经济增长模式，可以实现基于群体智能的企业创新，并促进形成整个制造业新的业态。

在云制造模式下，企业的形态和运营模式都将发生重大的变化。一个典型云制造企业的总体架构主要包括以下几个层次。

最下层是制造资源和制造能力，包括制造装备、制造车间、制造工厂等。通过物联网、自动化、人工智能等技术，实现将各类软件嵌入到设备或生产过程，实现装备、车间和工厂的智能化。

中间是边缘系统，采集底层数据，进行实时的监测、控制，并将相关信息接入云端。

最上层是云平台，利用云服务和平台提供的各类功能，实现制造资源/能力的全局共享和优化，规划和管理各类制造任务，开展各类制造活动。

各层之间需要相互配合和协同工作。

也就是说，一个理想的云制造系统实际上是一个云、边、端协同的智能化、网络化制造系统，可实现制造的社会化、个性化和柔性化。

5.5.2　云制造的技术体系

云制造的技术体系是基于云制造的系统架构而提炼出来的关键技术。先来看一下云制造的系统架构。

如图 5.105 所示，一个完整的云制造服务系统共由三部分组成：资源／能力层、云制造服务平台层以及服务应用层。其中，云制造服务平台层又包括感知／接入层、虚拟资源／能力层、核心功能层以及用户界面层。除此以外，云制造标准规范、安全管理层则贯穿云制造服务系统的各个层面。

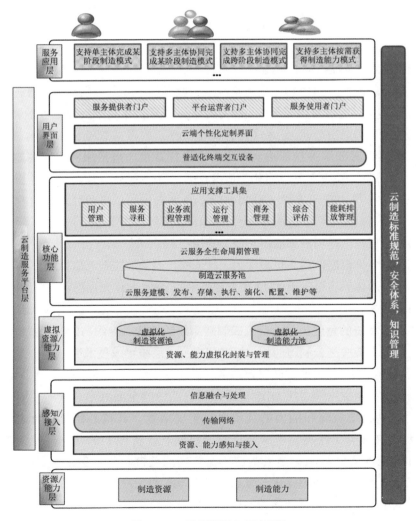

图 5.105　云制造服务系统架构

（1）资源／能力层。制造资源主要包括设计资源、仿真资源、生产资源、试验资源、管理资源以及集成资源等。制造能力主要包括设计能力、仿真能力、生产能力、试验能力、管理能力、集成能力等。

（2）感知／接入层。资源／能力感知与接入主要是提供对于各类制造资源／能力的感知和接入支持，包括采用识别、适配器、传感等技术对制造资源／能力的状态信息进行感知、采集和监控等。传输网络主要提供对于各类制造资源／能力的网络互联与通信的支持，包括互联网、移动网等。信息融合与处理主要实现对于资源／能力感知获得的信息的分析、融合、处理等功能。

（3）虚拟资源／能力层。资源／能力虚拟化封装提供对于各类制造资源／能力的虚拟化封装的支持，对于各类软、硬制造资源采用制造资源虚拟化技术映射为虚拟制造资源模板，对于各类制造能力根据制造能力描述规范为虚拟制造能力模板。虚拟制造资源／能力池能够实现支持对于虚拟制造资源／能力模板的存储管理，包括虚拟设计资源／能力、虚拟仿真资源／能力、虚拟生产资源／能力、虚拟试验资源／能力、虚拟管理资源／能力以及虚拟集成资源／能力等。

（4）核心功能层。核心功能层包括制造云服务池、云服务生命周期管理以及应用支撑服务工具集。通过对虚拟资源／能力的服务化封装并发布到云服务平台，形成制造云服务，而对众多的云服务集成化存储与管理，则形成制造云服务池。云服务生命周期管理实现对云服务从形成到退役的全过程管理，包括服务发布与删除、服务存储、服务查询、服务变更与演化、服务配置、服务执行、服务跟踪、服务容错与迁移、服务维护等。应用支撑工具集包括多个面向应用的支撑工具，这里不再一一赘述。

核心功能层之上是用户界面层和服务应用层。

云制造服务平台层，后来也被称为云制造操作系统或工业互联网操作系统。

云制造技术体系将包含下述 12 类关键技术。

1. 总体技术

主要是从系统的角度出发，研究云制造系统的结构、组织与运行模式等方面的技术，同时研究支持实施云制造的相关标准和规范、系统集成技术等。

2. 云制造资源和能力的智能感知、接入、处理技术

云制造的目标之一是实现制造资源和制造能力的全面共享、按需使用、自由流通，从而提供制造资源和能力的利用率，实现增效。其核心研究对象之一是制造资源。因此如何实现各类物理制造资源（包括软硬资源）的状态、性能参数等的智能感知和在线实时接入，是云制造所需解决的关键科学问题之一。

3. 云制造资源和能力虚拟化与服务化理论与技术

实现了对各类制造资源和能力的智能感知及在线实时接入，获取得到了相关数据后，关键问题是如何实现感知接入的制造资源和能力的虚拟化及服务化。

4. 虚拟化云制造服务环境的构建与管理技术

制造云中汇集了大规模的制造资源和能力，需要对这些资源和能力进行自动配置与部署，构建一个自治的、动态扩展的制造服务环境。通过对云资源/能力的按需聚合服务，实现分散资源/能力的集中使用，并通过对云资源/能力的按需拆分服务，实现集中资源/能力的分散使用。其难点是如何实现按需动态架构、异构集成，以及快速响应。

5. 虚拟化云制造服务环境运行技术

云制造系统的运行中涉及服务的搜索、匹配、组合、交易、执行、调度、结算、评估等各种活动，存在于产品全生命周期的每个环节，通过这些活动完成基于云制造服务平台的各类应用。而这些活动的高效稳定的实现，则依赖于云服务平台所提供的强大的管理与支撑功能。

6. 虚拟化服务环境综合评估技术

在云制造模式下，主要涉及制造服务提供者、制造服务使用者、制造服务运营者。要实现云制造理念，必须保证以上三类用户各自的目标、需求和利益。如何实现虚拟化云制造服务环境综合评估，是问题的关键。

7. 云制造安全与可信技术

安全是云制造推广应用面临的一个主要挑战。云制造服务平台必须确保接入的资源不会被恶意访问或破坏，所访问的资源和服务是可信的，必须为运营者提供安全可信的支付和交易环境，防止云服务数据中心不会被破坏和攻击等。以上问题都归结于云制造安全与可信问题。

8. 知识、模型、数据管理技术

云制造是一种基于现代互联网技术的面向服务的智慧化制造模式，在云制造系统的构建、运行、经营、维护、评估、安全保证等每个环节中，以知识为核心的智能化技术发挥着至关重要的作用。对知识发现、使用、积累和管理是云制造的核心关键技术之一。

9. 云制造普适人机交互技术

云制造系统的各类用户通过云制造服务平台进行协作、交易等各类活动时，以及这些用户与平台进行各类交互时，都需要一个强大的普适的人机交互系统的支持。

10. 云制造服务平台应用技术

在云制造环境中，不同用户可以提供各类服务并进行交易。这种交易的产生、执行、结算、评估随时进行。云制造服务平台如何对交易的全生命周期进行规范、管理和监督。从而为交易双方建立一个安全可信任的第三方，也是云制造落地应用的关键。

11. 信息化制造技术

这里的信息化制造技术指的是支持一个现代化企业所必须具备的基础信息化能力

的技术，如基本的设计仿真、生命周期数据管理、企业资源管理、制造过程管理等，这些技术也需要融入最新的信息技术，并在云环境下进行升级和改进。

12. 产品服务技术

云制造不仅可以通过云服务平台完成产品的制造过程，它同时也提供面向产品全生命周期的各类服务。产品服务可分为售前、售中和售后等不同类型与之对应，需要一系列的关键技术进行支撑。

综合云制造的概念和技术体系，云制造的技术特征可以概括为制造资源和能力的数字化、物联化、虚拟化、服务化、协同化和智能化。

▶5.6 云边协同技术

传统的云平台虽然具备强大的资源集中和云服务能力，但却存在着数据传输距离远和难以确保实时性的缺点。相比之下，新兴的边缘计算则具备近场计算和低时延的优势，但受限于计算资源。鉴于此，云边协同技术将云计算和边缘计算各自的优势结合起来，引起了工业界的广泛关注。

5.6.1 云边协同服务模式

云边协同技术，主要涉及一种新型的协作服务模式，从这个角度来讲，云边协同涉及边缘端与云端围绕着 IaaS（基础设施即服务）、PaaS（平台即服务）、SaaS（软件即服务）三个层面的协同。边缘 IaaS 与云端 IaaS 之间可以协同利用网络和虚拟化资源；边缘 PaaS 与云端 PaaS 之间可以协同进行数据、智能算法、业务编排和应用管理；边缘 SaaS 与云端 SaaS 之间可以实现服务的协同。这些方面共同构成了云边协同的主要服务模式。如图 5.106 所示，将分别介绍具体的云边协同服务模式。

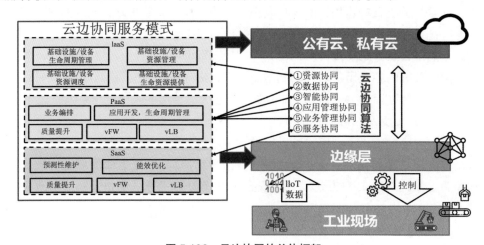

图 5.106 云边协同的总体框架

1. 资源协同

资源协同指的是有效整合和管理云端与边缘计算资源之间的关系。这种整合包括对云端数据中心和边缘节点资源的协调使用，以确保它们能够相互补充，提高整体资源利用率。边缘节点能够处理实时数据和应用，而云端则提供更强大的计算和存储能力，两者相互结合，优化系统性能。通过这种协同作用，云边两端能够充分发挥各自优势，实现更高效的资源利用和应用性能优化。

2. 数据协同

数据协同涉及云端和边缘节点之间的数据传输、处理和管理方式的相互配合。边缘节点负责进行小规模数据的预处理和初步分析，以降低数据传输量，而云端则处理大规模数据，并进行更深入的大数据分析和挖掘。这种协同方式减少了数据在传输过程中的延迟，极大地提高了数据处理的效率。通过将数据处理任务分配到不同层级，系统能够更有效地应对实时性和处理能力方面的需求，从而提升整体系统的性能表现。

3. 智能协同

智能协同指的是在边缘和云端结合人工智能技术，实现更智能化的应用场景。在这种模式下，边缘节点能够实时响应本地需求，执行基本的智能任务，例如在边缘端进行神经网络模型的推理预测。与此同时，云端负责进行神经网络的大规模数据训练，并将训练好的模型下发至边缘端，以提升边缘节点的智能化能力。

此外，也可在云端进行全局性和更高级的智能决策，并将这些决策结果反馈给边缘节点，以实现智能化协同。通过这种方式，边缘和云端结合，能够有效地将智能任务分配到合适的层级，使得系统能够在保证实时性的同时，获得更强大的智能处理能力。

4. 应用管理协同

应用管理协同专注于在云端和边缘环境下对应用程序进行部署、更新、监控和维护。这种统一的管理方法能够确保应用程序在边缘和云端的稳定运行，并能及时响应变化和需求，从而提高了应用程序的灵活性和可靠性。通过对应用程序进行全面的管理和监控，系统能够更有效地应对各种场景下的需求变化，并及时进行更新和维护，确保整个系统处于良好的运行状态。

5. 业务管理协同

业务管理协同涉及对云端和边缘环境中业务流程、规则和策略的管理。这种管理包括对业务流程的灵活调整和优化，以适应不同环境下的需求变化，并确保业务在不同端口间实现无缝衔接和协同运作。通过对业务流程的有效管理，系统能够更灵活地应对不同场景下的需求变化，同时确保在边缘和云端之间的业务操作和流程间的协同性，从而提高整个系统的运行效率和业务的适应性。

6. 服务协同

服务协同着眼于云端和边缘环境下的服务提供和管理。这涵盖了对服务的调度、分发和管理，旨在使服务能够根据需求灵活地分配到云端或边缘，以提升服务的响应速度和质量。通过有效的服务调度和管理，系统可以根据实际需求将服务合理地分配到云端或边缘，以实现更快速、高效的响应，并确保服务在不同环境下的稳定性和可靠性。这种协同管理有助于优化整个服务流程，提高用户体验和系统性能。

这些协同机制的实现需要云端和边缘环境之间的密切合作和统一管理，以实现更高效、更智能和更可靠的应用和服务。云端和边缘的协同合作可以确保资源的最佳利用，促进数据和任务在不同层级之间的有效流动，并在系统各部分之间建立高效的沟通和协作机制。这种统一管理不仅提高了系统整体性能和稳定性，也为用户提供了更优质的体验和服务。

5.6.2　云边协同基础能力

基于 5.1.1 节中的云边协同机制，在云边协同工作过程中，边缘端和云端分别需要具备对应的基本能力，以实现不同的任务。

1. 边缘侧

云边协同模式的实现需要边缘侧具备基础设施能力和边缘平台能力。基础设施能力包括计算、存储、网络、各类加速器以及虚拟化等能力。边缘侧的基础设施需要具备足够的计算能力来处理实时数据和应用，同时要有适当的存储容量和高效的网络连接，以便快速传输数据。各种加速器的应用也可以提高处理速度和效率。边缘平台能力是指具备管理和执行边缘任务所需的软件和工具。边缘平台需要能够支持边缘设备的管理、部署和监控，并能有效地协调边缘和云端之间的通信和数据传输。

边缘侧需直接与硬件通信，而不是通过虚拟化资源。因此，特别需要考虑嵌入式功能对时延等的特殊影响。在考虑嵌入式功能对时延等特殊影响时，边缘侧需要特别关注硬件和软件之间的优化，以最大限度地减少处理数据和应用时的延迟。这可能包括对硬件和嵌入式系统的定制化配置，以确保在边缘环境中能够实现更高效的数据处理和通信。

同时，边缘侧还需包含可扩展的数据协议模块，以支持各类复杂行业通信协议，必须具备强大的数据处理与分析模块，包括但不限于时序数据库、数据预处理、流分析、函数计算和分布式人工智能。

这些要素共同构成了边缘侧的关键能力，使其能够有效地处理和分析数据，执行各类智能任务，并与云端协同工作。同时，这也意味着边缘侧需要具备高度灵活性和可扩展性，以适应不同行业和应用场景的需求变化，从而实现云边协同模式下的高效运行。

2. 云端

如图 5.107 所示，云端在实现云边协同模式时需要具备平台能力和专注于边缘的开发测试云。平台能力方面包括边缘接入、数据处理与分析、边缘管理与业务编排等关键能力。在数据处理与分析方面，需考虑时序数据库、数据整形、筛选、大数据分析、流分析、函数计算以及集中式人工智能训练与推理等功能。边缘管理与业务编排方面需要管理边缘节点设备、基础设施资源、南向终端、业务应用以及产品生命周期，并支持各类增值应用和网络应用的业务编排。

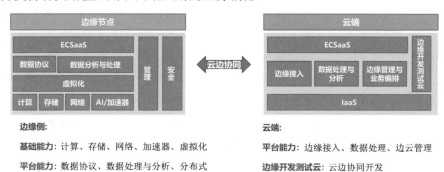

图 5.107　云边基础能力的架构视图[1]

另外，边缘开发测试云专注于提供云边协同的开发测试能力，旨在促进生态系统的发展。这种开发测试云能够为开发者提供模拟边缘环境的测试平台，支持云端和边缘端应用的开发和测试，以验证云边协同模式的可行性和效果。这种专注于边缘的开发测试能力对于推动云边协同生态系统的健康发展至关重要。

5.6.3　云边协同部署架构

基于以上云边协同服务模式及基本能力要求，对应形成了具体的云边协同实施框架（见图 5.108）。云边协同架构包括 3 个关键层次：云平台层、边缘层和现场终端层。现场终端层是靠近传感器、执行器、设备、控制系统等节点的层级，也被称为终端层。这些节点利用各种现场网络和工业总线与边缘层中的边缘网关等设备相连，实现终端层与边缘层之间的数据和控制流通。

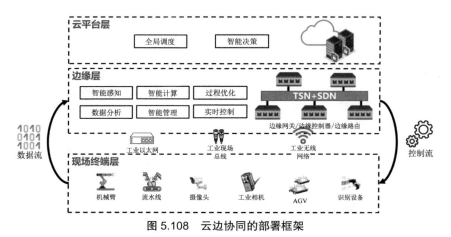

图 5.108　云边协同的部署框架

---

① 图 5.107 引用网址为 https://www.aii-alliance.org。

边缘层是边缘计算架构的核心，负责接收、处理和转发来自终端层的数据流。它提供时间敏感的服务，如智能感知、安全隐私保护、数据分析、智能计算、过程优化和实时控制。边缘层包括边缘网关、边缘控制器、边缘云、边缘传感器等计算存储设备，同时也包含时间敏感网络交换机、路由器等网络设备，其中，边缘网关等设备充当着现场节点间的桥梁，连接工厂网络和广域网络。它们直接连接到边缘实体集群中的每个边缘节点，允许流入数据从边缘节点流向，同时向边缘节点发送控制命令。这些设备封装了边缘侧的计算、存储和网络资源。此外，边缘层还包括边缘管理器软件，主要提供业务编排或直接调用的能力，操作边缘计算节点完成任务。

与边缘层相比，云平台层提供决策支持系统和特定领域的应用服务程序。它涵盖了智能化生产、网络化协同、服务化延伸和个性化定制等领域。云平台层接收来自边缘层的数据流，并向边缘层发送控制信息，以及通过边缘层向终端层发出控制指令，实现对资源调度和现场生产过程的全局优化。

目前，云边协同模式在工业互联网领域得到广泛应用，涵盖了诸如设备运维优化、工艺参数优化和跨企业产线资源调度等应用场景。同时，也促进了物联网领域的发展。随着边缘侧业务需求的不断扩大，催生了一系列新的边缘计算形态，如边缘云。这些新技术的涌现不断提升了边缘计算的能力，使得在物联网和工业互联网等领域，边缘计算的应用能力和效率不断得到加强和改进。

这些先进的云边协同框架应对了工业互联网智能化业务需求的激增，其中包括融合分布式人工智能的工业互联网云边智能协同框架。这些框架立足于边缘计算、云端架构、分布式人工智能和深度学习等技术，深度融合了工业互联网智能应用的实际需求。这些框架提出了适用于工业互联网的云边协同深度学习新范式，建立了新型的分布式云边协同深度神经网络模型。此外，它们设计了分布式人工智能在云边协同过程中的交互机制，特别适用于预测性运维等典型工业互联网应用。其核心在于将分布式人工智能与云边计算相结合，利用深度学习等技术实现智能化的数据分析和决策。

具体而言，在工业设备层，各类传感器和网关设备持续不断地采集工业数据，并即时传送到边缘层，形成所谓的业务数据，如图 5.109 所示[64]。

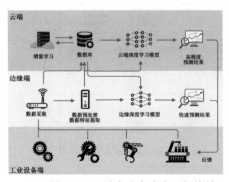

图 5.109　融合分布式人工智能的工业互联网云边智能协同的框架

在边缘层系统中，首先对这些实时采集的业务数据进行预处理，如缺失值处理、去噪和清洗等。接着，通过流式实时数据的高效适配方法和边缘轻量级分布式 AI 模型，对小批量的数据流进行处理，得出应用层面的边缘实时处理结果。这些边缘端的实时处理结果会发送给设备层管理系统和云端的大数据系统。同时，在边缘侧系统中，所有相关的计算结果也会发送至云端的大数据系统。

云端的大数据智能处理系统可以进行应用服务层面的处理，将相关的业务数据、计算过程和结果存储在云端数据库中。云端封装的 AI 模型可以根据边缘侧的相关计算结果和原始上传的业务数据进行大批量集中处理，得出应用服务需要的非实时高精度处理结果，并将其发送至设备层管理系统。

接着，工作人员或工业设备会综合考虑边缘系统的实时反馈数据和云端系统的高精度反馈数据，进行决策制定。同时，还可以利用实际应用中新收集的制造资源业务数据对现有的边缘轻量级分布式 AI 模型和云端封装 AI 模型进行再训练，实现增量学习。模型训练完成后，这些模型会分别下发至边缘侧分布式人工智能系统和云端大数据智能处理系统，持续提高在实际应用中分析和预测模型的精度。这些创新助力实现了实时性和高精度的推理预测，预示着未来工业互联网智能化的发展趋势，为未来的工业互联网发展指明了方向。

▶ 5.7　工业 App 开发

5.7.1　工业 App

1. 工业 App 概念

历次工业革命，尤其是信息技术革命多年的积累，都为工业 App 的建立提供了工业机理知识和良好的生态环境。在工业革命和信息革命的进程中，最初的工业软件专注于特定工业场景，后来逐渐扩展到面向更广泛需求领域，再后来进一步演化为全方位的软件平台，最后一步步形成了完整的工业生态系统。这种发展过程突显了工业技术知识和 IT 的相互融合，为工业 App 的繁荣发展创造了有利条件。

工业 App（见图 5.111）是基于松耦合、组件化、可重构、可重用思想，面向特定工业场景，解决具体的工业问题，基于平台的技术引擎、资源、模型和业务组件，将工业机理、技术、知识、算法与最佳工程实践按照系统化组织、模型化表达、可视化交互、场景化应用、生态化演进原则而形成的应用程序，是工业软件发展的一种新形态。工业 App 的概念定义阐述了工业 App 相关的 4 方面的核心内容，如图 5.110所示。

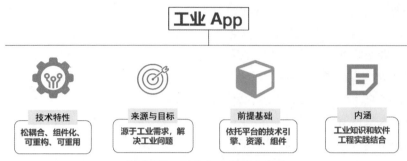

图 5.110　工业 App 的核心内容

　　工业 App 的技术特性，主要是指工业 App 是基于松耦合、组件化、可重构和可重用的思想。

　　工业 App 的来源和目的，主要是指工业 App 是源于工业需求，用于解决工业问题。

　　工业 App 的前提基础，主要是指工业 App 是依托于平台的技术引擎、资源和组件。

　　工业 App 的内涵，主要是指工业 App 是工业知识和软件工程实践相结合的。

2. 工业 App 分类体系

　　工业 App 的分类是工业 App 开发、共享、交易、质量评测和应用，以及构建工业 App 标识体系等各项活动的基础。同时，准确的工业 App 分类有助于满足不同的工业需求。目前，主要的分类方式主要是从业务环节和适用范围两个维度出发，如图 5.111 所示。

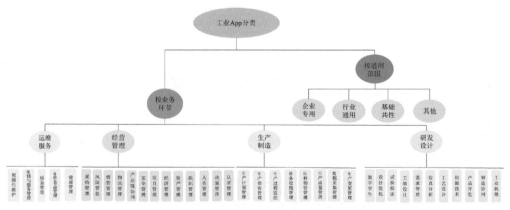

图 5.111　工业 App 的分类体系

　　精细准确的分类方式有助于更好地理解工业 App 的功能和应用领域，满足不同用户的需求。按照适用范围对工业 App 进行分类的话，工业 App 可以分为企业专用工业 App、行业通用工业 App、基础共性工业 App 以及其他工业 App。按照业务环节分类，工业 App 分为研发设计工业 App、生产制造工业 App、运维服务工业 App 和经营管理工业 App 四大类，每一类 App 根据不同的需求和功能又可以分为不同的子类。

研发设计类工业 App 可以细分为 11 个子类。

（1）知识和工业机理子类。

（2）制造协同子类。

（3）产品开发子类。

（4）产品工艺设计子类。

（5）创新设计和技术研究子类。

（6）仿真实验分析子类。

（7）产品需求分析管理子类。

（8）产品试验验证子类。

（9）产品设计优化子类。

（10）数字孪生子类。

（11）工艺工装设计子类。

生产制造类工业 App 可以细分为 8 个子类。

（1）生产计划管理子类。

（2）生产作业管理子类。

（3）生产过程监控子类。

（4）设备设施管理子类。

（5）原料物料管理子类。

（6）生产质量管理子类。

（7）数据采集管理子类。

（8）生产变更管理子类。

运维服务类工业 App 可以细分为 5 个子类。

（1）预测维护子类。

（2）维修与服务管理子类。

（3）应急管理子类。

（4）设备备件和备品子类。

（5）健康管理子类。

经营管理类工业 App 可以细分为 13 个子类。

（1）采购管理子类。

（2）风险管控子类。

（3）销售管理子类。

（4）物流管理子类。

（5）产业链协同子类。

（6）安全管理子类。

（7）项目管理子类。

（8）经济管理子类。

（9）资产管理子类。

（10）组织管理子类。

（11）人员管理子类。

（12）决策管理子类。

（13）认证管理子类。

3. 工业 App 特征与内涵

工业 App 的概念是从消费 App 的概念理论总结得出来的，两者在特征方面存在一定的相似性，如表 5.2 所示。工业 App 继承了消费 App 小（灵）巧、易操作的特征，但是也有不同之处，工业 App 主要是基于工业机理建立的，这与消费 App 基于信息交换建立的有所不同。工业 App 是面向一些专业用户和从事工业生产的公司为主，而消费 App 更多以面向广大普通消费者为主。当然工业 App 与消费 App 也有相互整合的部分，部分消费品工业 App 与消费 App 分别支撑产业链的前后端，二者需要进行整合。

表 5.2　消费 App 与工业 App 的区别

消费 App	工业 App
小（灵）巧、易操作	小（灵）巧、易操作
基于信息交换	基于工业机理
To C 为主	To B 为主
用户为消费者（非专业用户）	产品设计和生产者（专业用户）
部分消费品工业，工业 App 与消费 App 分别支撑产业链的前后端，二者需要整合	

工业软件与工业 App 满足包含关系，工业软件的一个大类的总称，它既包括如 CAD、CAE 等这种通常本地化安装部署的传统工业软件，还包括云化工业软件，当然也包括工业 App，具体关系如图 5.112 所示。

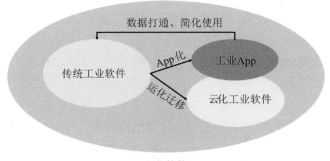

图 5.112　工业软件的分类体系

工业 App 部署存在多样性，可以有多种部署方式，但是工业 App 必须依托平台提供的技术引擎、资源、模型等才能完成开发与运行；当然，传统软件可以通过 App 化形成工业 App 集，还可以通过云化数据和平台迁移转化的方式转换为云化工软件，工业 App 也可以通过数据打通等方式促进传统工业软件的应用，这些都表明了传统工业软件、工业 App 和运化工业软件三者之间的关系是比较紧密的。

工业 App 的典型特征是从工业角度和 App 角度出发所产生的，工业 App 既有消费 App 方便灵活的特性，又承载了工业技术软件化的理念，作为工业软件的新形态又具有软件的特性，同时依托平台又具有生态化的特征。因此，工业 App 具有 6 方面的典型特征：

（1）特定工业技术知识载体，这个也是工业 App 的本质特征。

（2）面向特定工业场景的特定适应性。

（3）小（灵）巧、易操作。

（4）可解耦和可重构。

（5）依托平台。

（6）集群化应用等特征。

工业 App 的参考体系架构主要可以分为工业 App 开发、工业 App 应用以及工业 App 依托平台这 3 方面维度。在工业 App 开发维度中，主要包括信息技术、IT/OT 融合和工业技术 3 方面；而工业 App 应用维度主要聚焦于面向特定的工业场景进行设计；最后工业 App 依托平台维度则包括支撑工业 App 应用和支撑工业 App 开发两部分。工业 App 参考体系架构中的这 3 个维度所涵盖的内容充分体现了工业 App 的 6 方面的典型特征。通过这样的架构，工业 App 能够更好地满足广泛而复杂的工业需求，为工业领域提供全面而高效的解决方案。

从工业 App 的概念以及是工业 App 在工业领域所承担的主要功能，可以体现出工业 App 的内涵主要是工业知识和软件工程实践相结合。其中的工业知识对象又可以分为：工业原理、业务逻辑、数据对象、领域机理、分析建模和人机交互 6 方面。

（1）人机交互主要是指工业 App 的 UI 设计等。

（2）工业原理就是一些基本数学原理和公式机理。

（3）业务逻辑主要是指产品设计逻辑，制作过程逻辑等这些和 App 业务相关的逻辑信息。

（4）数据对象是至关重要的一环，工业运转离不开数据的产生，数据往往能反映出工业运转的情况，这部分主要是包括数据生成和交互的逻辑。

（5）领域机理知识是工业 App 比较独特的部分，其主要是包括一些专业的工业知识。

（6）数据分析与建模是工业 App 对于所采集的数据进行处理的算法逻辑。

工业 App 既具备工业属性，也具备软件属性，是工业技术知识的最佳软件形式的载体。工业 App 的核心是工业技术知识，工业 App 是工业技术和信息技术相互融合的产物，这就使得工业 App 的参考体系架构主要由 3 方面组成。

4. 工业 App 开发维度

工业 App 的开发过程是将工业技术和信息技术相互融合的过程，通过工业知识、工业技术和工业机理进行软件化来实现工业技术和信息技术的融合。工业 App 在工业技术与信息技术的深度融合中呈现出同时具备工业属性和软件属性的特点。该应用承载了特定的工业标准、工业机理、专业领域知识、工业（管理）技术、最佳工程实践以及算法模型等内容，这些工业技术知识以软件形式进行封装与承载。基于特定的 IT 架构和技术，应用组件化思想，将信息技术（IT）、运营技术（OT）、数字技术（DT）与工业机理巧妙融合。通过在工业 App 开发环境中灵活运用组件化思维，形成各种松耦合的业务组件。利用这些组件的组合调用，构建面向特定应用场景、解决具体问题的工业 App。这种集成方法不仅能够有效地封装工业技术知识，还能够提高应用的灵活性和可定制性，使其更好地满足工业领域的实际需求。

5. 工业应用维度

工业 App 在工业应用需要面向特定的工业场景，其功能设计需要紧密贴合工业需求，包括但不限于生产监控、设备管理、数据分析与预测等，以提升生产效率和管理水平。其次，工业 App 需要具备高度的工业标准遵循，确保符合行业规范和安全标准，保障工业操作的可靠性与安全性。在技术层面，工业 App 应通过融合信息技术和运营技术，实现设备之间的无缝连接，促使数字技术与传统工业机理深度交融。此外，工业 App 还需承载专业领域知识，涵盖工业管理技术、最佳工程实践以及先进的算法模型，以支持用户在复杂工业环境中做出明智的决策。综合而言，工业 App 在其工业应用维度的设计和实现上，需充分考虑功能、标准遵循、技术融合和专业知识等方面的要素，以满足广泛的工业需求。

6. 平台维度

工业 App 依托平台维度则包括支撑工业 App 应用和支撑工业 App 开发两部分。支撑工业 App 应用需要具备强大的技术基础，支持跨设备、跨平台的应用运行，确保在不同工业场景中的高度兼容性，还应考虑对物联网（IoT）和大数据技术的整合，以支持工业智能化的发展。支撑工业 App 开发的要素主要包括强大的技术基础、高效的数据管理系统、严密的安全机制、智能设备的互联性以及优质的用户体验。这需要先进的编程语言和开发框架，以确保应用的高性能和稳定性。数据管理方面要注重数据的收集、存储和分析能力，确保对工业数据的有效管理和利用。安全性是至关重要的，需要采用严格的身份验证、数据加密和访问控制措施，以防范潜在的威胁。设备互联性要求实现智能设备之间的无缝连接，以实现工业系统的高效协同。同时，用户体验的优化也是关键，通过直观友好的界面和功能设计，提升用户在工业环境中的操作体验。这些要素共同构成了一个可靠、安全、高效、用户友好的工业 App 开发基础。

7. 工业 App 的开发与实现

工业 App 的开发与实现是构建工业 App 的重要环节，从工业 App 的开发与实现的角度来看，工业 App 开发包含 IT 实现层、工业技术与信息技术融合的组件层和面向工程技术人员的工业 App 开发层 3 个层次，如图 5.113 所示。

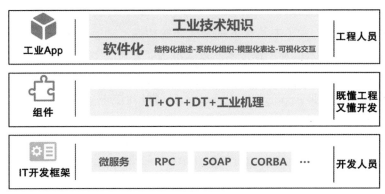

图 5.113　工业 App 开发与实现的三要素

1）IT 实现层

工业 App 的开发与实现的 IT 实现层，主要侧重于构建稳健的信息技术基础架构。这包括选择适当的开发语言和框架，建立可扩展的数据库系统，实施高效的数据存储和处理机制，并整合先进的云计算技术，以支持工业应用的开发、部署和运行，主要面向 IT 开发人员，包括传统的 CORBA 等技术以及微服务技术架构。在此基础上，通过采用先进的软件工程方法和组件化思想，实现工业 App 的模块化设计，以便快速开发、灵活扩展，并确保应用在不同平台和设备上的良好兼容性。同时，关注数据安全性、系统稳定性和性能优化，以满足工业领域对于可靠性和高效性的特殊要求。整体而言，IT 实现层的建设是工业 App 开发的基础，关系到应用的稳定性、安全性和灵活性。

2）工业技术与信息技术融合的组件层

工业 App 的开发与实现的工业技术与信息技术融合的组件层是应用的核心构建模块。这一层面涵盖了工业数据采集、通信协议解析、实时数据处理、设备控制等关键组件。工业数据采集组件负责从各类工业设备中获取实时数据，而通信协议解析组件则负责处理不同设备之间的通信协议。实时数据处理组件用于对采集的数据进行实时处理和分析，以支持工业决策。同时，设备控制组件允许对工业设备进行远程控制和监控。这些组件在工业技术和信息技术的融合下，相互协作，为工业 App 提供了高效、可靠的功能支持，使其能够适应复杂的工业环境需求。

3）面向工程技术人员的工业 App 开发层

面向工程技术人员的工业 App 开发层，主要服务于工程技术人员，开发者需要聚焦于提供直观易用的界面、丰富的工程工具和专业领域知识的整合。这包括高度定制的数据分析和可视化工具，以帮助工程师对复杂工业数据进行深入分析。此外，该层还应该整合先进的工程模拟和设计工具，以支持工程技术人员在 App 内进行模型构建、仿真和优化。通过强调实用性、高效性和专业性，这一开发层旨在满足工程技术人员在日常工作中对于实用工具和领域专业知识的迫切需求，提升其工作效率和决策能力。

这 3 个层次共同构成了工业 App 的全面开发体系，确保了在不同层次上能够充分融合 IT 技术、工业技术以及工程技术，以满足工业领域的多样化需求。

工业 App 开发的关键技术能够有效地加快工业 App 的开发进程，缩短工业 App 的部署时间，提升工业 App 的核心竞争力。目前针对工业 App 的关键开发技术主要有四类：

（1）微服务技术，微服务是一种松耦合的架构，单个微服务是独立的、可部署的业务单元，依托微服务组件进行组合和高效配置，实现工业 App 的敏捷开发；

（2）低代码技术，低代码是一种可视化的应用开发方法，用较少的代码、以较快的速度来交付应用程序，将程序员不想开发的代码做到自动化，低代码技术能够有效降低了工业 App 开发专业难度；

（3）混合 App 开发技术，混合 App 开发技术能够有效地促进工业 App 跨平台应用；

（4）部署运维标准化技术，平台的技术发展与应用推广促进工业 App 与服务端对接更加标准化。

现在越来越多的应用程序使用低代码模式进行构建，未来低代码开发将成为工业 App 开发的核心手段之一。

8. 工业 App 发展趋势

工业 App 未来发展趋势主要是集中在智能化、数字化、网络化和安全化 4 方面。

1）智能化

人工智能应用：工业 App 越来越倾向于整合人工智能（AI）技术，包括机器学习和深度学习，以实现数据分析、预测性维护、生产优化等智能功能。

自动化与机器人：工业 App 与自动化系统和工业机器人的深度集成，实现生产线的智能化控制和协同操作。

2）数字化

数字孪生：工业 App 借助数字孪生技术，将实体工厂的数据映射到数字平台，实现对生产过程的实时监控、仿真和优化。

数字化操作手册：提供数字化的操作手册和培训模块，使工程技术人员能够更有效地操作和维护设备。

3）网络化

物联网（IoT）整合：工业 App 与物联网技术深度融合，支持设备之间的实时通信，实现设备的远程监测和操作。

边缘计算：利用边缘计算技术，将部分数据处理和分析推移到设备端，提高实时性和降低对云端的依赖。

4）安全化

数据安全：工业 App 越来越注重数据的安全性，采用加密技术、访问控制和身份验证等手段，确保工业数据的机密性和完整性。

网络安全：针对网络通信，采用安全协议和网络隔离等措施，防范网络攻击和数据泄露。

5.7.2　工业 App 低代码开发方法

1. 低代码开发

低代码开发的理念从 20 世纪 80 年代至今，共经历了探索期、发展期和爆发期三个阶段，目前正处于低代码开发的爆发期。低代码开发起始于 20 世纪 80 年代 IBM 提出快速应用程序开发工具（Rapid Application Development，RAD），后续经历了 2000 年的可视化编程语言（Visual Programming Language，VPL）的提出，再到 2014 年 Forrester Research 提出 "低代码" 的概念，再到如今低代码开发技术的蓬勃发展，低代码开发因其独特优势一步步走向发展和成熟。

Forrester Research 公司作为 "低代码" 概念的提出者，指出低代码是一种主要应用于企业信息化领域的快速开发技术。Gartner 公司，作为低代码开发发展的重要推动者，提出低代码应用平台功能不仅支持便捷式开发，还支持应用的部署和管理，这些都表明了低代码开发最主要的突出特点实现开发的 "快速性和便捷性"。

2. 开发方式的对比

开发方式除了低代码开发，还有就是传统的纯代码开发和无代码开发，纯代码开发就是传统的利用代码实现工业 App 的包括前端设计、功能实现、底层开发和运营发布等全过程，这就导致纯代码开发方式耗时比较长，开发成本比较高，需要专业的开发团队。低代码开发的方式能够加快工业 App 的开发进程，提高工业 App 的开发进度，节省开发成本，同样无代码开发也能够加快工业 App 的开发加速度，但是由于无代码开发的独特性，其后续二次开发能力和应用深度不足，针对专业性比较强的工业 App 来说，这就导致了无代码开发可能难以满足工业 App 开发的独特需求，纯代码、低代码和无代码开发的对比如表 5.3 所示。

表 5.3 开发方式能力对比

维 度	纯 代 码	低 代 码	无 代 码
面向企业	业务完善，IT 能力自给自足	业务能力中等，IT 系统需要快速完善	简单的管理类业务和分析类图标构建，逻辑简单
适用人群范围	√	√√√	√√√√
技术简单程度	√	√√√√	√√√√
定制/二次开发能力	√√√√	√√√	√√
应用场景	√√√√	√√√√	√√√
应用深度	√√√√	√√√	√√
开发效率	√	√√√	√√√√

3. 工业 App 低代码开发的优势

低代码开发工业 App 最明显的优势便是能够加快开发速度，提高开发效率，同时降低开发成本，提高开发质量。低代码开发能够缩短工业 App 的研发周期，进而使得研发部门有更多的时间能够进行创新和质量的把控，以提升研发部门的创新性和工业 App 的研发质量，提高企业的市场竞争力。针对工业 App 使用低代码开发最主要的是能够有效地解决 IT 和 OT 融合的工业问题，帮助工业 App 进行数字化转型，帮助开发者快速完成工业 App 的原型制作，以达到快速部署工业 App 的目的，进而快速抢占市场，提高经济收益和市场占有率。综上，如图 5.114 所示，低代码开发工业 App 的优势具体可以在如下几方面进行体现。

图 5.114 低代码开发工业 App 的优势

1）提高开发效率

低代码开发工业 App 通过可视化开发环境、模块化设计和自动化工具等特性，显著提高了开发效率。开发者能够快速创建原型、迭代应用，利用预构建组件和模板加速功能实现，降低了编码负担和学习曲线。这种高度可视化和模块化的方法使非专业开发者也能积极参与，促进了团队协作，同时降低了开发成本，加速了工业应用的交付速度。

2）帮助数字化转型

低代码开发在工业 App 的应用中对数字化转型起到关键作用。通过可视化开发环境和模块化设计，企业能够更迅速、灵活地构建定制化的工业应用，满足数字化转型的需求。这种方法降低了开发的技术门槛，使更多团队成员能够参与应用程序的创建，推动了数字化工作流程、数据集成和实时监控等方面的创新，加速了企业在数字化转型过程中的进程。

3）降低开发成本

低代码开发在工业 App 领域降低了开发成本。通过可视化开发工具和模块化设计，开发者能够更迅速地创建应用程序，减少了手动编码的工作量。这不仅节省了开发时间，也降低了对高度专业化开发团队的依赖，从而降低了培训和招聘的成本。预构建的组件和模板进一步提高了开发效率，使得企业能够以更经济的方式实现定制化的工业应用，从而降低了整体开发成本。

4）解决 IT 和 OT 融合的工业难题

低代码开发在工业 App 的应用中解决了信息技术（IT）和运营技术（OT）融合的工业难题。通过提供可视化的开发环境和模块化设计，低代码平台使 IT 和 OT 团队能够更紧密合作，共同参与应用程序的创建。这种协同开发模式加速了应用的设计和实施，同时弥合了 IT 和 OT 之间的沟通鸿沟。低代码开发提供了一种统一的开发框架，促使 IT 和 OT 专业人员更轻松地共同应对工业环境的挑战，实现数字化转型和业务流程的优化。

5）降低开发门槛

低代码开发工业 App 显著降低了开发门槛。通过可视化的开发工具和模块化的设计，开发者无须深厚的编程技能即可通过拖拽和配置的方式快速构建应用。这种直观的开发方式使得非专业开发者也能参与应用程序的创建，加速了开发过程。低代码开发消除了传统编码中的烦琐步骤，为更广泛的团队成员提供了参与和贡献的机会，推动了协作，降低了技术门槛，使工业 App 的开发更为高效和灵活。

6）快速完成原型制作

低代码开发在工业 App 的应用中实现了快速的原型制作。通过可视化的开发工具和预构建的组件，开发者能够迅速搭建应用的基本框架和界面，无须大量手动编码。这种可视化的开发环境使原型制作过程更加直观，通过简单的拖拽和配置，快速实现关键功能和用户界面。这不仅有助于更早地展示应用的概念和功能，也提供了在实际需求中进行快速迭代和调整的便捷方式，加速了工业 App 的开发周期。

4. 工业 App 低代码开发的流程

工业 App 低代码开发的流程以可视化和模块化为基础。首先，通过低代码平台提供的可视化界面，开发者可以快速设计应用的用户界面和功能模块，通过拖拽组件进行布局。其次，利用预构建的组件和模板，开发者无须手动编写大量代码，迅速搭建应用的基础结构。然后，通过配置组件的属性和行为，定制化应用的逻辑和功能。最后，低代码平台支持一键部署，将应用发布到生产环境，实现快速交付。这种流程降低了开发门槛，提高了开发效率，使工业 App 的创建更加灵活和迅速。通常来说，低代码开发工业 App 的流程，如图 5.115 所示，通常可分为 5 个步骤。

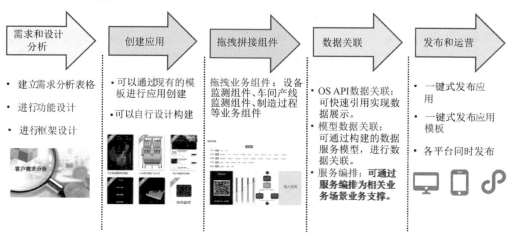

图 5.115　低代码开发工业 App 的流程

1）需求和设计分析

在工业 App 低代码开发流程中，需求和设计分析是关键的起始阶段。首先，团队与相关利益方深入沟通，收集并明确工业 App 的具体需求，包括功能、性能、安全性等方面的要求。随后，进行设计分析，通过可视化工具绘制应用的初步轮廓，确定界面布局、功能模块和数据流程。这一阶段的重点是确保开发团队和利益相关方对工业 App 的期望达成一致，并建立一个清晰的设计框架，为低代码开发提供有力的指导和基础。

2）创建应用

在工业 App 低代码开发流程中，创建应用是流程的核心阶段。通过低代码平台提供的可视化界面，开发者可以迅速搭建应用的基本结构，包括界面布局、功能模块和数据连接。通过拖拽和配置预构建的组件，快速实现关键功能，减少手动编码的复杂性。这一阶段注重实现需求规格，确保应用符合工业环境的特定需求，通过简化的操作流程和模块化的设计，降低开发成本，提高开发效率。

3）拖拽拼接组件

在工业 App 低代码开发流程中，拖拽拼接组件是一项关键步骤。通过可视化界面，开发者可以轻松地使用拖拽操作将预构建的组件放置在应用的设计区域，实现模块的快速构建。这种直观的拖拽拼接方式消除了烦琐的手动编码，加速了应用的开发过程。通过组合不同的组件，开发者能够定制化应用的功能和界面，实现灵活、高效的工业 App 开发。

4）数据关联

在工业 App 低代码开发流程中，数据关联是关键的一环。通过可视化工具，开发者可以轻松地建立不同组件之间的数据关系，确保数据的流畅传递和协同工作。这包括将用户界面与后端数据源关联，定义数据模型以支持业务逻辑，并确保各个组件之间的数据一致性。这一数据关联过程不仅简化了开发者的任务，还提高了应用的整体性能和用户体验，为工业 App 提供了可靠的数据基础。

5）发布和运营

在工业 App 低代码开发流程的最后阶段，是发布和运营应用。一旦应用开发完成，开发者可以利用低代码平台提供的一键发布功能，可以进行多平台的一键式发布以及多平台运营，将应用快速部署到生产环境。同时，低代码平台还支持监测应用性能、收集用户反馈和进行实时更新，从而保持应用的健康运行和不断优化。

5. 工业 App 低代码开发的实例

随着低代码开发的爆发性发展，国内外涌现越来越多的低代码开发的平台。如表 5.4 所示，为目前国内外主要的低代码开发平台。

表 5.4 低代码开发平台

国内外低代码平台一览表				
代码厂商	Power Apps	App Maker	outsystems	mx mendix	航天云网 CASI
产品定位	构建专业级应用	低代码平台	快速开发供应商	低代码 + 物联	工业低代码平台
用户群	专业 + 业务	应用搭建人群	专业 + 普通	中大型企业	个人 + 企业
功能点	功能多	拖拽 + 组件	图形控件	模型驱动 + 可视化	工业模板 + 模块

国外主要以 Power Apps、App Maker、OutSystems 和 Mendix 为主，国内目前针对工业领域的低代码开发平台主要以航天云网的 INDICS 低代码开发平台为主。

Power Apps 是由 Microsoft 提供的低代码 / 无代码应用程序平台，旨在使用户能够轻松创建定制的业务应用，无须深厚的编程经验。通过直观的可视化开发环境，用户可以使用拖放操作和预构建组件快速构建应用程序，并通过连接到各种数据源实现数据的集成。支持跨平台移动应用开发、自动化任务、强大的表达式和严格的安全性控制，Power Apps 为用户提供了一个灵活、高效的工具，推动了数字化转型并促进了业务流程的优化。

App Maker 是一款低代码开发工具，由 Google 提供，用于帮助企业用户和开发者快速创建定制的业务应用。App Maker 提供了直观的可视化界面和预构建的组件，使用户能够通过拖放操作轻松设计用户界面、建立数据模型，并实现与 Google 服务和其他数据源的集成。这一工具的设计理念旨在降低开发门槛，使更多人能够参与应用程序的创建，推动企业实现快速、高效的应用开发和数字化转型。

OutSystems 是一家提供低代码应用开发平台的公司，其平台允许企业和开发者以更迅速、高效的方式构建和部署定制化的业务应用。OutSystems 的低代码工具集成了可视化开发和自动化工具，使用户能够通过简单的拖拽和配置操作创建应用，无须深厚的编程经验。该平台还支持与各种数据源的集成、移动应用开发和复杂业务流程的建模，旨在加速数字化转型并提高应用开发的效率。

Mendix 是一家提供低代码应用开发平台的公司，为企业和开发者提供了一套强大而灵活的工具，用于更迅速、高效地创建和部署业务应用。Mendix 的低代码平台采用可视化开发和模块化设计，使用户能够通过简单的拖拽和配置实现应用程序的构建，同时支持与多种数据源的集成和复杂业务逻辑的开发。这一平台致力于提高开发速度、降低开发成本，促进数字化创新和业务流程的优化。

INDICS 低代码开发平台是航天云网推出的工具，用于帮助用户以更便捷、高效的方式创建和部署业务应用，允许用户通过可视化工具和预构建组件来快速构建应用程序，减少手动编码的需求，加速开发流程，降低技术门槛。INDICS 平台可能还提供了与航天云网生态系统集成的能力，以支持更广泛的业务和数据集成。作为面向个人和企业开发的专注于工业领域的低代码开发工具，INDICS 低代码开发平台内置很多工业领域的开发模板，开发简单，极易上手。

"石化设备移动监控平台"是通过低代码开发平台开发的工业 App 实例，其界面展示和功能展示如图 5.116 所示。这个工业 App 主要是将低代码开发工具私有化部署到石化智云工业互联网平台，并基于低代码开发工具，对于设备监控数据开发移动端应用，支持移动端扫码进行设备标识解析标记，实现挤压造粒机设备运行状态监控，支撑设备现场端查看与管理，形成围绕生产工具运行与管理的工业互联网平台新模式，呈现工业互联网与石化智云融合场景。目前这个工业 App 主要有泵群状态监控、挤压机状态监控、5G+ 新一代移动巡检和配件管理 4 方面的应用。这里可以看到，当我们单击挤压机状态监控的时候可以跳转到挤压机运行状态监控界面，在这个界面里面你可以选择不同的监控功能，包括阈值报警监控，故障分析和整体运行监控等等，通过这个工业 App 可以快速实现对工业设备的远程监控和操作。

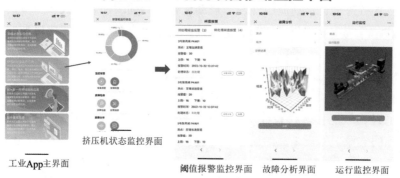

图 5.116　石化设备移动监控平台

5.8　智能工厂

智能工厂基于数字化制造系统与无人工厂发展而来，是利用物联网技术和监控技术加强信息管理服务，集初步智能手段和智能系统等新兴技术于一体的新型工厂运营模式，它旨在提高生产过程可控性、减少生产线人工干预，以及合理计划排程，同时，构建高效、节能、绿色、环保、舒适的制造空间。

1. 数字化制造系统

数字化制造系统是一种以制造信息集成与信息流自动化为特征、利用数字化装备自动完成各种制造活动的系统。它和智能制造之间存在着密切的关系，相辅相成，共同推动着工业的转型升级，如图 5.117 所示。

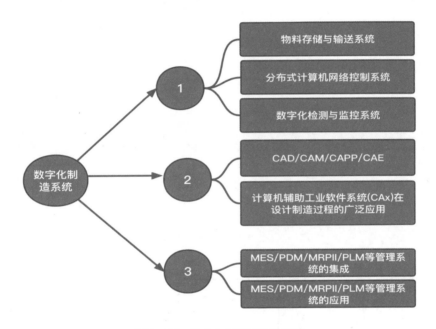

物料存储与输送系统

分布式计算机网络控制系统

数字化检测与监控系统

CAD/CAM/CAPP/CAE

计算机辅助工业软件系统(CAx)在设计制造过程的广泛应用

MES/PDM/MRPII/PLM等管理系统的集成

MES/PDM/MRPII/PLM等管理系统的应用

图 5.117　数字化制造系统的构成

数字化制造系统的应用涉及以下 3 个范围。

（1）以数控机床为典型代表的数字化装备、分布式计算机网络控制系统、物料存储与输送系统、数字化检测与监控系统等的基础装备。

（2）CAD（Computer Aided Design）/CAM（Computer Aided Manufacturing）/CAPP（Computer Aided Process Planning）/CAE（Computer Aided Engineering）等各种计算机辅助工业软件系统（CAx）及其在设计制造过程的广泛应用。

（3）MES/PDM/PLM 等管理系统的集成与应用。

2. 数字化工厂

对于数字化工厂，德国工程师协会的定义是：数字化工厂（Digital Factory，DF）

是由数字化模型、方法和工具构成的综合网络，包含仿真和 3D/ 虚拟现实可视化，通过连续的、没有中断的数据管理集成在一起。数字化工厂集成了产品、过程和工厂模型数据库，通过先进的可视化、仿真和文档管理，以提高产品的质量和生产过程所涉及的质量和动态性能。数字化工厂主要涉及三大环节，包含基于三维模型的产品设计、工艺仿真使能的产品规划和实时数据联通的生产执行，如图 5.118 所示。

  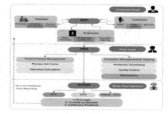

（a）基于三维建模的产品设计　（b）工艺仿真使能的生产规划　（c）实时数据联通的生产执行

图 5.118　数字化工厂的三大环节

如图 5.119 所示，1970 年到 1980 年始期，数字化制造还处于设计和生产自动化阶段，数字化的普及程度只局限于设计和生产，应用在 MRP/EDI、可编程逻辑控制器、二维绘图 CAD。

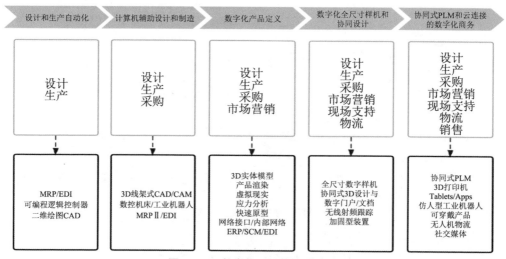

图 5.119　数字化工厂的演进过程

1980—1990 年，数字化制造发展到计算机辅助设计和制造阶段，数字化在设计、生产、采购方面都得到了一定的普及，在 3D 线架式 CAD/CAM、数控机床 / 工业机器人、MRP Ⅱ /EDI 上都有所应用。

1990—2000 年，数字化制造开始对数字化产品进行定义，涉及设计、生产、采购、市场营销等方面，拓宽了应用的领域，如 3D 实体模型 CAD、产品渲染、虚拟现实、应力分析、快速原型、网络接口 / 内部网络、ERP/SCM/EDI。

2000—2010 年，数字化制造得到了进一步的发展，涉及数字化全尺寸样机和协同设计，在设计、生产、采购、市场营销、现场支持、物流方面都有所应用。这个时期，数字化制造得到了更广泛的应用，比如全尺寸数字样机、协同式 3D 设计、数字门户/文档、无线射频跟踪、加固型装置。

2010—2020 年，数字化制造飞速发展，涉及协同式 PLM 和云连接的数字化商务，在设计、生产、采购、市场营销、现场支持、物流和销售领域都有所涉及，具体的应用如协同式 PLM、3D 打印机、Tablets/Apps、仿人型工业机器人、可穿戴产品、无人机物流、社交媒体。

3. 智能工厂

2020 年后，智能工厂（见图 5.120）也在原有的基础上逐步发展，产生了一些新的变化。在数字化工厂的演进发展基础上，智能工厂已经具有了自主能力，可采集、分析、判断、规划；通过整体可视技术进行推理预测，利用仿真及多媒体技术，将实境扩增展示设计与制造过程。系统中各组成部分可自行组成最佳系统结构，具备协调、重组及扩充特性。已系统具备了自我学习、自行维护能力。因此，智能工厂实现了人与机器的相互协调合作，其本质是人机交互。

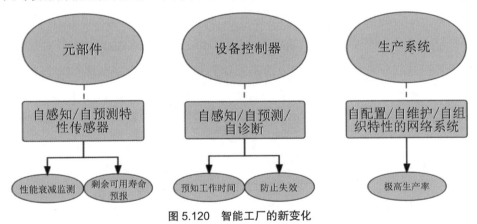

图 5.120 智能工厂的新变化

1）智能工厂的建设架构

如图 5.121 所示，智能工厂一般由设备层、控制层、执行层和计划层四大层级构成，设备层由众多的传感器以及智能设备构成，控制层向下沟通先进设备，向上与执行层有机结合，形成多元化的生产模式，提高生产力和整体生产效率。执行层中的执行系统作为关键的角色，提供着计划管理、质量管理、物料响应、条码管理、设备管理等功能，能够对生产全程记录，并实时反馈，生产数据完整呈现，为上方的计划层提供强力支持。计划层具有一定的分析和预测能力，能够对现有的数据进行数据分析，对生产过程进行优化，有效减少生产、制造、运营中的不确定性，并对生产过程进行管控，降低一定的风险。

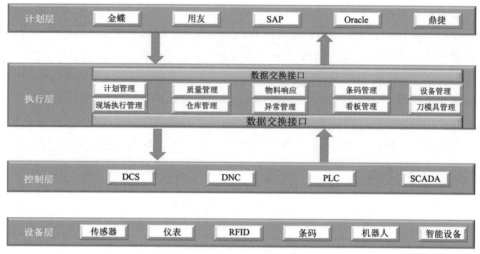

图 5.121　智能工厂的建设架构

2）智能工厂基本架构的 3 个维度

智能工厂基本架构中的 3 个维度分别是功能维、结构维和范式维，如图 5.122 所示。

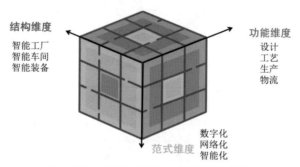

图 5.122　智能工厂基本架构的 3 个维度

其中，功能维描述产品从虚拟设计到物理实现的过程，与三大集成中的端到端的集成相关联。涉及智能化设计（如大数据分析、虚拟仿真优化）、智能化工艺如生产过程的建模与仿真、智能化生产如智能化运营与管控、智能化物流如物联网、物料自动配送与配套防错。

结构维描述从智能制造装备、智能车间到智能工厂的进阶，实质上与三大集成中的纵向集成是一致的。涉及智能制造装备如自感知、自决策、智能车间的动态调度、智能工厂的生产活动。

范式维描述从数字化、网络化到智能化的演变范式。此处的数字化是指借助于信息化和数字化技术，通过集成、仿真、分析、控制等手段，为制造工厂的生产全过程提供全面管控的整体解决方案；网络化是指将物联网（Internet-of-Things，IoT）技术全面应用于工厂运作的各个环节，实现工厂内部人、机、料、法、环、测的泛在感知和万物互联，互联的范围甚至可以延伸到供应链和客户环节；而智能化是指通过将新一代信息技术和新一代人工智能技术应用于产品设计、工艺、生产等过程，使得制造工厂在其关键环节或过程中能够体现出智能化特征，即自主性的感知、学习、分析、预测、决策、通信与协调控制能力，能动态地适应制造环境的变化，从而实现提质增效、节能降本的目标。

3）智能工厂的特征

基于智能工厂的建设架构，智能工厂的特征主要体现在3个层面：目标层、技术层、集成层，如图 5.123 所示。

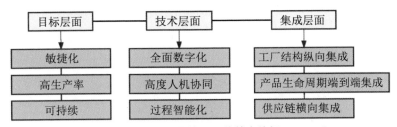

图 5.123　智能工厂的基本特征

（1）从目标层面来看，智能工厂具有敏捷化、高生产率和可持续性的特点，敏捷性使智能工厂能够以最少的干预来适应计划和产品的变化。

（2）从技术层面来看，智能工厂具有全面数字化、高度人机协同、过程智能化的特点。

（3）从集成层面来看，智能工厂应具备产品生命周期端到端集成，工厂结构纵向集成和供应链横向集成的三大特征，这一层面与三大集成理念是一致的。

4）智能工厂的三大集成

智能工厂又囊括地体现了制造系统的三大集成：纵向集成、端到端集成和横向集成，如图 5.124 所示。

纵向集成

端到端集成

横向集成

图 5.124　智能工厂的三大集成

（1）纵向集成是企业内部信息孤岛的集成，通过企业内部所有环节的信息无缝连接，解决信息网络与物理设备之间的联通问题。

（2）端到端集成是围绕客户价值进行的集成，从客户需求开始，贯穿产品整个生命周期的研发设计、原料供应、生产制造、物流配送、销售服务等各个环节，最终满足用户需求。在为客户提供更有价值的产品和服务同时，重构产业链各个环节的价值体系。贯穿全价值链的端到端工程指实现从价值链上游的生产系统规划到最终产品消费整个价值链的、端到端的数字化工业设计开发。

（3）横向集成是企业之间通过价值链信息网络来实现资源整合。横向集成可能发生在一个企业的内部，也可能发生在企业外部，因此它要求能在异构环境中实现业务流程工作流和规则的协同、关键数据（如产品结构数据）转换、双向的互操作等。

三大集成能够实现制造系统构成可定义、可组合，制造工艺流程可配置、可验证，从而在个性化生产任务驱动下，可自主重构生产过程和场景，构建出高效、节能、绿色、环保、舒适的个性化工厂，降低生产系统组织难度，提高制造效率及产品质量。

5）智能工厂和传统工厂的区别

相较于传统工厂，智能工厂具有自动化、数字化、网络化和智能化四大特点。其中自动化指智能工厂中广泛使用了各种不同的自动化设备，具有高效率、高精度、高质量和高安全性四大特点。数字化指智能工厂的生产过程数据均以数字化格式存储，能够高效地在不同平台之间传输和共享。网络化指智能工厂拥有基于网络化的供应链资源共享和整合。智能化则是指智能工厂在设计、生产、物流和服务上均实现了智能化。

6）智能工厂的组成

智能工厂主要由智能化生产设备、智能仓储及物流系统、智能化生产调度过程和智能化生产监控平台四大部分组成，如图 5.125 所示。

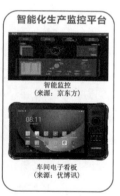

图 5.125　智能工厂的组成

其中智能化生产设备包括智能机器人，自动化流水线等设备，能够实现生产过程的自动化和智能化。智能仓库系统主要由智能仓储和 AGV 智能物流等多个不同的部件组成，能够自动高效地完成仓库的管理。智能生产调度过程能够对生产计划和仓库计划进行智能调度，提高生产过程的效率。而智能化生产监控平台则能够实时监控当前的生产状态，对可能发生的风险进行提前预警。

7）小结

总的来说，智能工厂已经被应用于众多实际生产场景之中。智能工厂的建设是我国制造强国战略的重要组成部分，是我国传统流程型企业实施创新驱动、价值创造战略的自身要求，是行业信息化实现创新发展的关键。

▶ 5.9　供应链协同优化

供应链（见图5.126）是指商品到达消费者手中之前各相关实体或企业的连接及其业务的衔接，是一个由供应商、制造商、分销商、零售商直到最终用户所连成的整体功能网链结构。供应链也是先进制造业的基础支撑。

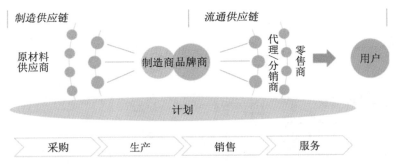

图 5.126　供应链的概念

供应链协同（见图5.127）是指供应链全链条的各环节（包括上下游各企业及企业内各部门）实现协同运行的一系列活动或最终效果。即供应链全链条各节点确立共同目标，在互利共赢的基础上，深入合作、风险共担、信息共享、流程互通、共同创造客户价格的过程。

图 5.127　供应链协同的范围

1. 供应链协同的范围

供应链协同主要包括两方面，即组织内协同和供需间协同。

组织内协同指的是企业内的各个相关部门在共同目标的指引下相互协作，减少沟通障碍，打破部门墙，实现跨部门，跨体系的协同。如需求、设计、研发、计划、采购、库存、生产、仓储、物流、销售、售后等基础活动以及财务、法务、人事等支持性活动间的协同；还包括战略与执行间的协同；企业总体目标、长期目标、年度目标间的协同等。

供需间协同是指供应链上下游的企业间共享重要信息，包括需求量、订单情况、库存情况、生产能力、销售数据等，上下游企业根据这些重点信息规划自己的生产、订单、销售、库存等的管理，避免各自为战、坐井观天。

2. 供应链网络

供应链全链条各节点间互联协同，组成了复杂的供应链网络，如图5.128所示。

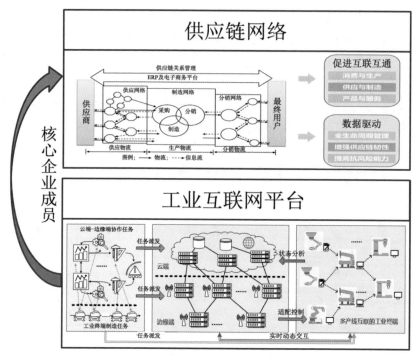

图 5.128　工业互联网平台下的供应链网络

　　供应链网络是由与核心企业相连的成员组织构成的，这些组织直接或间接与他们的供应商或客户相连，从起始端到消费端。必须分类并确定哪些成员对公司以及供应链的成功起着决定作用，以便对他们给予关注和合理分配资源。网络节点主要是供应链上下游的核心企业成员。

　　在描述、分析和管理供应链时，有 3 种最重要的网络结构，它们分别是水平结构、垂直结构和供应链范围内核心企业的水平位置，由此构成了供应链网络的三维结构。其中，水平结构是指供应链范围内的层次数目。供应链可能很长，拥有很多层；或很短，层次很少。垂直结构是指每一层中供应商或顾客的数目，一个公司可能有很窄的垂直结构，其每一层供应商或顾客很少。供应链范围内核心企业的水平位置结构则能够将核心企业定位在供应源附近、终端顾客附近或供应链终端节点间的某个位置。

　　供应链网络在诸多研究中又被描述为供需网络，若网络中存在诸多相互联系的供应方和需求方，那么网络可被细化拆分为供应网络和需求网络。而供应网络和需求网络之间的匹配、连接、选择、合作乃至资源耦合关系，这些关系和影响又可被描述为一个多维度供需匹配的超网络。可以说，供应链网络是工业互联网网络的一个子集。

　　3. 供应链协同的层次与分类

　　供应链协同的层次包含 3 层，战略层协同、战术层协同、执行层协同。

　　1）战略层协同

　　战略层协同是供应链各主体宏观层面的协同，它是协同的最高一个层次，主要从供应链全局水平，说明大家的总体目标和方向，同时说明供应链协同管理的总体策略和方法论，为强化全链条的协同能力，制定一定的行为准则、价值观念、思维方式，给出解决供应链协同过程中各类问题的解决方案。

2）战术层协同

战术层协同是从战术层面分析供应链上下游各企业在进行协同时的具体策略，包括：重要数据的交换、计划管理的共享、上下游的需求预测、各节点采购信息的共享、生产环节的协同、销售节点的共享等。

3）执行层协同

执行层协同是指建立各环节的共享平台，主要的手段是建立一个数据交换的 SCM 供应链协同管理系统，如 EDI 电子数据交换平台等，通过这个供应链协同系统平台为链上节点企业提供实时交互的数据共享与沟通，打破各节点的信息不对称，增加端到端的透明度和可视化程度，使得各节点的决策能够有依据有效果。执行层的协同是供应链实现协同的主要抓手，为战略协同和战术协同提供可实现的技术手段。

有效的供应链协同，可以使供应链全链条不断降低成本、提高效能，实现共享共担，可以提高应对不确定性的能力，最终以最小代价创造最大的价值。

从内容和运作流程方面可将供应链协同划分为物流协同、信息协同、供应链关系协同、供应链网络协同 4 个类型，如图 5.129 所示。

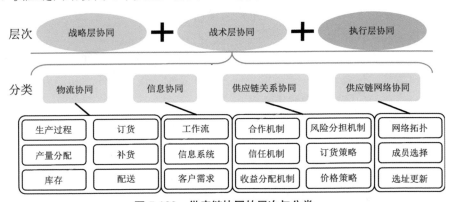

图 5.129　供应链协同的层次与分类

物流协同包含了生产过程协同、产品类型与产量分配协同、库存优化协同、配送协同、补货协同等；信息协同包含了工作流协同建模、跨组织信息系统设计与信息共享、客户需求协同预测等；供应链关系协同包含了激励和保障机制、合作与信任机制、契约机制、渠道收益的分配机制、风险分担机制等；而供应链网络协同是指网络拓扑、成员选择、选址更新等内容的优化协同。

4. 供应链协同的主要影响因素

当前，供应链协同效率不高的影响因素主要来自 4 方面，主体利益冲突、信息共享缺乏、工序状态多变和技术投放错位。

（1）在影响供应链协同的各个因素中，利益是最重要的因素，已达成合作关系的企业因利益冲突导致合作破裂时有发生。只有供应链上各企业利益达成一致，供应链协同才得以实现。

（2）在现有的供应链模式下，供应商只能获得下游企业订货信息，对于销售、库存等信息一无所知，也常因信息不对称诱发牛鞭效应，导致上游企业无法对市场做出全面分析和判断，难以对生产经营活动进行有效组织，从而导致资源浪费，成本增加。只有实现信息共享，位于供应链上游的企业才能对市场发展做出精准把控，对库存进行科学管理，进而降低供应链运行成本。

（3）因为客户需求、供应链环节运作实时改变，链上各环节都具有不确定性。一条供应链，乃至供应链网络涉及多家企业，每家企业都经营着多项业务，业务又划分为多个环节。所有供应链活动都需要链上企业协作完成，而所有企业都有权对自己的业务、资源进行处置，不论是业务还是资源都具有较高的动态性，整个供应链网络的活动都处于实时变化状态，使得供应链协同过程越发不稳定。

（4）当前各企业目标有所不同，在不考虑链上同盟、合作伙伴或其他企业时，单个企业势必会为自身利益进行技术投放和资产配置。诸多企业纷纷引入各环节的国内外先进设备，追求先进的应用。而在这一过程中，由于企业的认知错位、技术投放错位，容易带来各种冗余的信息隔阂，技术沟壑与异构应用模式，加大供应链网络成员间协作成本和协作难度。为此，供应链协同优化十分重要。

5. 供应链协同优化的内涵

一般地说，企业供应链优化是指优化企业供应链部署战略规划、建立平衡资产、库存、客户需求、信息和服务交付的供应、采购及制造运营的计划和调度，实现成本最小化和利益最大化的过程和解决方案。

如图 5.130 所示，与工业生产计划与调度不同的是，供应链优化侧重于供需关系匹配、合作伙伴选择、供需保障的物流与仓储配置，工单的按期交付等，是生产效能的保障，反过来也是工业生产执行的目标。

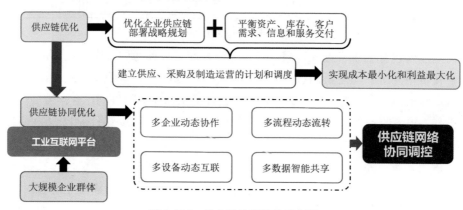

图 5.130　供应链协同优化的内涵

而在工业互联网环境下，面对规模化制造需求，供应链网络作为工业互联网网络的一个核心子集，其规模也越发庞大。

在这样的场景下，供应链协同优化则更广义地包含了多企业动态协作、多流程动态流转、多设备动态互联以及多数据智能共享下大规模企业群体之间的物流协同、信息协同、供应链关系协同以及供应链网络协同。

6. 供应链协同优化的典型子问题

供应链协同优化包含上层合作伙伴选择、供应商协作模式优化、供应链联合成本优化、多中心协同制造优化、供应链网络可信协同服务优化等。

1）合作伙伴选择问题

合作伙伴选择问题是指为复杂产品分布式设计、制造、装配、物流等环节指定企业相关的合作伙伴、选择合作伙伴所需提供的分布式资源、人力和物料，决策复杂产品及其零部件、相关半成品、原材料的外包与自制等。

2）协作模式优化问题

协作模式优化问题决定供应链中，供应商、制造商、分销商、零售商直到最终用户以何种模式进行协作，涉及订单交付形式、交付期、付款形式、配送形式以及是否开展分布式协作生产和协作配送等。

3）联合成本优化问题

联合成本优化问题是指同时优化多个企业的车间、仓库、材料、人力和加工费用，以达到企业多方利益的平衡。

4）协同制造优化问题

协同制造优化问题是指联合选择复杂制造流程中各环节合作伙伴，选取和制定具体的协同制造工艺、协同配送路径以及分布式车间联合作业计划，旨在最大化多企业协同制造与供货的利益，实现链上产能提升。

5）供应链网链层面的服务优化

供应链网链层面的服务优化是从供应链网络整体层面，匹配用户个性化需求，追溯多业务跨域协作的可信性，并匹配接口互通的企业业务系统进行联合服务、联合生产、联合配送等一系列活动的决策流程。

可见，工业互联网环境下，供应链具备跨域跨链的复杂特性，可形成一个多层复杂动态网络，并具备全要素特征多样，主体关系复杂，多层网络协同机理复杂以及链上需求规模化涌现的特性。

7. 供应链协同优化的典型思路

为了解决这些特性带来的供应链协同机理难以理清，涌现任务难以实时调控的挑战，需要结合人工智能、智能优化、复杂网络等方法进行多步联合优化。

具体地说，供应链协同优化可包含供需预测、问题建模、子问题分解、子问题求解、协同优化解集耦合、计划执行和动态调整的这样一个通用多回路闭环流程。

首先，可基于跨企业工业大数据，利用统计学方法、深度学习方法和知识图谱方法，并结合联邦学习等技术保护企业供应链数据隐私性，实现供需协同预测；在此基础上，可通过变量解耦、约束消解、混合目标协同计算实现问题的建模与子问题的划分；然后，需要回归组合优化问题的求解思路，利用启发式规则、多目标进化算法、强化学习算法对不同子问题进行求解；在此基础上，可利用联邦学习开展大规模子问题的分布式求解与解集耦合，并运用多智能体强化学习和复杂网络博弈论对子问题解集进行调整，实现供应链协同优化方案的整体提升；最后是供应链协同计划的执行与动态调整。当协同计划在实施中出现多方利益冲突、供需状态变化、场景需求突变时，则重新进行供需预测，并动态调整问题模型、子问题模型、子问题方案或协同优化总体方案。

8. 小结

总的来说，工业互联网平台赋能供应链数字化和智能化转型，将供应链数据流、信息流、物流三流合一，并借助智能化平台算法、大数据计算实现企业群体的多维度布局优化。

工业互联网平台的建设，也为供应链网络协同带来了新的运行方式和管理模式，使企业能够充分保护信息隐私和资源自组织调控下实现互联开发、互联生产、互联资产和互联客户，并充分保证供应链网络的安全和可视化，进而缓解并解决供应链主体利益冲突、信息共享缺乏、供需状态多变和技术投放错位等问题。

供应链网络协同的新模式在于基于工业互联网平台的产业组织优化变革，即利用大数据、云计算、人工智能、物联网等新技术，将供应链网络中的各个节点成员通过线上—线下、虚实结合的方式联合起来，以整体的角度进行供需精准对接和优势资源高效重组。

供应链网络协同的新模式还在于，让工业互联网平台的客户、供应商、服务、设备、人员、流程、产品、订单与供应链网络充分融合，从智能服务、智能车间、智能管理和智能决策4个层面优化供应链的服务体系。

第6章
工业互联网安全

▶ 6.1 工业互联网安全的威胁

6.1.1 震网病毒

2006 年，伊朗重新启动其核计划，并在纳坦兹核工厂大规模安装离心机，用于浓缩铀的生产，为后续制造核武器准备原材料。2008 年 4 月 8 日，伊朗总统内贾德亲临纳坦兹核工厂进行视察，在视察过程中发现，图 6.1 左下角屏幕展示的绿点群，每个点代表一台正常运作没有故障的离心机。出现故障不能正常运行的离心机则如图中两个灰色小点表示。2010 年 1 月，国际原子能机构（IAEA）在检查伊朗纳坦兹核设施时，发现离心机大规模故障。这些离心机的预期使用寿命为 10 年，但故障原因当时尚未明确。

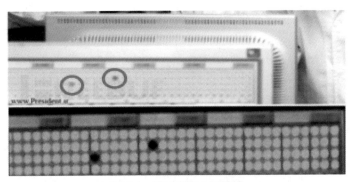

图 6.1　核工厂离心机故障

直到 2010 年 6 月，白俄罗斯一家安全企业的高级技术主管谢尔盖·乌尔森在研究伊朗遭遇的恶意软件时，揭示了该文件的复杂性。该恶意软件不仅采用了隐蔽的后门技术以规避杀毒软件的检测，而且还利用了多个"零日漏洞"来突破 Windows 系统的安全防线。乌尔森在 2010 年 7 月 12 日通过一个英文网络安全论坛公布了这一发现。这之后，国际安全专家们开始对这种病毒进行详细的分析和研究，微软公司也随后正式将这一病毒定名为震网（Stuxnet）。

经过安全专家的深入分析，揭露了震网病毒的主要攻击目标是伊朗核设施中用于提炼浓缩铀的离心机。该病毒通过侵入工业网络，利用工业控制系统的缺陷，篡改了设施的运行参数，造成离心机过压损坏和转速变化，使得提炼的铀不满足核武器所需的标准。震网病毒对伊朗纳坦兹核设施的攻击，导致从 2009 年 11 月至 2010 年 1 月期间，超过 1000 台离心机被破坏，可运作的离心机数量从 4700 台减少至 3000 台以下。此外，2010 年以后，该工厂还因技术问题频繁停工，其铀浓缩能力持续下降，最终使得伊朗的核工业进展受到严重阻碍。

尽管在震网病毒之前也有一些关于通过信息网络手段攻击并影响工业设施的传闻，但大多缺乏技术层面的实证支持，所以震网病毒被认为是首个成功达到了其事先设定的攻击目标的、以现实世界中的关键工业基础设施为目标的恶意代码，它标志着网络空间领域迎来了一场独特的、不同于传统网络攻击的重大改变。也正因如此，震网病毒一直以来都被视为工业互联网安全领域的典型案例。

震网病毒的攻击路径大致分为以下几个步骤。

首先是感染，震网病毒通过一个 U 盘进入系统，并利用漏洞自动感染 Windows 系统，当感染了一个设备后，它会继续感染所有运行 Windows 的设备。它通过使用一个虚拟证书伪装成来自可信任的公司，绕过了自动检测系统。

随后，震网病毒对所感染的设备进行检查，判断其是否为目标（西门子工业控制系统）中的一部分。西门子工控系统是工业生产中广泛使用的设备，伊朗核电站中也部署了该系统用于运行高速离心机来对核燃料进行浓缩。当所进入的设备不是该系统的组成部分时，震网病毒不会进行任何操作，一旦进入目标系统设备中时，震网病毒将完成初始化安装过程，注入进程、注册服务、释放资源文件。最终，震网病毒以服务的形式运行。

在服务执行期间，震网病毒利用未曾曝光的"零日漏洞"对西门子公司的 WinCC 工业控制系统软件发起攻击，并通过该软件进一步对 PLC（可编程逻辑控制器）进行侵害，最终达到破坏目标系统逻辑控制器的目的。在控制阶段，震网病毒首先对目标系统的操作进行监控，随后利用所收集到的信息来对离心机的控制进行接管，使其转数错误导致失败。同时，它能够向外部的控制器反馈错误信息，保证外部并不知情，直到其造成的后果已无法挽救。

6.1.2　工业互联网安全事件

在震网病毒事件之后，全球范围内工业互联网安全事件不断增多，如 BlackEnergy 病毒对乌克兰电网的攻击引发了广泛的电力中断。美国最大的成品油管道运营商遭遇了网络攻击，这一事件导致美国东部沿海关键城市的燃料供应减少了 45%，进而使得这些地区的油气管道系统被迫暂时停运。此外，委内瑞拉的古里水电站遭受网络攻击而陷入瘫痪，造成 16 个州全面或部分停电。图 6.2 列出了震网病毒之后的一系列重大安全事件，这些事件表明了工业互联网安全的形势越来越严峻。

图 6.2　工业互联网安全事件

6.1.3　一些思考

从震网病毒的攻击路径中可以看出，过去业内普遍认为的物理隔离的系统更安全的假设是不成立的。伊朗的核电站工业控制系统网络被设计为完全独立的内部网络，与互联网实现物理隔离，其宗旨在于通过这种物理隔离手段确保系统的安全性。该系统的计算机设备未与任何外部网络建立连接。然而，震网病毒的设计者却针对"物理隔离即安全"这一误区，通过移动存储设备（如 U 盘）等传播病毒。一旦 U 盘被感染，病毒将能够在连接至该感染设备的计算机上自动执行；用户仅需在 Windows 操作界面上单击相关图标，计算机便会遭受感染。这一现象正是震网利用了某一"零日漏洞"所导致的直接后果。此外，从震网的攻击方式来看，在整个工业控制系统中，仅需一个数字签名证书即可轻松绕过安全检测，这一事实表明，单纯依赖于单一安全措施是极易被攻破的。Stuxnet 的设计者利用了 Windows 系统依赖数字签名证书识别的安全防护机制，使用了合法的数字签名证书，这使得病毒在微软视窗面前呈现合法软件的假象。最后，传统工控系统由于一直运行在封闭的网络环境中，很多通信协议和运行机制都更关注功能性和实时性，安全机制严重薄弱，因此一旦被入侵就很容易被获取重要权限。在工业互联网全面互联的情况下，面临更多的安全威胁，安全问题也是当前桎梏工业互联网发展的其中一个重要因素。因此，工业互联网安全技术是工业互联网整体技术体系中的重要组成部分。

随着工业互联网的内涵与范围持续扩展，原本封闭的工业生产环境已被打破，内部安全与外部风险相互交织，使得工业互联网的安全问题变得更为复杂。针对工业互联网的安全挑战，主要可以归纳为五个类别：设备安全风险、控制系统安全风险、平台 / 应用安全风险、网络安全风险以及数据安全风险。这些风险分别针对工业互联网架构中的设备、控制系统、平台应用、网络和数据等关键要素。

6.2 工业互联网安全的框架

6.2.1 总述

如图 6.3 所示，本教材的工业互联网安全的框架基于工业互联网的云、网、边、端 4 层整体架构，分别对应设备层、工厂层、企业层和产业层。从安全防护视角来看，我们将工业互联网安全体系划分为设备安全、控制安全、网络安全、应用安全和数据安全 5 个维度的安全[87]，设备安全主要对应设备层的设备，控制安全对应工厂层和设备层，网络安全主要面向工厂内网和工厂外网，应用安全主要面向企业层和产业层，分为平台安全和工业应用程序安全两个部分。最后是数据安全，包括传统数据安全技术和新兴技术两部分。

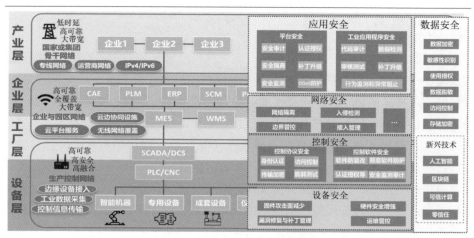

图 6.3　工业互联网安全的框架

在本教材的工业互联网安全的框架下，设备安全的主要防护对象包括工业机器人、智能仪表、传感器等工业生产管理设备，控制安全的主要防护对象是工业控制系统中的控制软件和控制协议等，网络安全的主要防护对象是工厂内外网和网络边界安全，应用安全的防护对象是工业互联网平台和工业应用程序，数据安全的防护对象是工业数据、用户信息等。下面将从这些角度对工业互联网安全逐一进行分析。

6.2.2 设备安全

首先是设备安全。如图 6.4 所示，将传统车床、传统铣床与数控车床、数控铣床进行对比，可以看出工业互联网的发展推动了现场设备由传统机械化向高级智能化升级。这一转型引入了嵌入式操作系统、微处理器与应用软件相结合的新型架构，意味着制造设备自身具备了操作系统、处理器和应用软件，使得机械操作更为简便、连接更为便捷、生产更为智能化。然而，这些进步同时也带来了更复杂的安全挑战。

图 6.4　传统机械化设备与智能化设备对比

随着工业互联网设备逐步向高度智能化发展，并且由于工业互联网的连接性，这些设备可能面临直接的网络攻击风险。这使得工业互联网设备层面所承受的攻击面增加，攻击者能够通过信息技术网络直接触及现场设备，并通过控制系统对智能设备发起攻击。一旦攻击成功，其传播速度将会更快，影响范围也将更广泛。同时，由于工业互联网设备层存在海量通用设备，这也使得通用设备中的漏洞影响扩大。

6.2.3　控制安全

在确保控制安全方面，伴随着新一代信息技术与操作技术的结合，工业互联网使得生产控制环境从原本的封闭系统转向开放体系。随着新型 PLC 等先进控制设备的引入，控制架构从传统的分层模式逐步转向更为扁平化的结构。在控制布局上，也从局部的控制策略演变为全局一体化的控制模式。这一过程中，还伴随着控制监测功能的向上层移动和实时控制功能的向下层扩展。

一旦工业控制系统与互联网相连，黑客便能借助已知的网络漏洞接入控制台，从而使操作技术（OT）层的安全性受到质疑，不再被视为可靠[88]。工业控制系统在操作技术层缺乏控制协议和软件安全机制，这扩大了工业控制系统的攻击面，降低了攻击的难度。因此，工业互联网中的工控系统不仅遭受传统信息技术的安全威胁，还面临操作技术的安全挑战。工业互联网的融入颠覆了传统生产控制流程的封闭性和可靠性，引发了安全事件影响范畴的扩大和严重性的提升，同时也造成了信息安全和功能安全问题之间的复杂交织。

6.2.4　网络安全

随着工业互联网与新一代网络通信技术的持续融合与发展，工厂内部网络正在展现出 IP 化的趋势，同时无线通信技术的普及也使得工厂内网趋向无线化。此外，工业互联网中信息网络与控制网络的界限日益模糊，企业专网与公共互联网的区分越来越不明显，网络正在朝着全局化的方向发展。这一变化意味着传统互联网的安全问题开始向工业互联网领域蔓延。

同时，工业互联网的网络通信协议正在从专有协议转向以太网/IP 协议，这使得攻击者无须专门针对专有协议进行攻击，从而大幅降低了攻击的难度[90]。从网络设备的角度分析，现有的工业以太网交换机在带宽方面存在不足，对于分布式拒绝服务（DDoS）攻击的防护能力有限，难以抵挡日益增强的 DDoS 攻击威胁。随着工厂网络的互联互通、生产运营从静态向动态转变，工业互联网的网络安全策略也遭遇了重大挑战。此外，随着工业互联网技术的持续创新和互联网新技术的广泛应用，未来将面临新技术引入的安全风险。工厂内外网络互联的深入发展也将带来更为严峻的安全挑战。

6.2.5 应用安全

在工业互联网的实践应用方面，核心关注点在于工业互联网平台及其内置的工业应用软件。这些应用软件包括但不限于智能生产、网络化合作、定制化服务以及服务型扩展等多个维度，触及工业互联网的各个业务领域。不同的业务领域对安全服务的需求存在差异，因此对安全保护的要求并非完全统一。在工业互联网平台层面，需要更高级别的安全防护能力，以确保工业应用程序的基础安全。

当前，工业互联网平台所遭遇的安全挑战主要涵盖数据泄露、数据丢失、数据篡改、权限管理异常、系统漏洞被利用、账户被劫持、设备接入安全性问题等方面。平台上整合的任何功能都可能成为攻击者的攻击对象。对于工业应用程序而言，最严重的安全风险往往源于不符合安全规范的开发过程，这可能导致软件存在漏洞，或是由于使用了安全性不高的开源第三方库而引入的安全缺陷。这些漏洞往往成为攻击者进行软件逆向工程和实施代码注入等攻击行为的突破口。

6.2.6 数据安全

数据在工业互联网中扮演着生命线的角色，它在系统的各个部分流动，包括数据的收集、传输、存储和处理等阶段，为工业互联网的业务体系提供动力。与传统工厂的数据相比，工业互联网的数据正在向体积膨胀、种类增多、结构复杂化的趋势发展。这些数据涵盖了设备信息、业务系统数据、知识库资料以及用户个人信息等。不同类型、不同来源的数据在敏感度上存在差异，同时，不同业务领域和安全领域之间也逐步出现了数据流动和共享的现象。

从安全角度上看，工业互联网数据变化给数据安全带来的影响主要包括以下几方面。第一，生产数据从操作技术层流向信息技术层，从工厂内部传出到外部，这增加了数据泄露的风险。第二，数据的大量性、多样性、不同保护需求以及流动方向和路径的复杂性，都使得数据保护工作更加困难。第三，大数据分析使得生产数据增值，从而产生了对数据价值保护的需求。第四，个性化和定制化服务以及服务型转型涉及用户隐私信息，这可能引发用户隐私数据的暴露风险。

6.3 设备安全防护技术

工业互联网设备安全关注的是工厂内部智能终端等设备的保护。针对这些设备，安全防护措施应从操作系统/应用软件安全和硬件安全两个维度来实施。以下是一些可行的安全策略。

1. 固件攻击面减少

降低固件攻击界面，亦可称作提升固件安全性。固件是指那些存储在 EROM 或 EPROM（可擦可编程只读存储器）中的编码程序，通常可以理解为"固化了的软件"。简单来说，固件就像是 BIOS 中的程序，然而与一般软件不同，它被内嵌在集成电路里，承担着管理和调节集成电路各种功能的任务。那么，固件究竟是硬件还是软件呢？按照现行的理解，固件应当归属于软件范畴。然而，并非所有软件都能被称为固件，通常只有那些承担系统最基本、最底层功能的软件，才能被称作固件。

而这里的攻击面是指攻击者可能危及系统、网络、应用程序或组织安全的所有可能点或途径的总和。它代表了恶意行为者可以利用的各种入口点和漏洞，以获得未经授权的访问、窃取数据、破坏服务或执行其他恶意活动。

工业互联网设备制造商需采纳策略以提升设备固件的安全性，防止恶意软件的传播和执行。设备供应商可以通过加强操作系统内核、协议栈等层面的安全措施来实现固件的安全强化，并力求达到对设备固件的独立掌控。

2. 漏洞修复与补丁管理

漏洞修复是指修复软件、操作系统或应用程序中存在的漏洞和安全弱点。漏洞可能导致恶意攻击者利用系统中的弱点来获取未经授权的访问权限或执行恶意操作。漏洞修复的目标是尽快修复这些漏洞，以确保系统的安全性。

在进行漏洞修复之前，一般首先需要进行漏洞扫描，以识别系统中存在的漏洞和安全弱点。漏洞扫描工具可以自动扫描系统，发现已知的漏洞，并生成报告。

一旦发现漏洞，就需要对其进行评估，确定其严重性和潜在的影响，即漏洞评估。漏洞评估可以帮助管理员确定哪些漏洞需要优先修复，以及采取何种修复措施。评估漏洞时，可以考虑漏洞的攻击复杂度、潜在影响范围等因素。

一般来说，漏洞修复策略包括确定修复优先级、选择适当的修复方法和工具，以及规划修复的时间和资源。根据漏洞的严重性和影响范围，管理员可以决定优先修复高风险的漏洞。修复方法可以包括安装补丁、更新软件版本、配置安全设置等。

补丁是指软件厂商为修复已知漏洞而发布的更新程序。补丁管理是指检测、下载、测试、批准和安装补丁的过程。管理员应定期检查厂商的安全公告并更新，以获取最新的补丁。补丁管理工具可以帮助自动化这个过程，并提供补丁的管理和部署功能。

在工业互联网设备中，操作系统与应用软件的缺陷构成了对设备安全的严重且迫切的风险。为此，设备制造商有责任对其在工业现场广泛部署的设备和系统执行漏洞扫描与探测，旨在识别操作系统与应用软件中的安全漏洞，并迅速采取相应的修复措施。同时，工业互联网企业应当持续监控关键设备的安全漏洞，并关注相关补丁的发布情况，确保能够及时地应用这些补丁。在补丁部署之前，必须对其进行全面的安全审查和功能测试，以确认其安全性和兼容性。

3. 硬件安全增强

硬件安全性加固旨在从物理层面增强其安全属性。针对接入工业互联网的现场设备，应当配备基于硬件特征的唯一识别码，从而为工业互联网平台及上层应用程序提供基于硬件标识的认证和访问控制机制。这样，可以确保仅有经过认证的设备能够接入工业互联网，并且依照预设的访问控制规则与其他设备或上层应用进行数据交互。此外，还应支持将硬件级别的元件（如安全芯片或安全固件）作为系统的信任基础，以此确保现场设备的安全启动，以及数据传输过程中的机密性和完整性得到维护。

4. 运维管控

随着企业设备规模和类型的日益增长，设备管理的复杂性也在不断上升。为了应对这一挑战，工业互联网企业需要在关键的工业现场网络控制系统，例如机组主控的 DCS（分布式控制系统）中，部署运维管控系统。这些系统应包括工程师站、操作员站和历史站，以实现对通过 USB 接口连接的外部存储器、键盘和鼠标等硬件设备的识别和严格控制。运维管控系统通过智能设备对设备状态进行实时监控，并记录整个使用和维护过程，从而提升管理效率和降低故障发生率。系统能够基于收集的生产数据、设备状态和环境参数等信息，执行故障诊断和预测。通过对设备状态、历史使用数据和模型算法的分析，系统能够提前识别潜在的设备故障，并提出解决方案。此外，系统还应根据设备的运行数据和使用历史，制订预测性维护计划，并通过远程维护技术提高维护工作的效率，减少运维成本。为了满足生产管理和维护的需求，运维管控系统必须能够适应多样化的生产流程和设备状态，实现智能化的生产监控和灵活的故障处理。在部署运维管控系统时，还需确保其不会干扰生产控制区域中其他系统的正常运作，保证整个生产控制系统的稳定性和可靠性。

▶ 6.4　控制安全防护技术

工业互联网的安全性防护技术主要涵盖以下几方面：首先是控制协议的安全性，确保数据传输过程中的保密性和完整性；其次是控制软件的安全性，保障软件在运行过程中的稳定性和抗攻击能力；最后是控制功能的安全性，确保控制系统的各个功能模块能够安全、可靠地执行。这里我们主要介绍控制协议安全和控制软件安全。

1. 控制协议安全

工控协议作为实现控制系统集成的关键，它负责实时数据交换、数据收集、参数设定、状态监测、故障诊断、指令发布以及执行等关键功能的协调与联动，是确保系统高效运作的重要连接点[89]。针对工控协议所面临的广泛攻击威胁，主要的安全防护技术包括身份认证、访问控制、传输加密和鲁棒性测试等。

1）身份认证

随着工业互联网中的角色越来越多，如管理者、工程师、生产人员、设计师、开发、客户、合作伙伴、供应商等，以合法身份进行合理访问变得越来越重要。为保障控制系统仅执行来自授权用户的控制指令，必须实施用户身份验证机制。任何未经验证的用户所发出的指令都应被系统忽略，确保控制命令的合法性和安全性。身份认证是判断对象身份是否属实或有效的过程，主要通过知识类认证、资产类认证和本征类认证组合的方式来实现。在控制协议的通信流程中，必须强制实施认证机制，以防止攻击者截取通信报文并利用合法地址建立非法会话，从而保障控制过程的安全性不受威胁。

2）访问控制

在工业互联网环境中，存在多种操作类型，每种类型都需要相应权限级别的认证用户才能执行。若缺乏基于角色的访问控制机制，并且未对用户权限进行明确划分，将可能导致任意用户能够无差别地访问和执行所有功能，这将严重威胁系统的安全性。因此，在确认访问主体身份合法性之后，必须对用户访问数据信息的权限和范围进行限制，从而控制对关键资源的访问，防止造成破坏。

3）传输加密

由于工业控制协议在设计时面向的是封闭的网络环境，因此普遍缺乏加密的安全机制，针对这一问题，学术界和工业界一直在努力改善这一现状，当前的主要思路包括在协议栈增加安全层、在协议应用数据单元增加安全字段和改进通信会话过程等。协议栈增加安全层的方法当前主要包括使用运行在传统 TCP 协议之上的协议套件等方式，为应用间通信提供端到端的传输安全。为了弥补主流工控协议（如 Modbus 协议）在设计上的安全漏洞，可以在协议的应用数据单元中引入额外的安全字段。通过这一措施，可以实施数据完整性保护、防止重放攻击，以及进行身份验证等关键安全措施。这种方式可以应用在实时性要求高的协议上。改进通信会话过程则是对协议的会话过程设计使用更为严格的认证机制，包括基于对称加密的密钥交换等，通过这样的方式可以使协议的安全性得到极大的提高，使攻击的难度大大增加。

4）脆弱性测试

在工控协议通信程序的开发过程中，源代码可能潜藏着安全漏洞。为了自动检测这些潜在的安全缺陷，采用基于模糊测试的脆弱性分析技术成为了一种关键的安全防护措施。目前，针对工控协议的模糊测试主要采用灰盒测试和黑盒测试两种方法。其中灰盒测试是一种在模糊测试过程中能够获取程序执行的某些内部信息的方法。这种方法依赖于协议程序的源代码，特别适用于那些源代码公开的开源工控协议。对于大量未开源的工控协议，测试者需要采用黑盒测试策略，将协议视为一个封闭的系统，通过人工分析、机器学习或逆向工程技术来探测其脆弱性。这种分类测试方法使得无论协议是否开源，都能够通过合适的技术手段进行有效的脆弱性评估，增强工控系统的安全性。

2. 控制软件安全

在控制安全防护技术中，第二个方面是控制软件安全防护技术，其中主要包括软件防篡改、恶意软件保护、协议过滤、安全监测审计等。

1）软件防篡改

软件防篡改技术主要是为了防止攻击者对工业控制软件进行篡改操作。在工业互联网领域，控制软件的类型广泛，包括数据采集、组态、过程监督与控制、单元监控、过程仿真、优化、专家系统以及人工智能软件等。确保这些软件的安全性，防止其被非法篡改，是保障工业系统稳定运行的关键。为此，必须在软件部署前进行彻底的代码测试，以排查并修复潜在的公共缺陷；同时，实施完整性校验措施，对软件进行持续监控，以便尽早发现并应对任何篡改行为；此外，对软件中的关键代码进行加密，以增强其抗破解能力。这些综合措施共同构成了一道坚固的安全防线，保护控制软件免受侵害。

2）恶意软件防护

控制软件的安全性至关重要，因此必须实施一系列针对恶意代码的检测、预防和恢复措施。具体而言，这包括在控制软件上集成恶意代码防护软件，或者设置独立的恶意代码防护设备。同时，必须定期更新这些防护软件，并修补软件版本以及更新恶意代码库，以确保防护系统的有效性。在进行任何更新之前，应先进行安全性和兼容性测试，以避免新版本引入新的安全问题或与现有系统不兼容。防护软件应涵盖病毒防护、入侵检测和入侵防御等功能，能够有效查杀病毒并阻止恶意入侵行为。而防护设备则包括防火墙、网闸、入侵检测系统和入侵防御系统等，它们具备必要的防护功能，能够为控制软件提供全面的安全保障。通过这些综合性措施，可以显著提高控制软件对恶意代码的防御能力，保障工业控制系统的稳定性和安全性。

3）安全监测与审计

安全监测审计技术通过两种方式实现对工业控制系统的全面监控：一种是借助于系统操作的周期性特点，监测协议在不同执行阶段的偏差来检测系统各层次的异常行为；另一种则是基于控制软件的时间序列信息，运用无监督学习的方法，自动识别和监测异常模式，从而及时发现并响应潜在的安全威胁。

4）认证授权、漏洞修复和补丁升级

本教材之前提到的认证和漏洞修复补丁升级等技术在控制软件安全防护体系中同样有应用。漏洞管理包括对安全风险的预警、检测、管理、修复、审计，从各方面检测控制软件的脆弱性风险。

6.5　工业网络安全防护技术

工业互联网是由传统工控网络发展而来的，因此在工业互联网中不仅有传统 IT 网络中的网络安全问题，还存在其特有的网络安全问题。针对工业互联网所面临的不同网络安全问题，业内提出了一系列关键技术保障工业互联网的网络安全。

1. 网络隔离

在工业互联网环境中，业务需求导致存在多种不同功能和安全防护等级的网络。如果这些具有不同安全级别的网络被连接在一起，可能会为关键系统带来潜在的安全风险。一旦网络中的某个节点遭受攻击，这种威胁可能会迅速扩散至整个网络，导致广泛的安全问题。所以，为了限制网络之间资源的共享，防止信息泄露，需要进行网络隔离。网络隔离的方法主要包括物理隔离、协议隔离和应用隔离。物理隔离方面，由于工业互联网应用场景的特殊性，覆盖了大量涉密及重大基础设施网络，因此需要物理隔离。常见的隔离措施包括在物理传导、物理辐射和物理存储上隔离三类。协议隔离是一种网络隔离技术，它利用网络通信协议的特性来实现不同网络之间的隔离。具体技术包括基于第二层网络的 MAC 地址访问控制、基于虚拟局域网（VLAN）的广播域限制，以及利用隧道协议（如 IPSec、GRE 等）创建的虚拟私人网络（VPN）。应用隔离则是在应用层面上实现隔离的一种安全技术，它通过使用各种安全应用技术来隔离不同的应用环境。这些技术包括容器化、虚拟机以及沙箱等虚拟化隔离手段，它们能够在保持应用独立性的同时，增强系统的安全性。

2. 边界管控

由于工业互联网中存在大量连接和通信，不同作用、不同级别的网络之间可能也需要进行通信，如工厂内网和工厂外网之间，完全隔离的方法不再适用，需要我们在网络边界上部署可靠的安全防御措施，从而防范来自其他网络的入侵。在工业互联网中，根据网络设备和业务系统的重要性，可以将整个网络划分为多个具有不同安全等级的逻辑区域，构建起一个多层次的纵深防御体系。每个安全域内的设备和资产共享相似或相同的安全属性。例如安全等级、面临的威胁以及潜在的脆弱性，它们之间相互信任并协同工作。为了加强边界安全，通常在不同安全域的交界处部署工业防火墙、网闸、网关等安全隔离设备。这些设备通过逻辑上的串联连接，发挥工业防火墙在协议识别、深度数据包分析和安全防护方面的能力，对网络的安全域边界实施持续的实时监控。它们具备识别并及时阻断任何可能的边界入侵行为的功能，确保整个网络环境的安全得到维护。

3. 接入管理

在工业互联网中，确保网络接入安全要求所有设备和节点拥有独特的身份标识，并在连接前通过身份验证，以保证只有合法的设备和节点可以安全接入。接入管理策略需全面，涵盖网络边界和资产识别、在线终端的自动检测、终端指纹信息的捕获、终端类型的智能识别、终端身份验证与合规性检查、端口映射关系的展示、终端安全修复、IP 地址实名制登记以及网络信息的全生命周期管理。网络还需能够准确识别并阻止非法行为，如未授权的 IP 或 MAC 地址更改，并通过基于数字证书的身份认证机制强化接入认证的安全性。对于非法接入行为，网络应自动阻断并触发警报，构建起一个可信的网络接入机制，为工业互联网的安全提供坚实保障。

4. 通信和传输保护

通信和传输保护通过加密和校验等关键技术确保数据在传输过程中的机密性、完整性和有效性，有效防止数据泄露或被篡改，同时确保合法用户能够无障碍地访问和使用信息资源。在构建标识解析体系时，特别强化了对存储在解析节点的数据和数据传输过程的安全措施，利用加密技术保护数据不被非法用户识别，通过校验机制让接收方能够检测到数据篡改，确保数据被正确接收和合法使用，从而为工业互联网的数据安全提供了全面的防护。

5. 入侵检测系统

入侵检测系统主要通过分析网络流量来实现监测和告警。传统的基于规则库的方法通过被动采集网络数据包，收集系统、用户及设备的行为状态信息。通过解析工业控制网络流量、深度分析工业控制协议，将其与系统中预先定义的模式或数据库中的已知恶意序列进行对比，或者在专家和工厂设计的帮助下开发数学模型，检测流程偏离预定义模型的程度，从而实现实时流量监测和异常活动告警，帮助用户实时掌握网络运行状况，发现潜在的网络安全问题。尽管传统的工业互联网入侵检测系统能够保持较低的误报率，但无法检测到零日攻击，并且在实际应用中难以对分布式物理系统建立精确的数学模型。之后，基于异常的网络入侵监测系统利用机器学习方法，如逻辑回归、支持向量机和决策树等，来学习异常与正常的边界。目前，越来越多的研究转向基于数据的深度学习技术，利用收集的数据对流程的正常和异常行为进行模型训练。由于高计算能力和工具的可用性，可以对大量数据中的非线性关系进行建模和拟合，进而发现未观察到的规律，包括零日攻击中的异常行为特征。这使得入侵检测系统在保持较低误报率的同时，也能检测到零日攻击。

▶ 6.6 工业应用安全防护技术

工业互联网应用安全防护技术主要包括工业互联网平台安全和工业应用程序安全两部分。

1. 工业互联网平台安全

1）安全审计

安全审计的本质是对与平台安全相关的活动信息进行精确识别、详尽记录、安全存储和深入分析。在平台建设时，应整合必要的安全审计功能，确保能够高效地识别关键信息，详尽地记录事件，长期地保存数据，并进行自动化的分析处理。这样的审计机制能够持续、动态且实时地提供有根据的安全评估，并为用户展示审计的标准流程和最终结果，从而实现对平台安全状况的全面监控和管理。

2）安全监测

安全监测是对平台进行持续、集中的实时监控，覆盖所有物理和虚拟资源的运行状况。通过深入分析系统运行的关键参数，如网络流量、主机资源和存储情况，以及审查各类日志文件，安全监测确保工业互联网平台的提供商能够有效地进行故障管理、性能监控和自动化的维护工作。这一系列措施使得平台的运行状态始终处于实时监控之下，保障了平台的稳定性和可靠性。

分布式拒绝服务攻击（Distributed Denial of Service，DDoS）是一种网络攻击方式，它涉及多个位于不同地理位置的攻击者同时对一个或多个目标发起攻击，或单个攻击者控制多台分散的机器对受害者进行集中攻击。

图 6.5 基于内容分发网络的 DDoS 防御[①]

这种攻击之所以称为"分布式"，是因为攻击流量来自多个源头。目前，应对 DDoS 的防御措施主要包括负载均衡、内容分发网络（CDN）和分布式集群防御等技术。负载均衡技术通过在现有网络架构上增加网络设备和服务器的带宽，以一种经济、高效且透明的方式增强网络的数据处理能力，有效抵御 DDoS 流量攻击。内容分发网络通过在全球范围内部署边缘服务器，利用中心平台的分发和调度功能，确保用户能够快速获取所需内容，减少网络拥堵，提高访问速度和命中率，从而增强对 DDoS 攻击的防护，如图 6.5 所示。分布式集群防御机制通过为每个节点服务器分配多个 IP 地址来增强系统的抗攻击能力。当某个节点遭受攻击而无法提供服务时，系统能够自动将服务转移到另一个节点，并将攻击流量反向引导回攻击发起点，导致攻击者自身面临服务中断的风险。这种技术不但提高了系统的可用性和稳定性，而且通过智能化的流量管理和切换机制，有效抵御了 DDoS，保障了网络服务的正常运行。

虚拟化安全。虚拟化安全是平台安全的另一项重要技术。虚拟化技术是边缘计算和云计算的基石，确保虚拟化环境的安全性对于保障整个平台的安全至关重要。虚拟化安全的关键目标在于确保不同层级以及不同用户之间的有效隔离，从而避免潜在的安全风险向上层平台扩散。通过采取虚拟化加固等安全措施，可以显著提升虚拟化环境的安全性。对工业互联网平台的虚拟化软件进行安全性增强，不仅可以确保平台上虚拟域内的应用、服务和数据的安全性，还能为多租户环境提供所需的安全隔离能

---

① 图 6.5 引用网址为 https://www.dotcom-monitor.com/blog/zh-hans/%E4%BA%A4%E4%BA%92%E5%BC%8F-%E6%9C%BA%E6%9E%84-cdn-%E7%9B%91%E6%8E%A7-%E5%A2%9E%E5%BC%BA-%E5%AE%A2%E6%88%B7%E7%AB%AF%E4%BD%93%E9%AA%8C/。

力。这包括对虚拟化平台进行定期的安全评估，实施访问控制和监控策略，以及采用先进的加密技术来保护虚拟环境中的数据传输和存储。通过这些措施，可以构建一个更加安全、可靠的虚拟化环境，满足不同用户和应用的安全需求。

还有安全隔离、认证授权和补丁升级等，前面的章节已经介绍，这里不再赘述。

2. 工业应用程序安全

工业应用程序是工业技术知识、经验和规律的集中体现，代表着工业技术软件化的重要成果。这些应用程序旨在针对性地解决特定问题和满足特定需求，通过对工业领域的流程、方法、数据、信息以及规律等技术要素进行数据建模、分析、结构化处理和系统性抽象化。这个过程包括按照统一的标准对这些技术要素进行封装和固化，以生成既能够高效复用又易于广泛传播的工业应用程序。这些应用程序不仅集成了丰富的工业技术知识，而且通过标准化和模块化的设计，提高了在不同场景下的应用灵活性和扩展性。

工业应用程序存在潜在的安全隐患，可能成为攻击行为的突破口。针对工业应用程序的安全防护技术主要包括代码审计、脆弱性检测和行为检测及异常阻止等。

代码审计是一项关键的安全实践，它涉及对源代码进行细致的检查，以识别其中的缺陷和错误，进而发现可能引发的安全漏洞。这一过程不仅包括分析代码以查找问题，还涉及提出具体的修订措施和改进建议。在工业应用程序的安全防护中，从源头确保代码的安全性至关重要。这意味着需要对代码进行彻底的安全审计，检查是否存在安全缺陷，是否遵循了安全编程的最佳实践，以及是否使用了可能带来风险的第三方组件。通过这种方式，可以在安全问题发生或漏洞被利用之前，有效地预防和解决大部分代码层面的安全问题，从而增强系统的主动防御能力。为了提高工业应用程序的安全性，开发过程中应定期进行代码审计，以便及时发现并修复安全缺陷。这不仅有助于降低源代码中的安全缺陷，还能够打造更为坚固的代码基础，进而提升工业应用程序的整体安全防护水平。通过持续的代码审计和改进，可以确保工业应用程序的可靠性和安全性，为工业生产和运营提供坚实的保障。

脆弱性检测是一种安全分析过程，它利用漏洞数据库和应用程序逆向工程技术来识别工业应用程序中的安全漏洞。这一过程涉及使用自动化扫描工具和数据库信息，对应用程序进行彻底的安全审查，目的是发现潜在的可利用漏洞。在应用程序部署之前以及其运行期间，定期开展漏洞发现工作至关重要。这有助于及时发现安全漏洞，并迅速采取相应的补救措施，从而降低潜在的安全风险。通过持续的脆弱性检测，可以确保工业应用程序在面对不断演变的威胁时，保持必要的安全性和稳定性。

行为监控与异常拦截构成了一种积极的安防策略，它通过对工业应用程序行为的实时追踪，运用静态规则匹配或机器学习技术来辨识异常行为，从而及时采取措施。该机制能够在发现异常行为时立即发出警报，并在必要时采取措施阻止高风险行为，以减少潜在的负面影响。其主要目标是通过实时监控和异常检测预警，提高对破坏性攻击事件的响应速度，从而降低这些事件的发生概率，并减少系统死机时间。这种预防性的方法有助于构建一个更加健壮和反应灵敏的安全防护体系，确保工业应用程序能够在面对各种威胁时保持稳定和安全。

6.7　工业数据安全防护技术

1. 传统的数据安全防护技术

传统工业互联网的数据安全防护技术主要应用在数据传输、数据处理和数据存储阶段。

在数据传输阶段，数据加密技术是确保数据安全的关键手段。为了防范数据在传输过程中遭受非法截取和泄露的风险，工业互联网服务供应商必须根据数据的敏感程度和业务的具体要求，实施适宜的安全防护措施。例如，采用 SSL 协议，能够保障网络数据传输的保密性、完整性和可靠性，进而确保工业现场设备与工业互联网平台之间、平台内部虚拟机之间、虚拟机与存储资源之间，以及主机与网络设施之间的数据传输安全。此外，SSL 协议还为平台的维护和管理提供了一个加密的数据通道，确保了维护管理过程中数据传输的安全性。通过这些措施，可以有效地保护数据在传输过程中的安全，防止数据泄露和篡改，为工业互联网的稳定运行提供坚实的安全保障。

在数据处理阶段，重点采用数据敏感性识别、使用授权和数据脱敏等技术来保障数据安全。数据敏感性识别是实施数据脱敏的基础和核心步骤。传统上，敏感数据的识别依赖于构建字典、匹配和特征提取等方法，这些通常需要人工操作，不仅效率较低，而且容易受到人为因素的干扰。面对工业互联网日益增长的数据量，传统方法在识别速度和准确性上都显得力不从心。为了解决这一问题，目前已经发展出一些自动化的识别技术，如基于流分析的方法，这些技术能够更快速、更准确地识别敏感数据，从而提高数据处理的安全性和效率。通过这些先进的自动化技术，可以更有效地管理和保护数据，减少对人工操作的依赖，提升整个数据处理流程的安全性和可靠性。

在数据存储过程中，关键技术包括数据访问控制和数据存储加密。数据访问控制旨在确保不同安全级别区域的数据相互隔离，防止未授权访问存储节点，以及保护虚拟化环境中的数据不被非法访问。数据存储加密则根据数据的敏感程度，实施分级的加密策略（如不加密、部分加密或完全加密），并负责密钥的生成、应用和维护。

2. 基于新兴技术的数据安全防护技术

除传统的数据安全防护技术外，新兴技术也为工业互联网的数据安全防护提供了新思路，主要包括基于人工智能的数据安全技术、基于区块链的数据安全技术、基于可信计算的数据安全技术和基于零信任架构的数据安全技术。

1）基于人工智能的数据安全防护技术

利用人工智能算法审计可实现敏感数据识别，即利用人工智能算法和精细化规则对数据访问进行细粒度的审计，能够对敏感数据和有害信息进行智能识别，检测恶意访问和爬取行为，也可以根据特定的数据合规性规则智能生成脱敏特征库，实现敏感数据的智能发现和自动脱敏。

利用关联分析技术可以实现数据安全溯源。在敏感数据识别基础上，采用异常聚类、机器学习和用户画像等人工智能分析技术，可对数据来源和数据安全事件的源头进行追溯，从而实现数据质量的确认和错误来源的认知，有效保护数据真实性。

利用智能分析推理技术可实现数据风险预警，通过对多个来源的数据整合和公开数据集抓取来获得多个维度的全面信息，由系统利用机器学习等人工智能算法，自动分析、推理或挖掘出一系列风险行为的模式，可以相对比较准确地预警或针对性地发现风险，构建智能预警监控体系，进而及时有效地监测、识别和预警数据安全风险。

利用精准分级分类可实现数据精细管控。通过将自然语言处理和文本聚类等人工智能技术广泛应用于数据分类中，可以按照不同的划分规则对数据进行精准分类，根据分类结果对数据使用规则和访问权限进行合理配置，可实现数据的精细化管控。

2）基于区块链的数据安全防护技术

区块链技术在工业互联网平台的应用中展现出其在数据安全方面的显著优势。首先，区块链通过其高度冗余和分布式数据存储机制，保证了平台数据的完整性和不可篡改性。其次，利用密码学技术，区块链能够保障数据的不可篡改性和可追溯性，增强了数据的保密性。此外，区块链的身份管理功能能够高效地管控终端设备，防止恶意攻击所造成的数据污染问题。区块链技术不仅加强了工业互联网平台的数据安全性，同时还利用平台的庞大分布式数据存储和强大的云计算资源，深入挖掘和提升数据的价值。在工业互联网的数据交换和共享过程中，信任问题是一个主要障碍。现当前的中心化数据库结构在处理数据价值流转和构建信任体系方面存在难题。区块链技术的去中心化特点预示着它可能成为新一代数据库的架构。借助其内在的信任机制，在大数据技术的支撑下，通过数字加密算法作为信任的支撑，区块链技术有望在全球范围内建立起普遍的信任体系。在我国当前的环境下，信用成本相对较高，工业互联网等领域的信用环境也较为脆弱。区块链技术为工业互联网提供了一种全新的信任体系解决方案，有助于降低信用成本，促进数据交换和共享过程中信用体系的发展。通过区块链技术，可以建立一个更加透明、安全、高效的数据交换共享机制，推动工业互联网的健康发展。

3）基于可信计算的数据安全防护技术

可信计算技术提供了一种实现数据和系统安全的有效手段，确保数据的可信性、可控性和可管理性。在可信计算环境中，访问控制发挥着核心作用，根据既定的策略规则，控制主体对不同级别数据的访问，确保整个数据处理过程的可控性。通过加密等安全措施保护重要信息，确保非法用户无法获取原始数据，只能接触到加密后的信息。此外，系统资源管理与可信验证相结合，保障配置和代码的完整性，防止恶意软件的入侵，并具备自动纠错能力。可信计算还能够有效分解攻击信息流，增强系统的健壮性和弹性，通过可信验证及时发现并修复隐患，实现系统的高可靠性。同时，通过严格的审计机制，记录并跟踪数据违规操作，防止攻击者隐藏其痕迹。为了加强工业互联网的安全性，需要构建一个安全的计算环境和可靠的数据传输机制。全面运用可信计算技术，能够有效保障程序执行、数据传输、存储及应用的全面安全。从工业控制系统的角度来看，可信计算通过建立信任链，从控制层传递到现场、监控层和管理层，并对外接访问进行动态控制，确保整个系统处于一个安全可信的环境中。从云端互信的角度来看，利用密码学原理构建可信根基、确保安全存储以及信任链体系，从而达成计算环境的安全性。而从工业互联网平台安全的角度来看，可信计算主要应用于可信接入边界、通信网络和云平台，以确保整个平台的安全。通过这些措施，可信计算为工业互联网提供了全方位的安全保障。

4）基于零信任架构的安全防护技术

零信任架构通过实现可信访问，对传统的一次性强认证进行了持续的改进和优化，同时用基于风险评估和信任度量动态授权取代了静态的二元授权模式。这种架构通过开放智能的身份治理机制，替代了过去封闭和僵化的身份管理方式，满足了工业互联网中不同实体对数据访问的可信性需求。零信任身份安全策略有效地弥补了传统边界防御体系在当前网络环境下的局限性，并建立起了一种创新的、动态的虚拟身份防护屏障。通过身份验证、环境评估和动态权限控制这三个维度，该方案能够降低身份滥用、高风险设备、非授权接入、权限滥用以及信息泄露等安全隐患得到了有效应对。该方案实施了一种全面的动态访问管理框架，大幅降低了潜在的威胁暴露面积，从而为工业互联网的数据保护提供了坚实的理论与操作支撑。

▶ 6.8　工业区块链

1. 区块链 + 工业互联网

在工业互联网中，有着多用户、多设备、多平台、多工序，数据来源多、类型多、跨组织、跨区域等特点，这些特点不可避免地带来了信任构建难、数据确权流转难、数据安全共享难、事件审计追溯难等挑战，我们期待能够引入某种技术解决以上问题和挑战。

区块链技术作为一种建立信任的机制，它提供了一种既安全又高效的可信技术手段。为解决人、机、物之间的高效协同问题带来机遇。在技术上，融合密码、通信、计算机、数据库等学科特点，如数字签名、时间戳、P2P 通信、分布式数据库、共识算法、智能合约等。在功能上，支持中心化信任构建、跨组织高效合作、可控安全数据共享、可追溯审计防篡改等。在应用上，目前已在很多领域得到探索应用，如在多方可信安全存证、业务协同全过程留痕、资产盘点监管治理等应用场景，这些应用场景几乎涵盖了工业互联网各方面的应用需求。因此区块链与工业互联网的协同势在必行。

2. 基于工业区块链的解决方案

针对工业互联网中的挑战，基于区块链技术提供了一系列解决方案。

1）针对信任构建难的工业互联网分布式信任管理

针对工业互联网中目前缺乏统一可信身份信息和验证方法，我们可以构建基于区块链分布式的可信树状结构身份管理体系，实现多类型实体身份全周期自主控制。具体实现可分为 3 个步骤。

（1）联盟数字身份的表示方法。如图 6.6 所示，工业互联网实体（包括人、机、物）可依据所处不同的应用场景，在分布式数字身份账本上，可创建多个联盟级的数字身份。这些联盟数字身份由联盟身份识别码及其相关的数字身份凭证构成。联盟身份识别码涵盖了实体的唯一标识、一系列公钥以及公钥的详细资料（如所有者信息、加密算法类型、密钥的使用状态等）。联盟数字身份凭证，用于向其他实体证明自己某些属性可信，从而达到身份认可功能，并结合数字签名和零知识证明、同态加密等密码学技术，保障用户隐私不被侵犯。

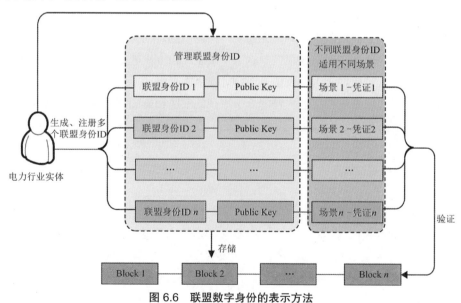

图 6.6　联盟数字身份的表示方法

（2）联盟数字身份的全周期管理，如图 6.7 所示，主要包括在分布式数字身份账本上完成联盟数据身份的注册、颁发、验证、更新、撤销全过程，同时该过程的全部操作系统也被同步于本地的身份钱包中。该过程特点是实体自我触发身份管理，ID 公私钥签名验签保证过程可信，免去传统的中心化基于证书身份认证的管理困难和资源浪费等。

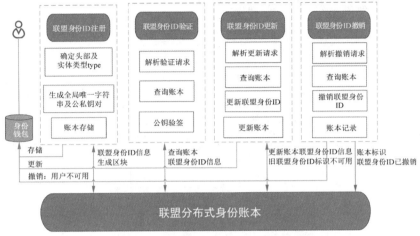

图 6.7　联盟数字身份的全周期管理

（3）跨联盟协同许可认证。如图 6.8 所示，通过四级运行保护，即联盟数字身份标识生成和凭证生成、联盟数字身份上链、验证的隐私保护，可实现跨联盟协同许可认证。最终满足工业互联网终端设备、用户、系统等身份快速标识和可信验证。

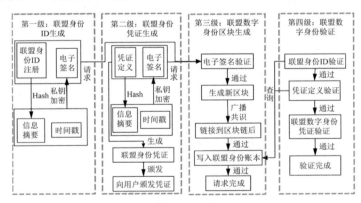

图 6.8　跨联盟协同许可认证

2）针对数据确权流转难的工业互联网数据确权流转管理

针对工业互联网自身数据来源众多的特点，必然在流转过程中就存在权属关系确认难、后续使用责任也不清晰的问题，为了应对该问题，可构建基于工业区块链的数据确权流转管理体系，连通链下链上多方数据资产，实现资产确权存储和授权流转。这一方案也分为三步骤。

（1）建立轻量级数据身份标签。如图 6.9 所示，我们可以设计轻量级椭圆曲线特征提取算法，对海量多类型数据本身的内部特征指纹进行提取，比如对数据内容、关键字段等特征，以及数据外部属性，比如来源厂商、网络信息、系统信息等进行属性规约附加。实施内部特征指纹和外部关联属性的信息轻量化整合，并进行联合抽取签名处理。构建海量数据安全标签，并通过工业区块链完成可信安全标签的上链存储。这样可以满足对海量多类数据唯一标记的需求。

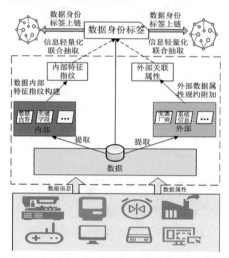

图 6.9　轻量级数据身份标签

（2）跨域多方数据确权存储。如图 6.10 所示，企业节点能够利用智能合约内的添加功能，提交待确权的数据。这一添加操作将广播至整个区块链网络，其他节点将对该请求执行验证过程，包括核对提交企业的数字签名等，以此来验证数据提交企业的可信度。在验证通过后，以该节点提交时间段为单位汇集待确权数据，利用共识机制进行确权存储；通过调用智能合约中数据身份标签处理方法，通过规则匹配判定，完成数据资产与身份标签的绑定确权；最后将绑定关系上链于分布式账本，完成数字资产链下链上连通和确权存储。

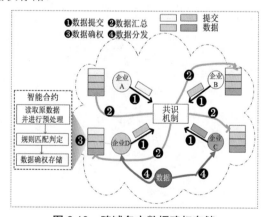

图 6.10　跨域多方数据确权存储

（3）构建不同流转路径的通道隔离和流转共识策略的访问控制机制，以实现确责清晰的授权流转阻断。如图 6.11 所示，首先，多个数据方通过区块链建立不同流转路径的逻辑隔离通道，以此保证数据流转不被外部窃听；其次，通过调用智能合约对数据流转的权责确认和访问流向规则确认，并得到多方流转共识机制的验证；最后，将按照授权流向规则完成数据流转和流转全过程的上链留痕。

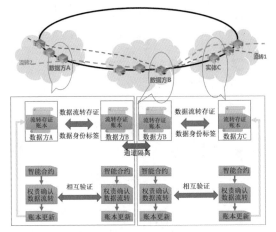

图 6.11　隔离通道和流转共识策略的访问控制机制

3）针对数据安全共享难的工业互联网数据安全共享管理

目前在工业互联网中，原始数据的共享意愿较低，即使数据被加密共享后，使用方的计算过程可控性、追溯性也很难规范。为了应对该挑战，需要对计算全过程加密保护使其不透明，并记录计算方便于后期追踪流程。为此可构建基于工业区块链数据安全共享的管理体系，如图6.12所示，通过激励促进数据共享并实现可追踪"数据模型共享、数据不可见"的业务模式。

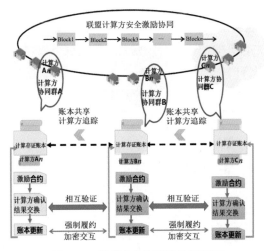

图 6.12　计算方安全激励协同机制

（1）实现分布式多方密文同态计算（见图6.13），可以设计密文同态计算算法对共享数据加密，密文通过不同投票共识机制存储于多方分布式账本中。该共享密文数据的不可见并不影响数据使用方计算；同时，数据计算方在调用智能合约时，需要将计算协作结果共享到区块链，其他计算方基于合约依次进行同态算法模型参数优化。

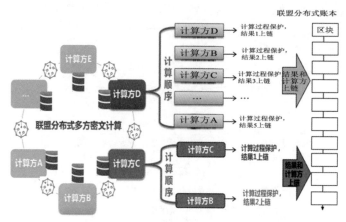

图 6.13　分布式多方密文同态计算

（2）建立计算方安全激励协同机制，通过调用激励合约，确认共享结果可以获得正向激励，并可授权查询和追踪全阶段留痕信息，最终实现"数据模型共享、数据不可见"的业务模式。

4）针对事件审计追溯难的工业互联网事件审计追溯管理

针对工业互联网跨组织、跨区互通联动后，无法完成高效统一的追溯审计问题，可构建基于区块链事件审计追溯管理体系，解决针对单一组织、单一区域事件审计追溯难的问题，从而实现对全局事件的感知。

（1）实现跨域事件存证可信存储（见图 6.14）。我们需要搭建工业联盟链平台，实现跨域事件信息定期及时上链，快速协同更新分布式账本，建立起数据可信共享渠道，并依据智能合约中设置的访问控制规则，可控制链上成员对事件信息的写入和读取权限，实现更灵活事件的信息存储与共享。

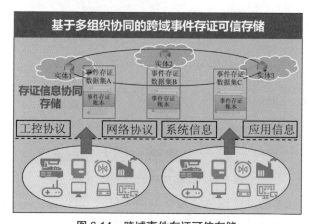

图 6.14　跨域事件存证可信存储

（2）实现跨域事件审计追溯（见图6.15）。依据智能合约设置审计追溯规则，利用生成并存储于区块链上事件映射逻辑链，借助区块链的防篡改和可追溯的特征，建立不同阶段事件到原始事件发生点的追溯。

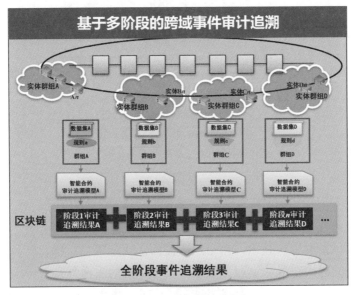

图 6.15　跨域事件审计追溯

（3）实现跨域事件存证自动标注更新（见图6.16）。我们将工业互联网事件行为簇以单位时间打包，形成异常审计报告，将审计报告提交到联盟区块链网络，同时智能合约自主执行机制实现审计数据的自动化标注和更新，以供联盟链上的成员进行共享查阅。

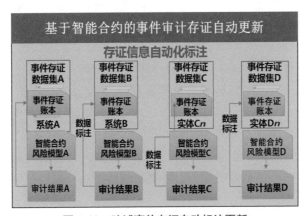

图 6.16　跨域事件存证自动标注更新

3. 工业区块链的开发方法

1）平台简介及架构

工业互联网在组织架构特色、业务特色、业务开展形式，适合区块链解决方案且适合建设工业互联网区块链 BaaS 平台（见图 6.17），支持开展工业互联网的分布式信任、数据确权、数据共享、审计溯源等业务应用。

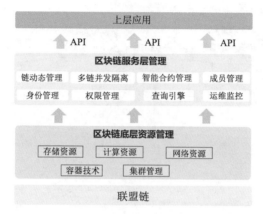

图 6.17　工业互联网区块链 BaaS 平台的架构

国内的工业互联网 BaaS 平台采用联盟链 Fabric 作为技术选型，基础资源管理层利用容器化和集群管理技术，为用户所需的区块链提供存储、计算、网络等物理资源的部署与配置。在区块链服务层面，包含了链的生命周期管控、智能合约的运维管理、身份与权限控制及运维监控等管理功能，并开放相关调用 API（Application Programming Interface）从而支持上层示范应用的开发。整个平台采用全流程的图形化界面操作，极大提升了区块链技术平台的搭建效率和与业务上链的对接效率。

2）平台业务流程

区块链 BaaS 平台的业务使用流程。

主要包括 4 步，首先创建物理链，然后在物理链基础上创建逻辑链（业务链），再然后是智能合约管理，如安装、实例化、调用测试等，最后是工业互联网的业务应用访问区块链及合约。

首先来看一个物理链创建示例。企业 A 创建物理链，启动自己的节点，包括 1 个 CA 节点和 2 个 Peer 节点。然后邀请企业 B 和企业 C 加入，企业 B 和企业 C 加入同意加入后，意味着 B 和 C 也会启动自己 CA 和 Peer 节点。上述节点正常启动后就建立企业 A、企业 B 和企业 C 物理链。

第二步是逻辑链创建。企业 A、B 和 C 建立起物理资源的链后，根据各业务的不同创建不同的逻辑链，逻辑链的建立同样采用邀请机制，获得邀请企业同意后，建立起业务隔离的逻辑链。

第三步是智能合约管理，即逻辑链上成员进行协商后，把相关上链业务编写成智能合约，并利用平台合约管理功能，进行合约的安装、实例化、调用测试，启动后智能合约运行在独立的 Docker 容器中，不受外部干扰。

第四步是业务应用访问。工业互联网应用如分布式信任、数据确权、数据共享、审计溯源等，通过平台提供 API 访问已部署智能合约，从而使用区块链提供的功能。

3）平台开发技术

工业区块链平台开发所需的第一个主要技术是区块链底层资源管理。开发时需要采用 Master-Worker 主从架构，Master 提供与用户交互界面，负责管理 Worker 中的区块链；Worker 以 K8S 集群—docker 容器形式实现，负责为区块链运行提供物理资源及资源管理的功能。从而实现区块链计算节点投放数量、节点配置动态调整，并优化云端服务器计算资源的使用。

第二个主要技术是密码技术。基于国密算法和国际密码算法的密码引擎，优化 SDK 开发套件，套件支持 Java、C 等多语言跨平台的密码学互操作，扩充 CA 身份管理体系，扩展核心服务组件以支持基于国密算法的智能合约。

4）开发语言及技术框架

开发工业互联网区块链 BaaS 平台，前端可采用 JavaScript 语言，并采用主流前端开发框架 React、DVA 等。后端采用 Node.js 语言和 Python 语言，及对应的 EggJS 框架和 Flask 框架。

工业互联网中的业务用户，需要首先按照使用步骤，创建物理链和逻辑链，随后，根据具体业务需求编写智能合约代码，并将编写完成的智能合约部署至区块链即服务（BaaS）平台之上。运行并下载相关配置文件放到业务应用中，应用读取配置文件获得逻辑链和合约访问方式，通过 API 实现区块链的使用。

第7章
工业互联网人机物共融关键技术

▶ 7.1 工业元宇宙

7.1.1 工业元宇宙的概念、特征与关键技术

1. 工业元宇宙的概念

自从 2021 年元宇宙的概念被人们熟知以来，元宇宙在各行各业的应用已经得到了深入的设想和广泛的讨论，包括电子游戏、教育、医疗、旅游等。在各行各业中，能够为工业制造业转型升级带来最多价值的是工业元宇宙。

工业元宇宙是新型工业数字空间、新型智能工业互联网系统、数字经济与实体经济融合发展的新型载体。它描述的是一个基于数字化和虚拟化技术的整合性工业生态系统。在本节提出的概念模型中，工业元宇宙不仅包含工业物理空间、社会经济空间、还包含由这二者扩展和增强而来的工业协同空间。如图 7.1 所示，其中，工业物理空间包含了物理世界中的制造流程与资源，社会经济空间描述了围绕产品的企业及其上下游、消费者、供应商等多个角色组成的新型经济社会，工业协同空间描述了生态体系中所有工业元素在虚实世界中的交汇与协同。同时，工业大脑是工业元宇宙中一切智能体的基础，支撑着这 3 个空间中的全部活动智能、有序、自主地开展。

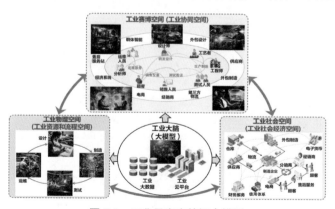

图 7.1　工业元宇宙的概念模型

2. 工业元宇宙的典型特征

我们不禁思考一个问题，为什么工业界要引入工业元宇宙，即工业元宇宙能为工业界带来什么变革。带着这个问题，可以总结提炼出工业元宇宙的几个典型特征。

1）基于 AIGC 的建模与仿真

如图 7.2 所示，在工业生产中，常常需要很多仿真活动，仿真中的场景往往都需要技术人员花费大量时间精心建模。随着大模型 AIGC（Artificial Intelligence Generated Content）生成能力的逐渐发展，工业元宇宙中的工业大脑将能够快速、智能地自动生成建模场景，并充分利用在各个工业生产环节的不同仿真活动中。只需要用户以自然语言输入对仿真环境的需求，工业元宇宙即可高效快速地生成大规模 3D 仿真场景，无须费时费力的建模过程，大大提高了建模仿真的效率和便利性。并且工业元宇宙还可以支持用户以数字化身进入虚拟世界，与各类设备、产品等进行沉浸交互。

Today: 手动建模用于仿真　　　　Tomorrow: 基于 AIGC 的自动建模与仿真

图 7.2　工业元宇宙的典型特征一：基于 AIGC 的建模与仿真

2）超时空间协同性

超时空协作是一个整合了空间扩展性和时间延展性的特征，允许使用者在工业元宇宙中超越空间和时间的界限。

从空间维度来看，首先，使用者可以打破现实世界的空间距离，同时在工业元宇宙中多人同时在线协同作业。其次，在工业元宇宙中，可以无限制地创建并运作多个独立的虚拟制造空间，就像超越真实世界映射的平行多元宇宙世界，以便在不同空间中对产品进行开发、测试和实验，从而尽可能地打破现实空间的限制，提高生产力。

从时间维度来看，如图 7.3 所示，首先，每个使用者都可以将自己的智能数字化身投放在工业元宇宙中，像一个游戏 NPC 一样等待自己的合作者上线，从而忽视时差的限制实现协同。其次，时间在工业元宇宙中将不再是线性的，而是可伸缩的，因为工业元宇宙中的时间并不需要与现实时间维持平行。因此，可以在工业元宇宙中按需进行加速或慢速的仿真实验，让不同的智能体在平行世界中演化、重复过去或推演未来，最终实现平行智能。通过超时空间协同，工业元宇宙将为智能制造的未来带来无限可能。

Today: 协同受限于时间空间　　　　Tomorrow: 超时空间协同

图 7.3　工业元宇宙的典型特征二：超时空间协同性

3）人在回路交互性

工业元宇宙被设想为一个人类可以充分参与其中的世界。在工业元宇宙中，几乎所有活动都支持用户身临其境地扮演不同的角色亲身参与其中，并行使相应的职责。如图 7.4 所示，设计师会与其他设计师协作，共同进入元宇宙中完成沉浸式的协同设计。销售人员通过为客户提供身临其境的体验，来介绍产品促进销售。生产专家会借助自己的数字化身进入元宇宙，利用自己的人类感官能力和专家经验，分析虚拟生产流程，并对人工智能生成的优化和调度方案进行评估。当然，这也不意味着工业元宇宙中的活动没有智能性和自主性，只是工业元宇宙利用人在回路交互性，在不影响效率的情况下实现了更为安全、稳定的生产。

设计　　　　　　　　销售　　　　　　　　维修

图 7.4　工业元宇宙的典型特征三：人在回路交互性

4）工业资产数字化

在完全由数据组成的工业元宇宙中，每个存在的实体都是以数据的形式表示的。在工业互联网的世界中，除了实体设备、产品等物理资产，还有很多无形的资产，例如数据、知识、模型、产品和服务等。在产品的全生命周期中，就拥有设计方案、加工工艺、测评指标等许多无形的、有价值的资产。如图 7.5 所示，这些资产在工业元宇宙中，都可以利用工业区块链技术以数字化的形式储存为虚拟代币，以便在去中心化的经济系统中得到保护、进行交易和流通。

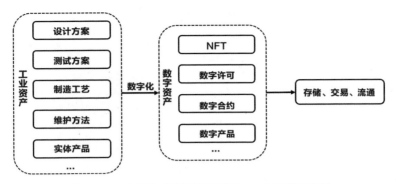

图7.5　工业元宇宙的典型特征四：工业资产数字化

5）动态群智社交性

元宇宙被很多人认为是互联网的未来版本，是无处不在的、身临其境的，是一种有形、声、闻、味、触这五感的互联网形态。作为整合了企业及其上下游、消费者以及整个工业生态体系中多个角色的平台，动态群智社交性是工业元宇宙的一大特点。工业元宇宙中的所有个体和组织共同构成一个大型社会。尽管如此，动态群智社交性却不仅仅是一种社交属性，更是一种蕴含着多种提高生产力有效方式的社会形态。例如图7.6所示，企业可以在线公布产品的设计需求，召集元宇宙中全球各地的用户协同参与设计，用来收集群体智慧。特定产品的消费者也可以亲身参与到产品设计和测试过程中，在工业元宇宙中身临其境地体验产品的性能。基于客户的需求，设计师可以动态修改生产方案。最终，消费者也可以在线评论产品，以供其他消费者参考。

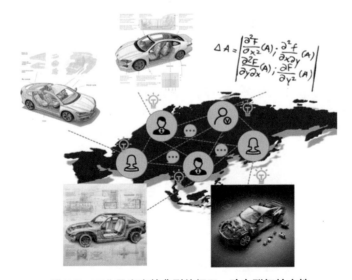

图7.6　工业元宇宙的典型特征五：动态群智社交性

3. 工业元宇宙的使能技术

工业元宇宙作为一种新型虚实相融的工业互联网应用和社会形态，其实现需要多种使能技术的支持，接下来将依次简要分析几种工业元宇宙的使能技术。

1）工业物联网

在工业元宇宙中，工业物联网是传感器、软件、通信技术和基础设施的组合，是实现虚拟世界与物理世界之间数据传感、通信和同步的基础。工业物联网技术可以通过集成传感器网络和无线通信技术，实现设备的数据采集和监控，并将实时数据同步在虚拟工业世界的数字孪生中，以实现工业元宇宙中生产过程的可视化和实时监测。同时，通过收集、存储和分析生产过程的所有数据，结合人工智能技术获得对生产流程各个环节的洞察力，有助于找到生产过程中潜在的性能改进和效益提升途径。

2）工业云制造

工业云制造为制造企业、客户和第三方提供服务，是将工业元宇宙中制造能力服务化的基础。云制造可以提供全面的制造资源服务，包括计算、存储、网络等，以及各种先进的制造工具和应用程序。这些资源和应用程序可以在云平台上进行动态分配和调整，以适应不断变化的生产需求。

3）工业数字孪生

工业数字孪生是对物理世界的真实虚拟描述，是实现工业虚拟世界与现实世界的虚拟映射、同步和交互的基础。在工业元宇宙中，工业数字孪生可以构建出虚拟的工业系统，对现实工业系统进行模拟和优化，以提高生产效率和产品质量。结合工业物联网收集的各种生产数据，可以在工业数字孪生中的仿真引擎中进行实时模拟、演化和预测，从而更好地进行决策和优化。同时，各个部门和团队还可以针对同一数字孪生体进行远程协作和沟通，实现生产信息的透明化互通和共享，有助于产品的创新和发展。

4）工业扩展现实

工业扩展现实涵盖了虚拟现实 VR、增强现实 AR，以及混合现实 MR 技术，在人、机器和环境之间提供无缝、沉浸式和多感官的交互服务。在工业元宇宙中，扩展现实技术可以提供沉浸式的体验，使各个生产角色都能够身临其境地体验并参与工业制造过程。扩展现实技术可以生动地可视化设备的复杂内部原理，从而帮助生产人员更好地掌控生产设备的全部细节，以便完成设备预测性维护和故障诊断等过程。扩展现实技术还可以将产品的设计和生产过程呈现给消费者，帮助消费者更加深入地了解每款产品。

5）工业区块链

工业区块链负责支持工业元宇宙中的全部经济活动，是工业元宇宙中去中心化经济系统的基础。促使工业元宇宙中的所有数字资产的交易更加安全、高效、透明，同时还可以避免工业数字资产的盗用和侵权等问题。工业区块链技术还可以实现智能合约和自动化执行各种合同和交易，比如数字资产的买卖、租用、抵押等。智能合约可以提高交易效率、安全性和可信性，降低人为误操作和纠纷。

6）工业人工智能

工业人工智能在工业元宇宙中可实现自主控制、动态调度、智能决策等任务，是工业元宇宙智能化、自主化运行的基础。在工业元宇宙中，利用机器学习和深度学习等人工智能技术，可以对生产数据进行建模和分析，以优化生产流程和提高产品质量。其次，还可以利用工业人工智能增强设备的可靠性和安全性，实时监测设备的运行状态和故障情况，预先避免生产事故的发生。同时，工业人工智能还可以完成优化产品设计和服务质量、实现生产环节中的智能化决策和管理等多方面应用。

4. 工业元宇宙的未来展望

通过构建与实际工业经济相映射和互动的虚拟世界，工业元宇宙旨在建立一个智能高效的合作闭环，涵盖产品、企业及其上下游、消费者以及整个工业生态体系的虚实共生环境，推动工业迈向更高阶段的全息智能生产经营管理。

尽管工业元宇宙的概念和生态正在逐渐完善，但由于受到诸多因素的限制，工业元宇宙仍处于发展的初期阶段。在实际应用中，需要更加沉浸真实的交互体验、更低延时的实时通信、更先进的高性能计算能力、更全能的工业智能大脑引擎，以及保证数据隐私安全可信的相关政策。因此，工业元宇宙距离广泛应用仍有一定差距，但在工厂数字孪生、产品沉浸式体验、AR/VR培训等拆解应用方面，也已经展示出一定的成效。

展望未来，随着应用实践的不断推进，以及使能技术的进一步发展，工业元宇宙将逐渐迈向更成熟的阶段。

7.1.2　工业元宇宙的典型应用

工业元宇宙在全生命周期的典型应用

在介绍过工业元宇宙的概念、特征以及使能技术之后，本节将按照产品的全生命周期中的5个阶段，即研发设计、生产制造、测试验证、产品销售以及服务运维，分别详细描述工业元宇宙在每个阶段中的具体典型应用。

1. 群智化协同设计

在研发设计环节中，自从群体智能这一概念首次被提出用于设计以来，线上设计师们通常使用自己习惯的多样化的设计工具，导致收集上来的设计方案通常是不兼容的、异构的。因此，只能从这些中选择一个最优的设计方案，而不能融合全部优秀方案的长处。在工业元宇宙中，我们可以构建一个兼容所有常用设计文件格式的平台，同时基于扩展现实技术，支持多用户实时协同设计和互操作。如图7.7所示，来自多个用户的设计方案可以以更加统一的方式融合、迭代，最终获得最理想的群智设计方案。其次，基于工业元宇宙中瞬时协同仿真的能力，设计人员能够实时验证自己的跨领域、多学科的复杂设计方案。最后，通过输入历史运行数据、历史设计方案，以及工业流程知识，工业大模型能够智能生成并优化我们所期待的设计方案。

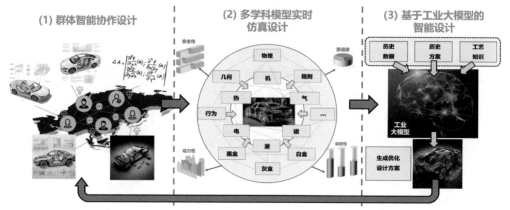

图 7.7　工业元宇宙的典型应用一：群智化协同设计

2. 沉浸化工艺培训

如图 7.8 所示，在装配过程中，工业元宇宙可以通过渲染虚拟场景来协助工人训练培训制造工艺，例如焊接、装配、手工艺等应用。扩展现实技术可以通过精确的检测和定位算法，将 3D 模型渲染为虚拟部件，并通过引导系统进一步辅助工人按步骤训练工艺。有效的引导信息在辅助系统中以不同的形状和信息样式出现在可视化界面，并展现给用户。同时，工业元宇宙中开发了各种扩展现实应用来实现工艺培训中的人体工学评估、操作引导等功能。经过沉浸化工艺培训后，工人能够以更高的效率熟练完成各种工艺制造任务。

图 7.8　工业元宇宙的典型应用二：沉浸化工艺培训

3. 定制化测试体验

在现实世界中，产品的测试实验通常是在特定的测试场景中进行的。这意味着不同产品在测试不同指标时，往往需要搭建不同的现实测试场景，增加了人力和财力成本。在工业元宇宙中，我们可以搭建虚拟测试场景，让测试人员身临其境进行测试。当测试者进入元宇宙后，可以亲身体验全面的产品级测试，这意味着如今只需一个测试场景就能覆盖多个测试任务。例如，如图 7.9 所示，汽车防滑、防撞和防水测试可以结合在一个元宇宙中的虚拟雨天山路场景中，从而一次性验证产品在不同情况下的综合表现。此外，消费者可以身临其境地进入工业元宇宙中，沉浸化参与体验测试过程，例如购置新车时在不同虚拟场景中的试驾，从而获得身临其境的产品体验。同时，借助大模型的 AIGC 技术，测试人员仅需用自然语言输入不同测试需求，大模型即可智能生成多个测试场景，并结合属性编辑技术调整场景中的天气、光照、纹理和材料等属性。

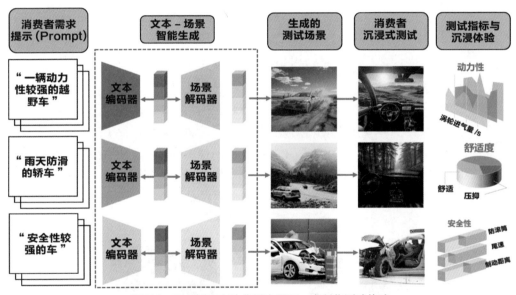

图 7.9　工业元宇宙的典型应用三：定制化测试体验

4. 数字化资产交易

在现实世界中，工业生产中有很多无形的资产，比如工艺知识、技术、专家经验等。为了保护知识产权，这些资产有时会以专利的形式记录，但专利申请的过程时间周期长，用文字描述一项工艺或经验的过程也不够形象，不利于技术的推广和传播。

如图 7.10 所示，在工业元宇宙中，可以直接通过区块链技术将无形的资产数字化，这帮助我们更为便捷地存储、共享这些知识，并直接应用在生产过程中。比如，我们可以在扩展现实技术的辅助下，可视化一项手工工艺过程，为生产中的关键流程提供指导，这直接解决了曾经文字描述一项技术不够形象的问题。其次，当其他公司引用这项数字技术时，该知识产权的所有者将在元宇宙的去中心化经济系统中自动获得报酬，提升了技术传播的便捷性，促进了数字资产的流通。同时，当一些著名的工匠参与一项产品的制作时，这也将成为该产品独特的标识，为产品在销售中创造额外的价值。

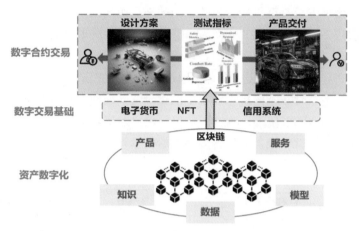

图 7.10　工业元宇宙的典型应用四：数字化资产交易

5. 虚拟化服务延伸

如图 7.11 所示，在交易之后的服务运维过程中，借助扩展现实技术，内部机理复杂设备故障信息可以通过生动的可视化界面呈现给运维人员，便于实现精确的故障诊断和决策。运维人员也将在元宇宙中收集产品的使用数据，定期监控产品的健康状态。在现实中任何产品出现故障之前，都可以利用人工智能进行健康状况分析和预测性维护。客户也可以在元宇宙中向售后人员了解产品使用方法，得到售后人员虚拟化身的亲身指导和帮助，共同讨论产品的使用经验等。

图 7.11　工业元宇宙的典型应用五：虚拟化服务延伸

7.2　智能工业机器人

7.2.1　工业机器人在智能制造中的应用

1. 工业机器人的发展现状

工业机器人是广泛应用于工业领域的多关节机械手，或多自由度的机器装置，具有一定的自动性，可依靠自身的动力能源和控制能力，完成制造业中重复性高或物理劳动强度大的任务。在工业互联网中，工业机器人作为提高国家制造业自动化的重要战略性产品，满足着国家航空航天、海洋舰船、轨道交通、机械制造等多个领域中的重大需求，在推动国民经济发展和保障国防安全等方面起到了重要作用。

2. 工业机器人在智能制造中的应用

接下来，本节将介绍工业机器人在智能制造中的几个典型应用。

1）分拣

分拣在物流、制造等行业中是至关重要的一环。在分拣过程中，首先需要应用工业物联网技术或计算机视觉技术，通过应用条形码、射频识别、目标检测等技术识别和跟踪物品，从而针对物品的种类信息精确分拣。另外，分拣过程需要使用数据库管理来跟踪库存，管理订单，以及协调分拣操作。

2）装配

装配是制造中的一个核心环节，是将各种零件、组件、材料组装成最终产品的关键步骤。装配过程中首先需要自动化技术，让不同的工业机器人自动、有序地完成装配中的不同分工。同时，我们可以结合传感器和视觉检测技术来自动监测装配质量。在有些体积较小的组件装配过程中，还需要人机协作技术，让人与机械臂相互配合完成特定装配任务。

3）焊接

焊接是确保汽车结构完整性的关键工艺。通过焊接，不同零部件被牢固地连接在一起，形成一个坚固的整体，焊接结构强度和稳定性对于车辆安全至关重要。在焊接过程中，需要用到自动控制技术，使得机器人末端可以准确控制焊接的过程，包括焊接的路径、速度、温度等其他参数，从而适应不同的焊接需求。同时，还可使用视觉检测技术用于辅助机械臂准确定位焊点，以及检测焊接的质量是否符合标准。

4）涂装

涂装是制造过程中的一个关键环节，它不仅赋予产品最终的外观和颜色，还可以提供延长产品使用寿命的保护层。因此需要机器人组合多种涂装技术，包括空气喷涂、无气喷涂、静电喷涂、电泳喷涂等，才能完成兼顾外观、材料、环保多方面因素的涂装过程。

5）打磨

在工业机器人完成对零件的打磨过程中，以轴承的内外环打磨过程为例，通过精密打磨，轴承的内外环可以达到极高的表面光滑度和尺寸精度，有助于减少摩擦时产生的热量和延长轴承寿命。同时，打磨确保了轴承表面的均匀性，这有助于均匀分布载荷，防止局部过度磨损，从而提高轴承的可靠性和耐用性，另外也可以降低轴承在运行时产生的噪音和振动。

在打磨过程中，同样需要视觉检测技术来检测打磨后成品的质量。同时，需要物联网中的多类传感器来监测打磨过程，比如磨床中的位移传感器、力传感器等，这些传感器收集的实时数据可以用于监测工业机器人的打磨过程，以防发生意外。

3. 工业机器人发展未来展望

结合上面介绍的 5 个工业机器人的典型应用，可以看到工业机器人在生产制造中的应用已经达到了很先进的自动化程度，但是，产线整体的智能化程度还有待提高。因此，本节提出了对工业机器人未来发展的三点展望。

1）更柔性化的智能产线

在目前的制造业中，以汽车制造业为例，搭建一种型号的汽车产线需要一笔极为高昂的费用，在这款汽车逐渐退出市场后，这条产线将不再具有原本的价值。因此，我们期待未来的更柔性化的智能产线，能够满足生产工序柔性化、生产对象定制化等要求。

2）更智能化的人机交互协作

人机协作是为了综合人的认知能力，以及机器人的效率。共同完成更复杂的加工、装配等任务。同时在一些非结构化的生产作业环境中，人机协同将发挥更重要的作用。人与机器人的交互技术研究是实现更智能化的人机交互协作的重点。

3）更自主化的具身智能制造

图灵曾经这样描述具身智能："是能像人一样，能和环境交互感知，自主规划、决策、行动，并具备执行能力的机器人或仿真人，是人工智能的终极形态。"期待后续随着相关技术的进一步发展，可以将更成熟的具身智能与工业制造结合，完成更为自主化的具身智能制造任务。

7.2.2 工业机器人智能感知决策与控制

1. 工业机器人的"云—边—端"架构

在上节中已经介绍过工业机器人在制造领域的一些应用，但可以看到，尽管各项应用已达到了很先进的自动化程度，但目前仍需提高整体智能化。

要实现进一步的智能化，首先要了解工业互联网中的哪些元素需要协同和配合，在此用一个云边端的架构来描述。如图 7.12 所示，工业现场的设备可以分为云、边、端三层。"云"是传统云计算的中心节点，是边缘计算的管控端；"边"是云计算的边缘侧，是云计算的延伸，包括基础设施边缘和设备边缘；"端"是终端设备，如生产设备、机器人、各类传感器等。随着云计算能力从中心下沉到边缘，在"云、边、端"一体化的协同计算体系中，可以进行数据交换和计算分发，进而高效地协同利用存储、数据、计算资源，最终控制端侧的工业机器人等设备完成柔性化生产任务，从而实现智能化生产。

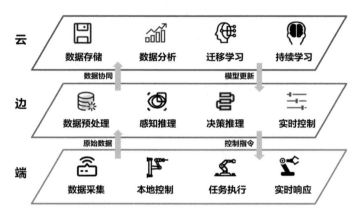

图 7.12　工业机器人的"云—边—端"架构

2. 工业机器人的智能感知技术

工业机器人的智能感知技术能够通过模拟人类视觉系统的方式，在复杂的工业场景中，使机器人理解所接收到的视觉传感器图像或视频信号。工业机器人通过智能感知技术，拥有了实时观察、理解工作场景的能力，显著地提升了工业机器人执行任务时的智能化程度。接下来将简要介绍几种工业机器人常用的人工智能感知技术。

1）抓取检测

在智能制造的生产环节，机械臂抓取被频繁、广泛地应用在分拣、运输、装配等多个生产环节之中，是工业生产中最基础，也是最重要的操作之一。根据机械臂末端执行器的不同种类，可以将机器人抓取分为使用夹爪或吸盘的抓取。而使用夹爪的抓取又可以分为平面抓取和六自由度抓取。其中平面抓取是一种基于 2D 图像的抓取方法，该方法通常只采用垂直向下的俯拍图像作为输入，输出图像中零件的抓取检测框，这将指定夹爪的抓取位置、旋转角度等信息，但平面抓取输出的抓取位姿只能与图像平面平行。另一种方法是六自由度的抓取检测方法，这种方法通常采用 RGB-D 或点云作为输入，输出三维空间内的六自由度抓取位姿，这种方法可以让夹爪在三维空间中更自由地移动和旋转，从而更容易应对不规则形状的物体，更适合工业生产中的实际应用。

如图 7.13 所示，抓取检测是一种端到端的检测零件抓取位置的方法，在深度学习中采用视觉特征提取能力较强的卷积神经网络或基于注意力机制的网络提取工业复杂现场中的视觉特征，从而为每个物体检测出多个抓取位姿，并对所有位姿进行打分，选出分数最高的位姿在工业数字孪生系统中进行试抓实验以保证鲁棒性和安全性，并最终应用在真机抓取任务中。

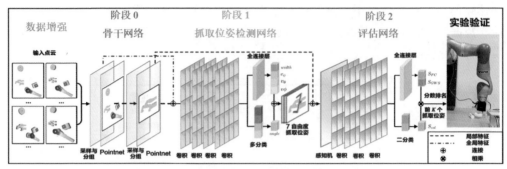

图 7.13　抓取检测的网络框架

2）位姿估计

如图 7.14 所示，位姿估计指的是在三维空间中准确估计物体的位置和旋转姿态的任务，是机器人操作和人机协同的基础。由于能直接判断出物体在三维空间中的姿态，6D 位姿估计可以被用于数字孪生自动建模等应用场景中。6D 位姿估计目前主要包括基于对应、基于模板和基于投票的方法，同时在实现过程中，通常可结合实例分割等任务，辅助得到更为精准的 6D 位姿估计效果。

图 7.14　工业零件的位姿估计效果

3）三维重建

如图 7.15 所示，三维重建的常见方法包括体素重建、点云重建、立体匹配以及近两年兴起的基于神经辐射场的隐式重建技术。在工业生产中常见到一些材质特殊的零件，比如透明或反光的材质，由于表面受到环境光干扰出现反射、折射、透射等现象，经常会导致常用的 RGB-D 相机不能获取物体准确的深度信息。因此对这类材质的物体，我们可以采用基于神经辐射场的隐式重建技术对整个场景进行三维重建。即便场景中有很多透明、反光的工业零件，只需 RGB 图像即可重建整个场景及其深度信息，便于后续对这些透明、反光物体执行下游生产任务。

图 7.15 工业透明反光零件的隐式三维重建效果

3. 工业机器人的智能决策技术

工业机器人的智能决策技术指的是通过分析感知信息、执行任务需求、考虑环境条件等因素，并做出合适的决策的过程。在工业机器人智能决策时，高效地执行任务离不开合理的运动规划。同时，在多机器协同以及人机交互协同作业时，也都离不开机器人智能决策技术。

1）机器人运动规划

机器人运动规划指的是在给定环境和约束下，通过算法来确定机器人如何移动以实现特定任务或到达特定目标。这包括规划机器人的轨迹、速度和加速度等运动参数，以确保机器人能够在复杂的工业空间里安全、高效地完成任务。机器人运动规划目前常用的方法包括遗传算法、蚁群算法、模糊算法、强化学习等方法。

2）多机器人协同决策

多机器人协同决策指在一个系统中，多个机器人通过相互通信、协作和共享信息，共同做出智能决策以完成任务的过程。在复杂产品的组装线上，可以为不同的机器人合理分配、调度不同的任务，并通过协同决策算法确保合适的顺序和时机，优化整体配合的协同性，高效地共同完成组装任务。这涉及不同机器人的作用、位置等因素。同时还需要上述提到的路径规划技术，避免多机器人相互碰撞，从而保证生产任务的安全性。

3）人机交互协作决策

人机交互协作决策指的是人类与工业机器人之间相互合作，共同做出决策以实现工业生产中的任务，比如协同装配、包装、质检以及定制化生产任务等。

这种协同工作模式有助于提高执行任务时的灵活程度，比如在定制化生产任务中，机器人可以用于执行大规模生产中的标准化任务，而人类可以根据客户需求调整和配置，负责处理定制化生产任务。这种协作模式充分发挥了人的智能、灵活性和创造性，同时利用工业机器人的精确性、力量和自动化能力，共同完成复杂的各项生产任务。

7.3 多模态智能交互技术

1. 人机协作的多模态交互技术

多模态通常指的是使用多种不同的输入或输出方式来实现人机交互。例如，一款多模态的应用程序可以支持使用语音、手势和触摸屏等多种方式交互。在我们与其他人日常的交流中，常用到的几种感官包括视觉、听觉、触觉等，因此为了便于人与机器人的协作，人机交互技术也一直在向人类习惯的这几种多模态的方向发展。本节课将简要介绍几种人机交互技术。

1）代码控制

在与工业机器人的多模态智能交互技术中，最底层的交互控制方式是通过代码控制机器人。我们可以在代码中给定机器人的运动终点，规定机器人的运动轨迹，控制机器人的运动速度等。目前用代码控制机器人常用的方式包括 ROS、Arduino 等，同时不同机器人公司也有自己开发的专用机器人编程语言。

2）视觉交互

视觉交互指的是机器人通过视觉感知算法获取人的控制信号。常用的视觉交互类型共包含两种。第一种是人体姿态识别，这里机器人可通过计算机视觉技术中的人体姿态估计和目标检测技术，理解我们的动作模式以及我们手持的不同工具，从而推断人类的行为和意图，并实时地做出响应配合我们完成协作，人体姿态识别常用于人机协作完成一件任务。第二种是手势识别，手势识别更关注协作者的手部动作，常用于人对机器人发布不同的控制指令和信号。

视觉交互的未来可以结合视觉大模型，通过视觉传感器理解场景中的几乎全部内容和人类的各种动作，从而完成更多场景下的人机协作任务。

3）语音交互

语音交互指的是可以通过语音控制机器人完成多种动作模式的过程。包括语音控制机械臂移动位置、开合夹爪等动作，都可以应用在工业制造的不同任务中。通过语音控制机械臂执行的动作模式、复杂程度仍然是有限的，因此人机协作中语音交互的未来发展趋势，将是结合语言大模型作为语音交互的智能引擎，支持机器人智能识别任意的语音指令，完成更为复杂、模式更多样化的动作和任务。

4）触觉交互

在某些非结构化的工作环境中，传统工业机器人应对环境不确定性的调整能力差，智能化程度低，因此有人在同一空间协同工作时，可以通过人机协作保障安全的同时兼具灵活性。比如，可通过触碰机器人的表面，让机器人反映出相应的动作。这背后的原理是机器人皮层内部设置了触觉传感器，用来感知机器人与外部环境的物理交互所产生的触觉信息。同时，机器人可以通过触觉感知避免与人或环境的碰撞，以保证工业生产的安全性。目前业界已出现基于电阻式、压阻式、电容式、压电式等工作原理的触觉感知方法。我们期待未来可以出现性能更为优异的柔性触觉传感器，用于更高效、精准地识别不同触觉动作模式，为基于触觉交互的人机协同带来更多可能。

5）VR交互

通过VR遥控操作机器人是为了让人可以尽可能直观地控制机器人，让机器人记录并模仿人操纵时的复杂动作轨迹，比如某些手工产品制造工艺，并应用在生产制造中。这有助于最大限度地减少人类控制机械臂所需的学习成本和时间。

同时，我们还可以使用VR技术远程操纵机器人，在一些人类无法到达的极端恶劣环境中，比如在太空或深海探测、防恐防暴场景中高效完成任务。

2. 工业大模型的具身智能交互引擎

得益于语言大模型的理解能力和视觉大模型的感知能力，机器人基本具备了具身智能的初级形态，可以完成一些简单的任务。例如工业大模型可以作为人机交互的关键引擎，同时还能智能理解场景并完成相关的视觉任务和机器人任务，比如分拣不同材质的零件。我们期待未来能将更成熟的基于工业大模型的具身智能交互引入制造业中，提升各行业的生产效率。

参考文献 | REFERENCES

参考文献请扫描如下二维码观看。

参 考 文 献